NEW MEDIA OPERATIONS
REGULATION AND PROTECTION OF LAW

新媒体运营
法律的规制与保护

韩 菲／主 编

蒋 杰 毛立琦 朱小环／副主编

法律出版社 LAW PRESS · CHINA

北京

图书在版编目(CIP)数据

新媒体运营：法律的规制与保护／韩菲主编. --北京：法律出版社，2022
ISBN 978-7-5197-6006-9

Ⅰ. ①新… Ⅱ. ①韩… Ⅲ. ①传播媒介－运营管理－法律－研究－中国 Ⅳ. ①D922.84

中国版本图书馆CIP数据核字(2021)第200702号

新媒体运营:法律的规制与保护
XINMEITI YUNYING: FALÜ DE GUIZHI YU BAOHU

韩 菲 主编

策划编辑 邢艳萍
责任编辑 邢艳萍
装帧设计 汪奇峰

出版发行 法律出版社
编辑统筹 法律应用出版分社
责任校对 朱海波
责任印制 吕亚莉
经　　销 新华书店

开本 710毫米×1000毫米 1/16
印张 15.25 **字数** 280千
版本 2022年1月第1版
印次 2022年1月第1次印刷
印刷 天津嘉恒印务有限公司

地址:北京市丰台区莲花池西里7号(100073)
网址:www.lawpress.com.cn
投稿邮箱:info@lawpress.com.cn
举报盗版邮箱:jbwq@lawpress.com.cn
销售电话:010-83938349
客服电话:010-83938350
咨询电话:010-63939796

书号:ISBN 978-7-5197-6006-9
定价:58.00元
凡购买本社图书,如有印装错误,我社负责退换。电话:010-83938349

自 序

我们身处怎样的时代？2020 年，一场席卷全球的新冠疫情彻底打破了传统的经济格局，随着 5G、VR、AR、人工智能等新技术的迭代发展，我们的生活在不知不觉间发生了翻天覆地的变化。上一刻，我们还在为自媒体带给全民“IP”（Intellectual Property，IP）打造的机会而津津乐道，下一秒，老罗便已经在直播平台开始了他的“真还”之路。短短几年，我们在各种平台追逐、辗转，才刚刚摸到博客的头绪，便发现微博很快占领了移动端的市场；不久前还活跃在各种秀场的主播，如今带着他们的大批粉丝转战抖音、快手等短视频平台；微信圈的功能我们尚未熟练掌握，公众号、微商早已遍地开花。我们获取信息的渠道随着时代创新的浪潮四通八达。一时间，“流量经济”，“粉丝经济”，“直播经济”，“MCN”（Multi-Channel Network，MCN），“KOL”（Key Opinion Leader，KOL），“PGC”（Professional Generated Content，PGC）等新兴词汇让我们应接不暇。

行业的迅猛发展，推动了社会生活方方面面的变化，对于消费行业而言，更是一次从技术、产业到行业生态系统的彻底变革。以直播带货尤其是 KOL 带货为主要模式的内容电商生态逐步成熟，形成了以 KOL 为流量核心，用户、平台、品牌方共建的直播电商购买闭环。直播经济的大环境也使以生产者为核心，集服务、培训、引流等功能为一体的 MCN 机构应运而生，而新冠疫情更催生了 MCN 的“井喷式”增长。MCN 将不同类型和内容的 PGC 联合起来，在资本的有力支持下，保障内容持续输出，从而实现了商业的稳定变现。然而，在流量利益的争夺下，MCN 与 KOL 的利益冲突也在不断地显现。一方面，优秀的 MCN 成就了顶流的 KOL，但羽翼丰满的 KOL 踩着 MCN 的跳板另谋高就，让

MCN 白白为“他人做嫁衣”的情况也时有发生。双方之间相辅相成的同时,也难免相爱相杀。另一方面,不具有经济能力的 MCN 更是成为附着在 KOL 身上的“寄生虫”,高额违约金的约定使 KOL 畏惧脱离其摆布的成本,极大地限制了一部分极具潜力的 KOL 的发展。

在海量 KOL 强大的流量带动下,进一步刺激了粉丝群体的增长,衍生出了“饭圈文化”。但随着“饭圈”集中化、有组织化地发展,“饭圈”呈现出的具有典型性的行为,诸如“粉丝骂战”“私生饭”“粉丝应援”“粉丝接送机”等也在司法实践中引发了大量思考。

而随着直播业发展得日新月异,一系列法律问题也逐渐凸显,诸如“直播刷单”“直播打赏”“直播侵权”等问题,不仅影响了消费者权益,还损害了行业的有序发展。相关法律、法规也在紧锣密鼓地制定着,从制度层面对新媒体行业的良性发展加以引导。

本书所列的新媒体行业目前存在的问题正是行业的微小缩影。相关行业的从业者将从众多案例的裁判结果中体察到司法实践的评判标准,亦能从法律法规的字里行间感受到国家对于行业整治的决心与力度。同时,笔者结合自身工作实践中对于行业存在问题的深切感受,紧跟行业热点话题,从立法、司法角度等方面对以上问题层层剖析。希望新媒体行业的从业者在阅读本书后,能够深刻了解自身所应承担的社会责任,规范自身行为的同时亦能够有效地防控相应的风险,共同构建风清月朗的网络环境。

名词释义:

1. KOL:指关键意见领袖(Key Opinion Leader),通常被定义为拥有更多、更准确的产品信息,且为相关群体所接受或信任,并对该群体的购买行为有较大影响力的人。本书专指在抖音、快手等互联网媒体社交平台中生产内容,具有影响力的个人或机构,即从事新媒体行业内容输出的艺人、达人、主播等。

2. MCN:指多频道网络(Multi-Channel Network)是一种多频道网络的产品形态,是一种新的网红经济运作模式。这种模式将不同类型和内容的 PGC 联合起来,在资本的有力支持下,保障内容的持续输出,最终实现商业的稳定变现。本书泛指 KOL 的经纪机构。

3. 新媒体：指通过电脑、手机、数字电视机等终端向用户提供信息和服务的传播形态，与“传统媒体”相对应。本书指由网络、移动端媒体社交平台及内容生产者、使用者、供应链等组成的媒体生态。

目 录

第一章　法律视角审视 IP 打造 …… 1
　第一节　KOL 新媒体社交平台账号的性质 …… 1
　第二节　KOL 新媒体社交平台账号的归属 …… 3
　第三节　KOL 账号归属权的实战分析 …… 7
　第四节　KOL 新媒体社交平台账号的转让 …… 12
　第五节　MCN 机构账号流失防控措施 …… 14

第二章　法律思维平息解约之战 …… 19
　第一节　KOL 解约战术 …… 19
　第二节　MCN 机构解约抗辩技巧 …… 31
　第三节　KOL 与 MCN 解约实战 …… 34

第三章　法律手段掌控流量管理 …… 39
　第一节　新媒体网络社交平台的时代责任 …… 39
　第二节　新媒体社交平台的多重角色 …… 41
　第三节　KOL 的风险防控 …… 47
　第四节　网络新生态环境下 MCN 的机遇与挑战 …… 53

第四章　法律力量调控粉丝行为 …… 58
　第一节　粉丝“骂战”行为的性质认定 …… 59
　第二节　粉丝应援行为法律分析 …… 70

第三节　“私生饭”“雇代拍”的法律问题研究 …… 76
第四节　粉丝接送机行为法律风险防控 …… 81

第五章　法律规制净化网络空间 …… 85
第一节　电子商务平台自律管理规则的效力 …… 86
第二节　直播打赏涉及的法律问题 …… 96
第三节　未成年用户直播打赏行为认定 …… 102
第四节　直播带货所涉基础法律问题 …… 111
第五节　直播刷单的法律风险 …… 118

第六章　法律屏障保护直播著作权 …… 133
第一节　直播著作权的保护 …… 133
第二节　直播中的音乐著作权侵权纠纷 …… 144
第三节　直播中的游戏著作权侵权纠纷 …… 155
第四节　直播中的网剧侵权纠纷 …… 157
第五节　直播解说中的侵权风险 …… 159
第六节　直播中延时摄影作品侵权纠纷 …… 160

附录　相关法律法规制度 …… 162
(一)法律法规司法解释 …… 162
1. 中华人民共和国电子商务法 …… 162
2. 互联网信息服务管理办法(2011 年修订) …… 176
3. 中央网信办秘书局关于进一步加强“饭圈”乱象治理的通知 …… 180
4. 最高人民法院关于审理侵害信息网络传播权民事纠纷案件适用法律若干问题的规定(2020 年修正) …… 182
(二)部门规章及规范性文件 …… 186
5. 网络信息内容生态治理规定 …… 186

6. 国家广播电视总局关于加强网络秀场直播和电商直播管理的通知 …… 193
7. 互联网用户公众账号信息服务管理规定(2021 年修订) …… 196
8. 网络直播营销管理办法(试行) …… 203
9. 文化和旅游部关于印发《网络表演经纪机构管理办法》的通知 …… 208
10. 国家广播电视总局办公厅关于进一步加强文艺节目及其人员管理的通知 …… 211
11. 文化和旅游部关于规范演出经纪行为加强演员管理促进演出市场健康有序发展的通知 …… 213
(三)行业规定 …… 217
12. 网络视听节目内容审核通则 …… 217
13. 网络短视频内容审核标准细则 …… 226

第一章　法律视角审视 IP 打造

第一节　KOL 新媒体社交平台账号的性质

随着 5G 技术的发展,我国进入全民 IP 与营销的时代,通过新媒体社交平台运营塑造 IP 的方式已然被大众熟知。在此情况下,也催生了大批 MCN 机构和各种类型的 KOL,二者交互作用不断地输出优质的内容以提升粉丝黏性,从而正向提升 KOL 的影响力,新媒体社交平台也在 MCN 与 KOL 的积极作用下蓬勃发展。无论是生产或表达内容的 KOL、通过专业经纪能力打造 IP 的 MCN,还是新媒体平台,都对 KOL 的账号所有权问题极为看重,其原因无疑是新媒体网络账号蕴藏的巨大流量。在流量利益驱动下,争夺账号所有权的案例时有发生。对其归属的认定,司法实践中虽无统一的标准,却也有迹可循。本章将从 KOL 账号的内涵研究出发,从理论和实务两个方面对其归属认定问题进行探究,并就 MCN 机构的保障措施提出一些操作建议。

一、新媒体社交平台账号的财产属性

《民法典》第 127 条规定,法律对数据、网络虚拟财产的保护有规定的,依照其规定。网络虚拟财产指的是虚拟的网络本身以及存在于网络上的具有财产性的电磁记录,是一种能够用现有的度量标准度量其价值的数字化新型财产。网络财产的获得,往往经过持有人的劳动、真实财物的付出、市场交易等环节,具备一般商品属性。广义的网络虚拟财产是指在虚拟空间中产生的、通过网络技术完成交易活动、必须依赖网络环境才能存在的虚拟物品,如电子邮箱、用户 ID 账号、网络游戏装备;狭义的网络虚拟财产是指在互联网空间存在的、可以流

通的、有一定价值的虚拟游戏产品,如网络游戏中的武器装备、英雄角色、游戏皮肤。[1]

网络虚拟财产又分为网络动产和网络不动产,网络动产如比特币、游戏中的武器;网络不动产如网站、淘宝店铺。按照这种分类,我们可以推论,KOL 账号因为对平台的依赖性和对个人的专属性,可以被归为网络虚拟不动产。

二、KOL 账号的法律属性

KOL 在社交平台的账号,符合广义的网络虚拟财产的特征,即在虚拟空间(网络社交平台)中产生的,通过注册等网络技术完成交易活动,必须依赖网络环境才能存在的虚拟物品。虽然对 KOL 账号属于一种网络虚拟财产的财产属性已经得到国家相关法律的认定,对其应当进行保护也达成了共识,但对 KOL 账号的法律属性的认定,目前并没有统一的观点。主要存在物权说、债权说、知识产权说、新型财产说等观点。

1. 秉持物权说的如杨立新教授,他认为网络虚拟财产的法律属性是物,即虚拟物,是互联网时代物的特殊形式。正因为网络虚拟财产是虚拟物,可以建立物权,因而网络虚拟财产是物权的客体。[2]

2. 债权说认为,网络虚拟财产的拥有者通过付出相应的对价进行交换,体现了财产的流转关系且该债权关系的权利主体和义务主体都是特定的,因此侵害网络用户合法权利的行为也就是侵犯用户债权的行为,应该予以债权救济方式保护。[3]

3. 知识产权说则认为,网络虚拟财产应属于知识产权。如中国人民大学王宗玉副教授认为,虚拟财产从内容中讲是一种智力成果,接近于知识产权。但该种观点无论是在理论中还是在实务中,支持的人相对较少,笔者不再赘述。

4. 新型财产说是在综合之前各种学说的基础上发展起来的,因为网络虚拟

---

〔1〕 参见曹静:《论网络虚拟财产的民法保护》,载《河北农机》2021 年第 2 期。

〔2〕 参见杨立新:《民法总则规定网络虚拟财产的含义及重要价值》,载《东方法学》2017 年第 3 期。

〔3〕 参见王雷:《网络虚拟财产权债权说之坚持——兼论网络虚拟财产在我国民法典中的体系位置》,载《江汉论坛》2017 年第 1 期。

财产的特殊属性，使其既不能完全适配任何一个成熟的分类，又兼具和综合了一些不同的属性，因而新型财产说应运而生。该学说认为应当设定一个全新的权利类型即网络财产权，指民事主体通过网络活动在特定网络环境中享有的能够自由处分的具有一定经济价值的权利。[1] 遗憾的是，该学说虽然从理论上可以完美地解决网络虚拟财产的归类问题，但在司法实务操作中却面临着诸多的问题。

网络平台账号法律属性的界定，对于账号权属的确定、变更规则的确立，以及在纠纷发生时各方可以主张的权利类型等问题都具有重大影响，从前面的分析我们可以看出，不管是从理论层面还是从实务层面，债权说和物权说都是主流的学说。具体到司法实践中，是如何认定的呢？从目前的司法案例来看，在网络平台账号的权属确定及其变动规则的确立等问题上，通常会适用民法上关于债权债务主体确定及债权债务转移的规定进行裁判，即在司法实践中主要采取债权说的观点。[2]

第二节　KOL 新媒体社交平台账号的归属

从第一节笔者对于 KOL 新媒体社交平台账号的财产属性和法律属性的分析来看，当探讨 KOL 账号归属问题的时候，我们势必要跳出 KOL 和 MCN 机构两者的关系，而结合网络社交媒体平台、KOL 和 MCN 机构进行探讨。

一、法律、法规及网络社交媒体平台对账号归属的限制

《网络安全法》第 24 条、《互联网直播服务管理规定》第 12 条、《电子商务法》、《网络音视频信息服务管理规定》以及《网络交易监督管理办法》等相关规定，均对包括互联网直播服务提供者在内的网络信息服务提供者提出了按照

[1] 参见最高人民法院刑事审判第三庭编著：《网络犯罪司法实务研究及相关司法解释理解与适用》，人民法院出版社 2014 年版，第 23 页。

[2] 参见上海市闵行区人民法院民事判决书，(2017)沪 0112 民初 26170 号，已生效。

“后台实名,前台自愿”的原则提供真实身份信息的要求。2020 年 6 月 24 日,中国广告协会发布的《网络直播营销行为规范》第 39 条、第 40 条都体现和遵循了网络实名制的要求。虽然《网络直播营销行为规范》只是一个自律性文件,但其对网络营销服务机构规范经营标准的制定和探讨非常具有参考和指导意义。

2020 年 11 月,国家广播电视总局下发了《关于加强网络秀场直播和电商直播管理的通知》,该通知第 8 条明确规定,网络电商直播平台要对开设直播带货的商家和个人进行相关资质审查和实名认证,完整保存审查和认证记录,不得为无资质、无实名、冒名登记的商家或个人开通直播带货服务;在新的监管机制下,主播必须“一人一号”才能进行电商直播,直播人、证、号三者要统一,这体现出国家对网络平台的监管越发严格。

在平台端,以淘宝网络平台为例,《淘宝直播平台 MCN 机构与主播合作指引(试运行)》第 4 条明确规定:“MCN 机构不得以任何理由要求绑定达人提供其账户及密码,或以控制其账户为前提条件开展任何合作。不论 MCN 机构与绑定达人是否另有约定,账户使用权及实际控制权归该账户实名认证的用户。”

与淘宝网络平台类似,大部分网络平台都会在其与注册用户之间的用户服务协议中约定,用户账号的“所有权”依然归平台方所有,并且平台方一般不允许用户买卖或出租网络平台账号,经平台方同意的除外。因此,未经平台方同意的私下转让行为,平台方一般不负有向受让方交付相关账号的义务,这在实践中有相关的案例予以论证。在 KOL 和 MCN 机构的账号争夺中,一定要考虑的就是法律、法规和平台规则的限制问题,否则,KOL 和 MCN 机构双方关于账号的合同约定很可能得不到平台方及法院的支持。

二、合同约定的账号归属权效力

在 MCN 机构与 KOL 签订的合同中,对 KOL 账号的归属问题,很多 MCN 机构倾向于采取“一刀切”的约定方式,即约定 KOL 账号归属 MCN 机构所有,主播不得随意变更账号的任何信息,但在司法实践中的认定情况,法院并非简单地依据合同约定实行。

(一)KOL 账号约定归属的效力问题

在某信息技术有限公司(以下简称某公司)诉李某演出合同纠纷案中,[1]某公司作为 MCN 机构,以旗下主播李某的名义向淘宝平台申请开直播,某公司(甲方)与李某(乙方)签订的合同约定:“一、乙方系甲方签约艺人,甲方以乙方名义向淘宝直播平台公司申请直播账号及权限,所申请的账号所有权、使用权、收益权归甲方所有,乙方无条件配合……四、因账号系借用乙方名义办理,乙方应保证不得擅自变更账号的任何信息(包括但不限于联系方式、密码、权限、提现方式、注销、停用等),不得擅自提取账号后台利润;但是,如果是甲方要求的,乙方应予配合。否则,影响甲方控制使用的,甲方将终止合作,淘宝全部佣金归甲方所有,且乙方须赔偿甲方人民币 500 万元。”

后双方因账号的归属问题产生纠纷诉至法院。法院认为,李某不应向某公司交付账号密码。理由是案涉的淘宝直播账号系以李某名义申请开通,带有明显的人身属性。虽然某公司与李某签订的合同约定所申请账号的所有权、使用权、收益权归某公司所有,但从某公司提供的签约合同书整体内容来看,约定的内容大部分是李某的义务,李某明显处于缔约的弱势地位。因此,某公司要求李某交付直播账号密码的请求,依法不予支持。

由此可见,这种想通过协议的方式取得对主播账号的完全控制权,并排除主播对账号的一切处分权利的方式,不仅违反了大部分直播营销平台的规则,而且在司法实践中也很难得到支持。

综合来说,法院对该约定支持与否一般会考虑两点决定:(1)直播账号的人身属性,与主播是否有很强的绑定关系。(2)MCN 机构与主播签订的合同是否为格式合同。主播在签订合同时若对账号的约定缺乏选择权,在谈判中处于弱势,MCN 机构在与主播签订合同时又没有足够的证据证明双方是自愿达成合意,那么该条款很可能被认定为格式条款,适用《民法典》关于格式条款无效的规定,又因为平台规则的限制,法院最终会判决账号归属“初始注册人”即进行了实名认证的用户。

---

〔1〕 参见江苏省宿迁市中级人民法院民事判决书,(2019)苏 13 民终 4102 号。

（二）MCN 自行设立账号的实践操作

实务中，MCN 为了确保对账号的控制权，也可能会借用其自身员工的相关信息注册网络平台账号，在少数情况下，MCN 还会让多个主播使用同一个账号轮流开播，迅速积累人气。但这种操作方式也存在风险隐患：一是合规风险。《网络直播营销行为规范》第 40 条第 6 项中提到，MCN 机构不得故意或者疏于管理，导致实际参与网络直播营销活动的主播与该机构提交的主播账户身份信息不符，国家广播电视总局《关于加强网络秀场直播和电商直播管理的通知》中也有类似的规定。二是这种本质上的账号出借行为实则是各大网络平台与用户签订的服务协议中明令禁止的行为，MCN 机构的违约行为亦有引发与网络平台法律纠纷的风险。

综上所述，不管是“一刀切”式的账号归属约定方式，还是通过一些技术手段对账号进行控制，都很难从根本上杜绝 MCN 机构与 KOL、平台之间关于账号争夺和合同纠纷的风险发生。实践中，法院可能会考虑平台服务协议的约定，来确定账号的所有权和使用权。

在某网络科技公司与艾某的股东出资纠纷一案中，[1]二审法院认定，根据某网络科技公司的平台服务协议，公众号的所有权归某网络科技公司所有，使用权仅归属于初始申请注册主体。账号使用权禁止赠与、借用、租用、转让和售卖。公众号的迁移仅是对账号项下粉丝、文章等数据进行迁移，而非直接针对使用权进行转移。故在此规则下，某网络科技公司并不能以对公众号的实际经营行为获得使用权……某网络科技公司对公众号也作了相应的推广、开拓业务等工作，故其可在有证据证明艾某的迁移行为违反双方约定而造成其实际损失的情况下，另行主张权利。

---

〔1〕 参见河南省新乡市中级人民法院民事判决书，(2019)豫 07 民终 3460 号。

第三节　KOL 账号归属权的实战分析

在司法实践中，对 KOL 新媒体社交平台账号归属权的认定并没有统一的裁判规则，需要法官根据案涉账号的具体情形进行综合评判，下面笔者将结合具体的司法判例进行分析。

一、判决账号归属 KOL

案例一 某文化传媒有限公司与王某某合同纠纷案[1]

【案情简介】在某文化传媒有限公司与王某某签订的《艺人独家合作协议》中，双方约定如合作期满，王某某不再续约，某文化传媒有限公司帮王某某申请或王某某单独申请的网络平台账号包括但不限于抖音、快手、美拍、火山、微博、秒拍等一切账号归某文化传媒有限公司全权所有。某文化传媒有限公司因此诉请要求王某某返还快手平台账号。

【裁判观点】法院最终认定，关于某文化传媒有限公司要求王某某返还快手平台账号的诉讼请求，虽然双方在协议中明确约定账号所有权归某文化传媒有限公司，但案涉账号已与王某某个人绑定，且在账号登记注册施行实名制的前提下，不宜更换，也不得随意变更，且返还账号不具有可操作性，故对某文化传媒有限公司的该项诉讼请求，不予支持。

案例二 杭州某科技有限公司与陈某合同纠纷案[2]

【案情简介】在杭州某科技有限公司与陈某合同纠纷一案中，杭州某科技公

[1] 参见吉林省延吉市人民法院民事判决书，(2019) 吉 2401 民初 5123 号，已生效。

[2] 参见浙江省杭州市滨江区人民法院民事判决书，(2019) 浙 0108 民初 5743 号，已生效。

司（甲方）与陈某（乙方）签署《签约模特合同书》，双方约定："甲方拟在淘宝平台进行产品销售，并在淘宝直播、微博直播、淘宝内自媒体、微博内自媒体、微信内自媒体等多个渠道进行内容化运营，乙方将在甲方指定的线上或线下公共渠道、媒体渠道、淘宝店铺、媒体平台上从事拍摄、演出；如乙方已有微信、微博等自媒体账号应交由甲方负责运营，所有运营权、版权均归甲方所有。"

【裁判观点】法院认为，微博账号曾由甲方使用，但考虑到该账号系以乙方个人名义开设，且原本由乙方长期使用，故最终确认该账号使用权应当归乙方所有。

案例三 某文化传媒有限公司与何某某合同纠纷案[1]

【案情简介】某文化传媒有限公司与何某某签订《主播聘用合同》，约定何某某按照该公司设定的内容和要求在网络平台担任主播，该合同第12条约定直播账号属于某文化传媒有限公司所有。何某某于2016年1月10日取得了六间房公司的实名认证账号，在某文化传媒有限公司同意的情况下，与六间房公司签订了《金牌主播合作协议》。

【裁判观点】法院认为，某文化传媒有限公司主张账号归属的依据是《主播聘用合同》第12条，但该条并未明确约定哪个账号属于某文化传媒有限公司所有。此外，何某某提交了六间房公司出具的账户信息说明，证明其取得涉案账号的时间为2016年1月10日，且是实名认证的账号，早于《主播聘用合同》的签订时间，何某某在六间房公司使用的实名认证账号具有一定的身份属性，依法不得出售或者非法向他人提供。某文化传媒有限公司与何某某签订《主播聘用合同》时某文化传媒有限公司尚未与六间房公司签订合作协议，故无法推定《主播聘用合同》第12条中所称的账号就是何某某在六间房公司取得的账号。综上，某文化传媒有限公司主张涉案账号归其所有，无事实和法律依据，不予支持。

---

〔1〕 参见广东省深圳市中级人民法院民事判决书，(2019)粤03民终13016号。

除此之外,广州市天河区人民法院在(2017)粤 0106 民初 9060 号民事判决中认为,MCN 为网红注册的账号所有权和使用权归属于 MCN;山西省长治市潞州区人民法院在(2019)晋 0403 民初 1691 号民事判决中认为,双方争议的快手直播账号系被告个人注册,原、被告双方在合同中并未对争议账号的使用权归属进行约定,且原告方已经从双方合同约定的提成中获得了相应补偿,故该账号使用权应当归属注册人即被告;沭阳县人民法院在(2018)苏 1322 民初 15861 号民事判决中认为,KOL 账号带有明显的人身属性,虽然合同中约定账号的所有权、使用权、收益权归 MCN,但是网红处于缔约的弱势地位,故 MCN 无权要求网红交付账号。

综合上述司法判例可以看出,虽然通常处于优势缔约地位的 MCN 机构会在双方与 KOL 签订的合同中强势约定 KOL 账号及相关的一切权利都归 MCN 机构所有,但在司法实践中,如果该 KOL 账号具有很强的人身属性,且法律法规对账号实名制要求及对大多数网络平台的规范性要求,法院在具体进行司法裁判时,也会综合账号归属的可操作性,结合 MCN 机构的优势缔约地位,判决账号使用及收益权归 KOL 所有。

二、判决账号归属 MCN 机构

案例四　某服装有限公司与杨某某合同纠纷案[1]

【案情简介】2016 年 9 月 13 日,某服装有限公司(甲方)与杨某某(乙方)签订《合作协议》,约定:双方合作期限自 2016 年 9 月 13 日起至 2021 年 9 月 12 日止。如乙方擅自终止本协议,本协议限定的品牌、店铺及社交媒体账号的所有权和使用权全部归甲方所有。2017 年 2 月 24 日,杨某某以合同根本违约和不能实现双方目的为由向某服装有限公司出具解除合同通知书,以解除《合作协议》。

【裁判观点】法院认为,某服装有限公司与杨某某签订的《合作协议》系双

[1] 参见广东省广州市中级人民法院民事判决书,(2018)粤 01 民终 10473 号。

方当事人真实意思表示，内容不违反法律、法规的强制性规定，内容合法有效，双方均应按约履行。杨某某于2017年2月24日向某服装有限公司出具解除合同通知书，其中的解除事由理据不足，不予支持。杨某某单方无理解除协议已构成违约，理应承担相应的违约责任。根据《合作协议》的约定，杨某某擅自终止协议，本协议限定的品牌、店铺及社交媒体账号的所有权和使用权全部归某服装有限公司所有。同时，某服装有限公司提交了国家工商行政管理总局[1]商标局出具的有关"cheeseY 芝柚"的商标注册申请受理通知书，表明某服装有限公司系该品牌商标的所有权人。因此，某服装有限公司主张杨某某的社交媒体账号的所有权和使用权归某服装有限公司所有，杨某某停止使用社交媒体账号并将账号交由某服装有限公司使用于法有据，予以支持。

在上述案例中，同样是 KOL 解约，且双方签订的合同中约定社交媒体账户全部归 MCN 机构所有，但法院判决支持了合同约定，最主要的原因是该社交媒体账户与 MCN 机构存在较高的关联度，且本身就是由 MCN 机构申请，MCN 机构控制该社交媒体账户或主导了该社交媒体账户的运营；同时，MCN 机构提交了国家工商行政管理总局商标局出具的商标注册申请受理通知书，表明 MCN 公司为该品牌商标的所有权人；此外，MCN 机构举证证明投入巨额的宣传费用。这些都极大地弱化了 KOL 账号的个人属性，更多地体现了 MCN 机构的品牌元素与投入，本案给想要在合作期满后争取账号所有权的 MCN 机构，提供了可以参考的解决思路。

需要注意的问题是，公司在主张其主导了账号的运营、维护等事宜的时候，一定要提供相应的证据予以证明，如在（2020）苏 0106 民初 2046 号案中，法院认为，根据《微信公众平台服务协议》的规定，微信公众账号的所有权归腾讯公司所有，用户完成申请注册手续后获得微信公众账号的使用权，该使用权仅属于初始申请注册人。涉案微信公众账号由吕某以其个人名义申请，公司虽主张账号申请系员工吕某履行其职务行为，但公司无法举证证明吕某注册账号的行

---

〔1〕 已撤并为国家市场监督管理总局，下同。

为系经由公司指示。虽然公司主张涉案微信公众账号是由其安排员工进行维护的，但在举证时，仅能提交员工的出差申请表、费用报销单等证据，且这些证据不足以证明其拥有涉案微信公众账号并交由旗下员工进行管理，也不能证明对公众号的运营、维护等事宜，故其关于拥有案涉账号使用权的主张没有得到法院支持。

案例五 彭某诉朱某淘宝店铺所有权纠纷案[1]

【案情简介】在彭某与朱某淘宝店铺所有权纠纷一案中，彭某使用朱某的身份证在中国工商银行开卡，以此绑定支付宝账户，在淘宝网注册店铺。该店铺由彭某经营，后朱某将该卡作挂失处理，并通知淘宝网、支付宝平台关闭店铺。后彭某要求法院确认店铺为其所有，并判令朱某赔偿其因关闭遭受的损失。对此，一审法院认为，彭某在开设淘宝店铺时使用朱某的身份证开立银行账户，绑定支付宝，完成淘宝网的注册，朱某即为该淘宝店铺的登记店主。彭某提供的店铺由其实际经营的账户流水及发货凭证，仅表明彭某对系争店铺实际行使经营管理权，然而店铺的经营权主体与所有权主体并非必然一致。彭某作为店铺实际经营者的事实并不能成为彭某取得店铺所有权的依据。

【裁判观点】二审中，上海市第一中级人民法院对一审判决进行了纠正，认为系争淘宝店铺由彭某用朱某的身份证注册而成立，彭某为设立及经营该淘宝店铺花费了人力及物力，该店铺由彭某长期经营管理，并已达到一定的信用度；其间，朱某并未就彭某用其身份证开设淘宝店铺向彭某提出过任何异议，也未参与该淘宝店铺的投资及经营，故应认定该淘宝店铺的实际所有人为彭某。

该案虽系个人之间关于淘宝店铺权属的争议，但争议焦点还是淘宝店铺账户的权属。虽然该店铺是用朱某的身份证申请的，但因为彭某可以举证证明自己长期管理经营该淘宝店铺，且在长达 10 年的时间内朱某未提出任何异议，故

---

[1] 参见上海市第一中级人民法院民事判决书，(2015)沪一中民一(民)终字第 2090 号。

认定彭某为淘宝店铺的实际所有人。

至于新媒体账号实名认证如何变更的问题，上海市第一中级人民法院在彭某诉朱某所有权纠纷一案中认为，由双方与新媒体平台按相关规定处理。[1]

此外还需要注意合同条款细节的设置。如在大庆市某文化传媒有限公司与寻某合同纠纷一案中，[2]法院认为，因双方约定“合同期间，直播的账号和打款的账号、微信、微博等账号所有权都归原告所有”，合同解除后，原告无权再管理、关联被告 YY 平台账户，故对被告要求解除关联并返还账号的反诉请求，法院予以支持。可见，机构对合同期内账号的所有权并不意味着合同终止后的所有权。

第四节 KOL 新媒体社交平台账号的转让

一、新媒体社交平台账号的转让效力

若社交平台账号和内容平台账号具有比较强的人身属性，且绝大多数该等类型平台的用户协议中都禁止用户私下出借、转让或处置账号，那么，该等账号的权属可能较难基于双方当事人之间的合意而发生权属变动。例如，在曹某与李某合同纠纷一案中，山东省鄄城县人民法院认为：“原告对注册的 KS 账户只具有使用权，原、被告就转让 KS 账户使用权达成的协议虽于二者之间可产生约束力，原告据此也取得了一定收益，但转让行为违背了 KS 公司的相关管理性规范，法院应认定原、被告转让 KS 号的约定不具有法律意义上的约束力，由此产生的债权债务关系，不属于现行民事法律规范保护范围。”[3]

但还有另外一种账号的人身属性没那么强，如针对网络店铺等传统类型电商平台的账号，在符合法律法规及平台规则的情况下，允许基于当事人协议进

[1] 参见上海市第一中级人民法院民事判决书，(2015)沪一中民一(民)终字第 2090 号。

[2] 参见黑龙江省大庆市让胡路区人民法院民事判决书，(2019)黑 0604 民初 4226 号。

[3] 参见山东省菏泽市鄄城县人民法院民事判决书，(2019)鲁 1726 民初 1430 号，已生效。

行转让,可以更好地实现商业价值和双方的合同目的。

二、网络经营店铺转让的实操模式借鉴

对双方当事人将原本由一方设立和经营的网络店铺转让给另一方的转让合同,司法实践存在以下三种不同的观点:

1. 转让合同有效,如(2019)粤 2071 民初 5000 号民事判决书、(2019)川 0192 民初 5247 号民事判决书、(2020)川 01 民终 2489 号民事判决书,审理法院均表达了类似的观点。其实实践中,大部分法院认为,在转让双方意思表示真实,并未违反法律的禁止性规定的前提下,此类合同应当真实有效,对双方均具有拘束力。

2. 转让合同无效,如(2019)川 0192 民初 5296 号民事判决书、(2019)川 0193 民初 5461 号民事判决书,审理法院均以该等理由否定了网店转让合同的效力。部分法院认为,转让不仅是转让方、受让方、平台的事情,而且还涉及不特定网络消费者的正当权益,该类合同有可能因为触犯公众利益而无效。

3. 转让合同不发生法律效力,如在(2018)川 1304 民初 1448 号民事判决中,审理法院均认为未经淘宝平台同意的淘宝网店转让合同应不发生法律效力。广东某法院在一个司法判例中认为,《网络店铺转让合同》主要是双方就网店经营权转让的权利义务的约定,可视为转让方授权受让方经营该网店。虽然转让方概括转让与某网络平台之间基于网店的权利义务,改由受让方代替转让方履行与某网络平台之间的合同关系,应当获得某网络平台的同意,现某网络平台的运营公司已明确表示不同意。但如前所述,《网络店铺转让合同》主要是在不改变注册者的情况下,就网店的经营管理权的转让进行约定,故《网络店铺转让合同》属于受让方与转让方之间就网店日常经营管理权利义务进行转让内部约定,并未否定在对外关系上仍由转让方与某网络平台根据双方之间的合同履行各自的权利义务。因此,在《网络店铺转让合同》不违反《合同法》(已废止)第 52 条的强制性规定,仅在受让方与转让方内部之间就网店的经营管理权利进行约定的情况下,其效力不因某网络平台不同意对网店进行更名而无效。

淘宝平台在其制定的《淘宝网开店与退出实施细则》中明确规定,淘宝网店

经营主体的变更包括协议变更,即申请方与接收方就店铺经营主体变更达成协议约定,经淘宝及其关联公司等相关方同意而进行的店铺经营主体变更,这一规定为网络店铺的协议转让提供了依据。可见,在满足法律法规和平台管理规则的情况下,再辅以较为完善的配套制度,网络店铺的转让十分可行。

对于 KOL 账号转让之争的借鉴意义在于,在满足国家法律法规的情况下,对可能有权属争议的人身属性比较强的 KOL 账号,也可采用转让合同的方式预先约定,但这种转让行为需要平台管理规则予以明确,以确保合同双方、平台及有可能涉及的第三方主体的利益均得以兼顾。

第五节　MCN 机构账号流失防控措施

一、全面或个性化地约定账号归属

(一)全面约定,即合同明确约定账号归属于 MCN

全面约定是大部分 MCN 机构采取的方式,但通过之前的分析我们也可以看出,法院并非完全支持双方的合同约定,还是要根据具体的账号属性、MCN 机构投入情况(需进行举证)、账号的运营管理情况等进行个案分析。但对大多数 MCN 机构而言,采取全面约定并进行备案工作,仍会在合同约定上占据有利地位。

(二)个性化的约定,即综合多种因素决定账号归属

账号来源、发展情况、发展潜力以及账号本身与 KOL 的关联程度,都是 MCN 在约定归属权时需要考量的因素,以往“一刀切”的约定方式不但存在无效风险,而且还会增加 MCN 的谈判成本,难以适应市场发展,账号根据属性不同可以分成两大类,进行不同的约定:

1. 第一类是对 KOL 个人依赖度较高,且其后续产生的价值很大程度上取决 KOL 对内容的创作和呈现能力的账号,除非该账号本身就是为特定产品或

服务打造，能够体现品牌方或者是 MCN 机构的注册商标名称，并且 MCN 机构对账号的管理和运营投入了相应资源并可以进行举证证明，一般情况下法院会认定该类账号的所有权或使用权属于 KOL。

对于这类账号，MCN 机构想通过双方的合同约定取得账号的所有权显然不现实。其实 MCN 机构在合同签订之初，就可以对该类账号进行个性化的约定，比如约定合同结束后账号可以归属 KOL，但 KOL 要支付相应的对价，同时，对 KOL 违约解除合同的责任进行细化约定，在合同中明确 MCN 机构的职责和预计投入情况，为日后 KOL 主张违约责任奠定良好的合同基础。

2. 第二类是电商平台衍生出的平台账号，这类账号与网络店铺等传统类型的电商平台账号类似，法院一般会结合 KOL 对账号运营投入的资源、账号与 KOL 的绑定程度、KOL 对于账号价值提升的贡献度等多项因素进行综合考量，也会在部分情况下支持 MCN 机构的主张。因为一方面，账号的日常经营和管理对于账号价值的提升至关重要；另一方面，相较于社交平台账号和内容平台账号，该类账号上附着的人格权益的显著度在一定程度上相对较低。

对于这种类型的账号，在合同的约定阶段，MCN 机构可以进行个性化的设计，在满足“实名制”要求的前提下，尽量避免以 KOL 的个人名义进行注册申请，而尽可能安排 KOL 在 MCN 机构注册并所有的账号上露面开展相应活动等。另外，因为这类账号通常具有较大的商业价值，MCN 机构可以使用品牌或者商标使用许可的方式，在合同结束后限制 KOL 对于账号后续价值的进一步开发和利用。

在 MCN 机构与 KOL 的合作协议中，“一揽子”约定的做法因为一味地强化了 MCN 机构的权益，在实务中的可操作性难以保障。因此，在协议的初始阶段就可以综合进行考虑，根据不同的账号进行不同的约定和安排，从各种角度形成全链条的约束和管理机制的同时，进一步合理化 MCN 机构对账号的权利范围。

二、加强绑定与留痕投入

加强绑定即加强账号注册与使用管理，强化账号与 MCN 机构的绑定程度。

具体就是在确实需要使用个人账号和个人信息的情况下,或是基于“实名制”的要求,账号注册人必须为 KOL 本人,可以考虑在账号名称中加入 MCN 机构或品牌方的注册商标、商号等,并尽可能地将账号与 MCN 机构自身的品牌相结合。

留痕投入不仅仅是针对账号权属的主张,后期若 KOL 违约,对违约金的确定也非常重要。MCN 机构主张对账号享有权益的依据,很大程度来源于 MCN 机构对账号运营和管理的付出。因此,MCN 机构在日常运营过程中建立较为全面的资料保存制度,设定专门人员收集、整理和固定能够证明 MCN 机构对账号管理运营投入的成本资料的证据,将非常有助于 MCN 机构对相关账号权益提出相应的主张。

为更好地进行举证,从一开始的签约阶段,MCN 机构可以制定专门的评估表对 KOL 账号进行评估,明确 KOL 账号的基本信息、目前状态、发展潜力和预计投入等,在账号的运营和管理阶段,还要定期进行阶段性的评估,并由 KOL 对评估结果进行确认,这些将对 MCN 机构的主张起到很大的加强作用。

三、对违约金进行合理约定

根据《民法典》的相关规定,违约金本身应当以补偿性为主、以惩罚性为辅,因此,在 KOL 构成违约并且需要支付违约金的情况下,法院很有可能会以 MCN 机构遭受的实际损失及可得利益损失为基础,结合 MCN 机构的投入来确定具体的违约金数额。

从以往的司法判例也可以看出,MCN 依据合同主张的违约金得到法院全额支持的非常少,而且案件中的违约金均被法院大幅度调整,甚至不及合同约定的 5%。法院调整违约金参考的因素包括合同的履行期限、MCN 投入成本、KOL 的知名度、KOL 的报酬等,对于 MCN 机构在合同中约定的超出 MCN 机构损失范围之外的违约金或损害赔偿部分,法院可能不会予以认定和支持,KOL 也可以根据《民法典》第 585 条等相关规定,要求法院对过分高于损失的违约金部分进行调减。

如在沭阳某有限公司与李某演出合同纠纷一案中,[1]涉案 MCN 机构根据合同约定要求无故停止直播的涉案 KOL 支付 50 万元的损害赔偿,一审法院在考虑合同的履行情况、违约方的过错程度、合同的预期利益以及合同双方缔约地位的强弱等综合因素后,根据公平原则和诚实信用原则综合予以衡量,最终酌情确定损失为 5 万元;二审法院对也支持了一审法院上述关于损害范围的认定。

在违约金的主张方面,从前面笔者分析的有关案例也可以看出,MCN 机构的举证起到非常重要的作用,如果 MCN 机构能够在开始的时候做好账号的评估工作,在管理和运营账号期间做好留痕投入工作,将在主张违约金方面占据先机。

四、KOL 的竞业限制

KOL 的竞业限制在账号争夺中,同违约金一样,可以作为一种补救措施,从而降低 KOL 解约或者带走账号后对 MCN 机构的影响。

竞业限制也需要在合同中预先进行约定。在合作期间,MCN 可通过独家合作约定或规章制度要求其履行竞业限制义务。如果 KOL 违反此项义务,根据《民事诉讼法》第 100 条第 1 款,[2]MCN 可通过诉前行为保全的方式予以救济。

竞业限制的适用会随解约纠纷的出现区分不同情况。若法院确认 MCN 机构和 KOL 之间系劳动关系,则 MCN 机构与 KOL 签订竞业限制协议并支付补偿金后,KOL 应当履行竞业限制义务。但若双方是合作关系(也是目前大多数司法案例认定的情况),KOL 的竞业限制义务鲜有明确的司法案例进行确定。这一方面是因为竞业限制义务的履行本身需要满足一定的条件(如在 KOL 离开后支付补偿金、需要通知 KOL 等),另一方面 MCN 机构通常也很难就 KOL

---

〔1〕 参见江苏省宿迁市中级人民法院民事判决书,(2019)苏 13 民终 4102 号。

〔2〕 人民法院对于可能因当事人一方的行为或者其他原因,使判决难以执行或者造成当事人其他损害的案件,根据对方当事人的申请,可以裁定对其财产进行保全、责令其作出一定行为或者禁止其作出一定行为;当事人没有提出申请的,人民法院在必要时也可以裁定采取保全措施。

跳槽后运营相关账号对其产生的影响进行举证。如本章第三节案例四提到的广州某服装有限公司与杨某某合同纠纷案,双方在合同中还约定,甲方在本协议有效期及顺延期为乙方在电子商务平台(包括但不限于淘宝、京东及其他现有或将来的电子商务平台)所有商品类目独家及唯一合作方,乙方不得采用与本协议相同、相似方式推广其他本协议项下电子商务平台账户以外的账户,不得与其他任何主体建立与本协议相同、相似的合作关系。虽然某服装有限公司在二审中提交了很多新证据,但二审法院认定,某服装有限公司主张在其与杨某某的合作合同关系解除后,杨某某另行开设微博账户进行有关活动违反诚实信用原则没有事实及法律依据,法院不予采信。对此类案件,竞业限制的约定也在一定程度上限制了 KOL 自由择业的权利,若没有相应的对价,确实显失公平。

MCN 机构在合同签订阶段,可以对合同的解除和延续进行详细的设置,若特别需要限制 KOL 的跳槽,不妨在合同中约定提前支付相应的费用并针对 KOL 的跳槽情况进行合理的限制。针对 MCN 机构自己孵化的 KOL,应注意与品牌方的约定,比如不得在一定时间和情况下接受从该 MCN 离开的 KOL 等,进而达到约束 KOL 的目的。

司法判例中对账号争夺的裁判规则虽然可以进行大致分类,但在具体的实务操作中,法院仍然是根据个案的不同情况进行裁判。对 MCN 机构而言,除了在签约阶段要对 KOL 账号进行分级评估、签订详细的经纪合同、对合同条款尤其是一些补救性的条款进行合理约定外,在具体运营账号的过程中,规范化流程化的管理也十分重要,因为不管是什么类型的主张,都需要证据的有力支持,尤其是 MCN 机构在孵化和运营账号的投入方面。可以预见的是,精细化、流程化将是未来 MCN 机构对 KOL 管理和账号管理的一个大趋势。

第二章　法律思维平息解约之战

第一节　KOL 解约战术

抖音、淘宝、快手在直播带货领域都竭尽所能地争夺流量红利，越来越多的艺人、自由职业者也加入了主播大军之中，这一切，又都少不了专门孵化 KOL 的 MCN 机构的参与。但由于缺乏合规管理意识，因而新媒体经纪合同产生的纠纷也与日俱增。其中，对该类合同的性质应该如何认定？其法律依据如何？KOL 与 MCN 机构解约之战的博弈点在哪？本节通过分析实务中的案例，将从 KOL 主动发起解约的依据层面，简述 KOL 的解约战术。

一、合同效力之争

签订合同是一个民事法律行为，依据《民法典》第 143 条的规定，具备下列条件的民事法律行为有效：(1)行为人具有相应的民事行为能力；(2)意思表示真实；(3)不违反法律、行政法规的强制性规定，不违背公序良俗。该条虽然是《民法典》中一个提示性和宣誓性的条款，然而也是 KOL 主动解约时经常援引与适用的条款。具体而言，KOL 主张解约的情形主要有以下几个方面。

(一)KOL 欠缺相应的民事行为能力

这一条能够被适用的前提是 KOL 广泛的年龄层。在流量与收益挂钩的背景下，出现了很多粉丝数量达到百万甚至千万级别的“小网红”。“小网红”的出现一方面给网络视频平台增添了新的活力，另一方面也使醉心于流量和利益收割的成年人对未成年人进行过度消费，影响未成年人的身心健康，每个“小网红”的背后至少都有一位成年人或者专业的 MCN 机构对其账号进行参与和管理。

依据我国《民法典》第17~20条的规定,不满8周岁为无民事行为能力人,8周岁以上不满18周岁为限制民事行为能力人,但16周岁以上的未成年人,以自己的劳动收入为主要生活来源的,视为完全民事行为能力人。例如,“某网红”年满13周岁,属于限制行为能力人,根据《民法典》第19条之规定,其实施民事法律行为需由其法定代理人代理或者经其法定代理人同意、追认;但是,其可以独立实施纯获利益的民事法律行为或者与其年龄、智力相适应的民事法律行为。

显然,未成年的KOL签订的艺人经纪合同不属于未成年人可以独立实施的例外之列。因此,KOL的监护人在解除与MCN机构的合同时,会主张对未成年KOL签署的合同全然不知,事后亦没有追认,进而全盘否认合同效力,此时若MCN机构没有办法举证证明签订合同时经过了未成年KOL监护人的同意,则极易陷入被动局面。

更需要注意的是,2020年11月13日,国家互联网信息办公室发布了《互联网直播营销信息内容服务管理规定(征求意见稿)》,提出“直播营销人员或者直播间运营者为自然人的,应当年满十六周岁”。在该规定出台前,确实存在MCN机构为赚取流量,利用成年人的账号组织未满16周岁的“小网红”客串主播的现象。但在有关政策、规定等日渐收紧的现实背景下,MCN机构签署未成年KOL,不仅存在民事行为能力风险,更存在监管风险。

由上可知,KOL的这种反击方式比较有效但适用范围狭窄,仅仅适用于特定年龄阶段的KOL。同时,若MCN机构有专业的法律风险体系或者法律顾问等,对此类合同的法律风险可以轻松把握和防控。

(二)行为违反法律、行政法规的强制性规定,违背公序良俗而无效

类型一:主张MCN机构从事的是营利性演出经营活动,根据国务院颁布的《营业性演出管理条例》、国家互联网信息办公室颁布的《互联网直播服务管理规定》等,MCN机构应当在取得文化行政主管部门的许可后方可开展相关活动,若MCN机构不具备有关资质或从事的经纪活动超出其经营范围,则违反了行政法规的强制性规定,双方之间的合同应为无效合同。

类型二：因为部分 MCN 机构为外国公司，KOL 依据国务院《关于管理外国企业常驻代表机构的暂行规定》主张，因外国公司未获得批准登记不能开展业务活动，因此双方签订的《演艺经纪合同》无效。

按照我国民法规范的效力规定，在我国，强制性规范的效力高于当事人的约定，而任意性规范的效力低于当事人的约定。由此可见，强制性规范的适用是优先的。民法上的强制性规定又分为效力性强制性规定和管理性强制性规定，其中直接影响合同效力的只能是效力性强制性规定。然而效力性强制性规定和管理性强制性规定的区分并没有特别显而易见的对应标准，这也是我国司法实践中一个难题。

根据《民法典》第 153 条的规定，违反法律、行政法规的强制性规定的民事法律行为无效。但是，该强制性规定不导致该民事法律行为无效的除外。对于这一条的理解，我们要回到该强制性规定的规范目的进行判断，要衡量的是“合同无效是否为实现该规范目的的必经途径”？其实对该条的适用是体现出一定的谦抑性的，原因在于民法的基本原则是意思自治，基本精神是尊重契约自由，通过国家的强制性规定而抑制和剥夺这种自由必然就是一种特殊的处理情况。〔1〕

通过以上分析可知，《民法典》第 153 条的适用范围也是比较狭窄的。首先，导致合同无效的必须是国家的效力性强制性规定，而对效力性强制性规定的适用在我国是谨慎的，以保护自由意志这一基本原则；其次，在目前 KOL 与 MCN 机构的争议案件中，法院通常也不会因为 MCN 机构的资质存在瑕疵，就认定 MCN 机构和 KOL 间的合同无效。

（三）民事法律行为存在效力瑕疵

《民法典》第 147 条至第 151 条是关于民事法律行为效力的一般性的规定，

---

〔1〕《全国法院民商事审判工作会议纪要》第 30 条规定：“……下列强制性规定，应当认定为‘效力性强制性规定’：强制性规定涉金融安全、市场秩序、国家宏观政策等公序良俗的；交易标的禁止买卖的，如禁止人体器官、毒品、枪支等买卖；违反特许经营规定的，如场外配资合同；交易方式严重违法的，如违反招投标等竞争性缔约方式订立的合同；交易场所违法的，如在批准的交易场所之外进行期货交易。关于经营范围、交易时间、交易数量等行政管理性质的强制性规定，一般应当认定为‘管理性强制性规定’。”

分别规定了导致民事法律行为效力瑕疵的几种情况,包括重大误解、欺诈、胁迫和显失公平。司法实践中,KOL 解约也会提出存在上述情况。

1. 主张重大误解撤销合同

《民法典》第 147 条是有关于重大误解的规定,基于重大误解实施的民事法律行为,行为人有权请求人民法院或者仲裁机构予以撤销。

首先,是对“重大”的理解,因重大误解导致合同被撤销,这种“重大”应该达到什么样的程度呢?以一般的合同进行举例:若一般的买卖合同,发生了当事人、标的物、法律行为的性质错误认识等就属于重大误解,当事人可以主张重大误解,请求法院撤销合同;对于合同的一般性条款,如价格、数量、履行地、履行期限等的错误认识,当事人主张重大误解需证明其对交易的重要影响,当然举证责任就落在了当事人的身上。其次,对“误解”也即“错误”的理解也是要分层次。从法律层面上分析,错误分为意思形成阶段的错误(动机错误)和意思表达阶段的错误,意思表达阶段的错误又分为表示错误和内容错误,内容错误又分为同一性错误和行为类型错误。

具体到我们 KOL 和 MCN 机构的合同撤销问题,KOL 一般会主张其在签订经纪合同时,或是初入社会,或系在校大学生,对演艺行业全无了解,社会经验不足,签订合同的时候不可避免地对 MCN 机构的专业资质、经纪实力等存在重大误解,作出了错误的意思表示,签订了对其严重不利的合同,显失公平,应属于可撤销合同。

KOL 在适用重大误解要求撤销合同的时候,要举证其主张的“误解”达到“重大”的程度。误解的层次和内涵也是非常丰富的,在通常情况下,基于民法的意思自治和诚实信用原则,一般性的认识错误并不能轻易否定合同的效力,司法实践中的判例也体现了这一点。

2. 主张欺诈撤销合同

《民法典》第 148 条至第 149 条是关于欺诈对民事法律行为效力影响的规定,其中第 148 条是一般性的规定,第 149 条规定了关于第三者欺诈的内容。根据第 148 条的规定,一方以欺诈手段,使对方在违背真实意思的情况下实施的民事法律行为,受欺诈方有权请求人民法院或者仲裁机构予以撤销。这里很重要的一点是需要欺诈方有欺诈的故意,包含两层含义:一是欺诈方的欺诈使相对人陷入错误判断,二是使相对人基于错误判断作出意思表示。

适用这一条时,KOL 一般会主张其对行业不了解,与 MCN 机构之间存在严重的信息不对称,MCN 机构在签订合同时,隐瞒、虚构公司资质、经纪实力,虚假宣传或承诺,如存在对未来收入的虚夸行为、"画饼"行为,使自己作出了错误的意思表示,因此主张 MCN 机构有欺诈的行为,据此要求撤销合同。

从之前的法律分析也可以看出,在适用该条款时,最关键的是证明 MCN 机构存在欺诈行为和欺诈故意,但要证明这两点对 KOL 来说并不容易。在司法实践中,KOL 提供的证据和理由很难达到法院对欺诈的认定标准。因为欺诈具有比较严格的认定标准,需要主观要件和客观要件都具备,而 KOL 所主张的"不能达到双方签订合同的目的",只是属于民事合同主体应当承担的一般商业风险。其实,对于该问题的争议,本质上是由于法律上对"欺诈"的定义和大众观念中对"欺诈"的认知不完全一致导致的。

3. 主张格式条款显失公平而撤销合同

显失公平条款规定在《民法典》第 151 条中,一方利用对方处于危困状态、缺乏判断能力等情形,致使民事法律行为成立时显失公平的,受损害方有权请求人民法院或者仲裁机构予以撤销。根据该条规定,行为人需要故意利用对方的不利处境,使其失去意思表示的自由,并实际受到损失,同时,这种损失不能是一般的损失,需要有"重大性"。

而关于格式条款的规定则在《民法典》第 497 条中,"有下列情形之一的,该格式条款无效:(一)具有本法第一编第六章第三节和本法第五百零六条规定的无效情形;(二)提供格式条款一方不合理地免除或者减轻其责任、加重对方责任、限制对方主要权利;(三)提供格式条款一方排除对方主要权利"。MCN 机构与 KOL 签订的合同,通常由 MCN 机构单方提供,且为 MCN 机构内部的标准版本。合同篇幅一般较长,对于 KOL 的义务及违约责任等约定较为严格,极大程度地加重了 KOL 的责任。仅就合同内容而言,确实在一定程度上存在 MCN 机构与 KOL 权利义务的失衡,对 KOL 较为苛刻。

因此,在司法实践中,鉴于对遭受损失的举证证明困难,KOL 通常会从意思表达不自由的角度主张双方签订的合同是由 MCN 机构单方起草,并没有经过协商。由于签订合同时双方的地位失衡,该类经纪合同一般不允许艺人(尤其是素人)在合同中加入自己的要求;合同中约定的内容对艺人要求极度苛刻,完全排他性的约定和动辄上百万元、上千万元的“天价”违约金更使艺人只能对 MCN 机构“言听计从”。综合上述几点,部分 KOL 会主张双方之间的《演艺经纪合同》系格式合同,仅约定了艺人的义务,严重排斥艺人的权利,全部或部分条款应当被认定为无效。

二、从合同解除条件的角度主张解约[1]

按照我国法律的有关规定,合同的解除权分为约定解除权和法定解除权。约定解除权是双方意思表示一致解除合同,一般会预先规定在合同的条款中,主要与 MCN 机构以及 KOL 的议价能力相关,笔者暂不探讨,此处重点探讨 KOL 合同的法定解除权。

要探讨合同解除权的问题,首先无法回避的就是关于合同性质的问题,这也是目前司法实践中争议集中的地方。

1. KOL 和 MCN 机构签订的合同是劳动合同还是委托合同

KOL 和 MCN 机构签订的合同的性质之所以在这部分最先被提出来,是因为其与合同的解除息息相关,根据不同的合同性质,合同解除的方式也不尽相同。

若是该合同被界定为劳动合同,则根据《劳动合同法》的相关规定,除了双方可协商解除合同外,劳动者可以提前 30 日书面解除劳动合同,在某些情况下劳动者还能单方解除合同。

若是该合同被认定为委托合同,根据《民法典》第 933 条之规定,“委托人或者受托人可以随时解除委托合同。因解除合同造成对方损失的,除不可归责于该当事人的事由外,无偿委托合同的解除方应当赔偿因解除时间不当造成的直

〔1〕 根据劳动和社会保障部《关于确立劳动关系有关事项的通知》,一般认定是否构成劳动关系可参考 KOL 是否实际接受 MCN 机构的管理、指挥或者监督;KOL 提供的劳动是否是 MCN 机构业务的组成部分;MCN 机构是否向 KOL 支付报酬、为 KOL 缴纳社会保险等情况进行综合认定。

接损失，有偿委托合同的解除方应当赔偿对方的直接损失和合同履行后可以获得的利益”，则委托人或者受托人可以随时解除委托合同，必然会给想要主张合同继续履行的MCN机构造成巨大的冲击。

KOL与MCN机构在“底薪+分成”的合作模式下订立的合同，往往包含类似劳动合同的条款，还兼具居间、行纪、委托关系等约定，是较复杂的综合型法律关系。对于此类合同性质的认定，法院裁判时会审查双方订立合同时的目的，若双方以商务合作、互利共赢为宗旨，合作中的管理模式也与劳动关系中的人身依附性、从属性存在一定差别，则一般会认为属于无名合同，充分体现了尊重当事人意思自治在司法实践中的应用。

但法院并非否定MCN机构与KOL之间存在劳动关系的可能性。如果合同内容、合同履行过程中，KOL与MCN机构之间具有明显的人身关系依附性、从属性，仍然可能被认定为劳动关系。而一旦被认定为劳动关系，则合同中的诸多约定均难以适用，MCN机构的权益会因此大打折扣。

2. 从双方法律关系为劳动关系或委托代理关系角度主张解约

从以上的法律分析，我们可以得出，司法实践中，KOL一般就会选择从两个角度切入主张合同性质：

（1）主张双方的法律关系为劳动关系。KOL认为根据合同约定，KOL接受MCN机构的管理、服从MCN机构的指挥，按照其要求从事生产活动，具有人身从属性，MCN机构按月向KOL发放工资报酬，KOL对MCN机构在人身、经济方面有依赖性和依附性。合同明确约定KOL需按照其指定的工作时间在指定的场所从事工作，KOL的工作内容受MCN的决定及控制，双方为管理及被管理的关系。KOL提供的劳动是MCN机构业务的组成部分，双方应当认定为劳动关系。基于劳动关系的特殊性，劳动者可以根据《劳动法》的规定，以经纪公司未缴纳社保或未按时支付劳动报酬为由解除合同，或直接提前通知经纪公司后单方解除合同。

（2）主张双方的法律关系为委托代理关系。从双方合同的内容来看，因为合同约定MCN机构为KOL的独家代理人，代表KOL商议签订有关其演唱会、表演、参演电影电视等娱乐活动的聘用协议等，故应当认定双方之间的合同系委托代理合同。而基于法律规定,委托人一方享有单方解除权,据此,KOL 可以随时解除合同。

案例六 鲁某某与北京某文化传播有限公司合同纠纷案

【案号】北京市第二中级人民法院(2018)京 02 民终 7323 号

【案情简介】2016 年,北京某文化传播有限公司作为甲方与乙方鲁某某签订了一份《艺人经纪协议》,对双方权利义务和责任作了如下约定,包括但不限于:

(1)甲乙双方签订合约,乙方即为甲方的签约主播,甲方为乙方的唯一主播平台、经纪公司及培训机构,甲方作为乙方的唯一经纪人,有权使用或授权其他任何第三方以任何形式使用乙方声像,但授权或使用方式必须告知乙方,并按照利益分配原则与乙方进行分配。

(2)甲方负责为乙方按时发放薪酬,乙方薪酬由"底薪 + 提成"构成,底薪根据当月的最终级别(级别规则由甲方制定),下月执行新标准,提成为礼物总和的 30%,薪酬为月结,含每月至少 4 天的带薪休息,次月的 10 日发放。

后双方因乙方在其他平台直播发生争议,乙方以甲方未按时足额支付劳动报酬为由要求解除合同。甲方则为此诉请乙方支付合同约定的违约金 300 万元。

乙方主张双方构成劳动合同关系,合同约定的乙方义务和甲方制定的管理规定相当于乙方遵守用工单位的各项规章制度,乙方受甲方管理,从事甲方安排的有报酬的劳动。合同履行期间乙方并未从事其他工作,从事网络直播工作获取的报酬是乙方的唯一的劳动收入,故甲乙双方之间具有从属性,双方间属于劳动关系。

【裁判观点】法院认为,劳动合同是劳动者与用人单位确立劳动关系、明确双方权利义务的协议。劳动关系则是双方当事人通过合意,由劳动者一方提供劳动、用人单位一方给付报酬所形成的具有经济、人身从属性的权利义务关系。

从本案《艺人经纪协议》内容来看，该协议对双方的权利义务和责任进行了详细约定，双方还就演艺利益分配原则、直播待遇及支付、违约责任等作出了约定。由此可见，该合同同时具有委托合同、经纪合同、居间合同、服务合同等特征，为综合性的民事合同，属于演艺经纪合同的范畴。

【律师评述】本案协议中有关甲方有权对乙方的行为实施监督、管理，乙方应当遵守甲方的主播管理规定，以及每月上播天数及时长等约定，是为了确保双方直播合作的顺利进行。基于甲方的演艺经纪行为衍生出的管理行为，并非劳动关系的管理行为。

该协议中关于甲方按时向乙方发放薪酬的约定，则是根据乙方在直播平台上获取收益的情况对其进行的利润分配，乙方在《艺人经纪协议》项下的收益取决于其在直播平台上和演艺活动中受欢迎的程度。双方在实际履行合同过程中，并无明显的劳动关系人格从属性和经济从属性特征。双方的权利义务体现的是一种民事合作关系，而非劳动关系。

案例七 刘某与北京某娱乐公司合同纠纷案

【案号】北京市第二中级人民法院(2019)京02民终13981号

【案情简介】2016年9月1日，北京某娱乐公司(甲方)与刘某(乙方)签订了《经纪合作协议》，约定乙方正式委托甲方作为其在线演艺经纪代理(直播独家代理)等合作内容，双方合作期限为3年，并约定了合约期内，若乙方未经甲方同意，擅自在除甲方授权以外的其他互联网演艺分享平台、商业平台演出、代言，则构成乙方根本性违约，甲方有权要求乙方赔偿50万元人民币或已履行合约期内乙方月均收入乘以18的总金额，违约金按前两者金额较高者为准。北京某娱乐公司因刘某擅自签约其他经纪机构已构成根本违约为由提起诉讼。被告刘某在一审中主张，原告公司与其为有偿的委托代理关系，根据《合同法》(已废止)规定其有权随时解除委托合同。且北京某娱乐公司存在私自侵吞、截取某直播平台每个月支付给刘某的直播收益的行为，显属违约，刘某已在2018年9月27日以邮件及快递方式发函给北京某娱乐公司要求解除委托代理关系,自己并无任何违约行为。被告刘某向北京某娱乐公司提起了反诉,要求判令解除双方的《经纪合作协议》,并要求北京某娱乐公司赔偿违约金2,383,593.24元并支付被告刘某合作费用564,928.24元。一审法院认为,双方均有违约行为,已缺乏信任基础,合同目的已无法实现,且被告刘某已转投其他经纪公司,遂判决双方间的《经纪合作协议》于2019年2月26日解除,并判决北京某娱乐公司支付刘某合作费用310,178.8元,刘某赔偿北京某娱乐公司100,000元。

后双方均提起了上诉,北京某娱乐公司主张其不存在违约行为,一审判决对其赔偿过低,刘某的违约行为导致北京某娱乐公司产生高额的直接损失和预期利益损失,这些损失包括北京某娱乐公司为增加刘某人气为刘某在直播间赠送的礼物、为刘某购买的人气以及按照刘某往年直播间总收益来计算所得刘某预计2018年至2019年的直播间总收益。

刘某则主张本案因履行经纪合同产生,双方之间为委托代理关系,即便一审法院认为双方并非单一的委托关系,如若双方当事人的行为触发委托关系中的行为而又未与其他法律关系竞合的情况下,双方当事人仍应该遵循《合同法》(已废止)中对委托关系的规定,因此一审法院既已认定北京某娱乐公司拖欠刘某合作款项30万元,也就应认定北京某娱乐公司需因此赔偿刘某违约金。

【裁判观点】法院认为,北京某娱乐公司与刘某签订的《经纪合作协议》合法有效,双方均应按约履行各自义务,在合同履行过程中,刘某在未与北京某娱乐公司解除《经纪合作协议》的情况下,转投其他经纪公司继续在某直播平台进行直播,导致合作协议无法继续履行,构成违约。北京某娱乐公司未按约定向刘某支付直播分成及基础合作费用,亦构成违约。考虑到北京某娱乐公司对刘某直播事业发展作出的投入和付出,综合双方的违约和过错情形以及给对方造成的损失大小,酌情确定刘某赔偿北京某娱乐公司违约金10万元并无明显不妥。关于刘某主张与北京某娱乐公司系委托合同关系,有权随时解除《经纪合作协议》,法院认为,该协议为双方关于刘某进行网络直播等演艺事业的多种权利义务关系相结合的综合性合同,其内容包含委托、行纪、居间、劳动等多种法律关系,属于具有综合属性的直播演出经纪合同,此类合同并非单纯的委托合同,因此不能依据委托代理合同相关规定享有单方任意解除权。故刘某主张双方系委托合同关系,可随时解除合同的主张缺乏依据。最终判决驳回上诉,维持原判。

【律师评述】在MCN与KOL之间产生的经纪合同纠纷案件中,对于经纪合同法律性质问题,MCN与KOL的观点常常有着明显差异:MCN多认为经纪合同性质为综合性合同,KOL不可以擅自解约,单方解除合同属于根本违约。而KOL则多主张经纪合同性质为委托代理合同,可以随时单方解约。该分歧常常是经纪合同纠纷案件中争议的焦点。

一般的演艺经纪合同中确实存在委托代理的内容,通常包括演艺活动对外洽谈及签署合同的委托代理等。但由于在大多数演艺经纪纠纷中,除了上述委托代理的相关内容外,还包括经纪公司为KOL提供除委托代理事项外其他服务的约定,以及KOL除委托事项外应受到经纪公司管理并履行相关义务的约定,例如,经纪公司的宣传义务、形象设计义务、咨询解答建议义务,以及经纪公司出于上述目的免费使用艺人姓名、肖像、录音录像、照片、知识产权的权利,甚至永久拥有艺人基于合同而产生的知识产权等;艺人应当履行的接受公司安排进行工作、保持与公司的沟通、不与第三方进行演艺事务合作的义务等。上述约定的存在使KOL与MCN之间所建立的法律关系难以再被简单视为委托代理法律关系。

3. 以MCN已经根本违约或者合同目的无法实现主张解约

除了以上主张,KOL还会主张MCN机构违约,行使约定或者法定解除权,要求解除合同。合同的法定解除权是指当出现法律规定的情形时,合同当事方即可直接根据该等规定解除合同,而无须以合同的约定或双方当事人之间的协商为前提。在司法实践中,对于KOL停播或在其他平台直播等行为,法院很有可能会认定其构成对双方之间合作协议的根本违约。[1]

合同的法定解除权规定在《民法典》第563条第1款中,"有下列情形之一

---

〔1〕 在(2019)皖01民终10359号民事判决中,安徽省合肥市中级人民法院认为,涉案KOL未经同意擅自在其他直播平台进行直播的行为,构成根本违约。

的，当事人可以解除合同：（一）因不可抗力致使不能实现合同目的；（二）在履行期限届满前，当事人一方明确表示或者以自己的行为表明不履行主要债务；（三）当事人一方迟延履行主要债务，经催告后在合理期限内仍未履行；（四）当事人一方迟延履行债务或者有其他违约行为致使不能实现合同目的；（五）法律规定的其他情形”。合同的约定解除权主要限于双方的约定，行使时都是集中主张对方对自己要承担的主要义务履行不当，实务中较多的适用情形为：

（1）MCN 未尽培训、宣传推广、居间等合同义务。KOL 主张 MCN 没有按照合同约定为 KOL 的演艺事业发展提供任何专业的经纪服务，没有得到形象设计、从业定位、宣传推广的服务，没有得到唱片出版发行、影视拍摄、广告代言的机会等，未尽合同约定义务，严重违反合同约定，因此主张解除合同。

（2）未按合同约定，按时足额向 KOL 分配报酬。因为双方的合同普遍都约定由 MCN 一方负责管理 KOL 的收入，再根据合同约定由双方分配。而在实际履行过程中，MCN 机构往往利用自身的优势地位或者合同约定的条件等，擅自提高要求，克扣 KOL 的应得报酬；或者未按照约定及时分配；或隐瞒实际收入，严重损害 KOL 的知情权等。以上均是导致 KOL 一方坚持解除合同的常见诱因。

（3）严重违反合同目的，阻碍 KOL 发展。鉴于 KOL 与 MCN 机构之间签订的经纪合同的目的是双方互利共赢。而合同本身的排他性、限制性条款使艺人的收入来源严重受限，部分 MCN 机构因为缺乏资源、实力或不履行义务等原因，根本不给艺人提供机会发展。在极端个案中，MCN 机构 1 年内向 KOL 分配的收入仅为 1000 多元，有相当一部分艺人据此提出解约，以寻求更好的发展平台和空间。

由上可知，在 KOL 和 MCN 机构的解约之战中，KOL 的战术涵盖了主张合同无效、合同可被撤销、合同需要解除这三个层面，从各个角度，结合自己的实际情况进行切入，又因为行业的特点决定了大部分的切入点和切入理由都相同，笔者列举的 KOL 的主张是从大量的案例中提炼出来的，看似各不相同，但都是紧扣双方的合同约定和法律规定。因此，在签署合同的初期，除了要避免引起合同争议的法律雷点，还应在保证双方平等协商的基础上，对合同的条款如 KOL 工作内容、工作性质、MCN 机构的投入、合同的退出机制和违约机制等,进行清晰详细的界定和约定。

第二节 MCN 机构解约抗辩技巧

如本章第一节所列举的 KOL 解约战术,面对 KOL 的主动进攻,MCN 机构主要从哪些角度进行抗辩呢?以下将从法律规定和司法实践的角度一一进行分析。

一、从合同效力方面抗辩

1. KOL 主张欠缺相应的民事行为能力

KOL 主张自己是未成年人,欠缺相应的民事行为能力,因此自己签订的合同无效;或者主张签订的合同未经过监护人的追认。

KOL 未成年并不是一个合同有效、无效的"分水岭",因为根据法律规定,即使是未成年人,若其年满 16 周岁并且以自己的劳动收入为主要生活来源,则具有完全民事行为能力,其签订的合同即合法有效。实践中,MCN 机构一般也会据此理由进行抗辩。但正如我们在本章第一节提到的,MCN 机构在这个方面更要关注的一个重点是国家的政策和法律法规的动向。

2. KOL 主张行为违反法律、行政法规的强制性规定,违背公序良俗

通常 MCN 机构的资质问题不会直接导致 MCN 机构与 KOL 之间的合同无效。所以,在司法实践中,MCN 机构一般会抗辩,双方签署的合同是双方真实意思表示,而关于演出经纪资质的规定属于管理规范,而非效力性强制性规范,因此是否取得该行政许可不影响双方合同的效力。

二、从民事法律行为效力瑕疵方面的抗辩

1. KOL 主张重大误解撤销合同

对于 KOL 基于重大误解主张撤销合同的情形,因为实践中 KOL 的举证非

常困难,通常达不到法院要求的标准,因此 MCN 一般只需要进行简单抗辩:KOL 系完全民事行为能力人,合同系双方在平等协商的基础上作出的真实意思表示;且该合同亦未违反法律强制性规定,属合法有效;MCN 公司的经纪利益往往产生于合同履行后期,故该类合同具有不可撤销性。故合同一经签订,双方都应当依据诚实信用原则全面履行合同义务。

2. KOL 主张欺诈撤销合同

针对 KOL 对 MCN 机构隐瞒相关情况,虚假承诺等情况,通常,MCN 机构会抗辩其公司资质、经纪实力不存在问题,公司投入了大量人力、物力、财力为艺人进行宣传,且合同中部分条款系演艺行业惯例,未侵犯艺人权利,而且艺人作为完全行为能力人对所签订的合同具有谨慎审查义务,在合同上签字并加盖指印即表明艺人对合同条款的认可,艺人因此要求撤销合同或解除合同无依据。

3. KOL 主张格式条款显失公平而撤销合同

KOL 主张显失公平撤销合同的理由是自己没有议价能力且只能被动接受不利于自己利益的格式条款等。当然,MCN 机构的抗辩自然也是针对这一条,通常抗辩涉案演艺经纪合同不符合格式条款的构成要件:(1)该合同系双方经平等协商后达成的真实意思表示;(2)该合同系根据艺人自身情况量身定制,不存在规格化、定型化情形;(3)在签约过程中公司充分听取了艺人的意见,并对合同内容进行了协商调整;(4)自合同签订之日起至今,艺人从未以书面或口头形式提出关于合同期限、合同条款的异议,或者需要 MCN 予以说明和解释的要求,双方就该合同已实际履行。因此,双方签订的演艺经纪合同并未严重侵犯艺人权利,不应以此认定全部或部分条款无效。

三、从合同解除的角度方面抗辩

1. 合同为劳动合同还是委托合同

司法实践中,对于 MCN 机构和 KOL 之间合同的性质的界定一直是双方争议的焦点,也是双方是否能够解除合同的关键点。针对 KOL 认为双方的经纪合同为劳动合同和委托合同的主张,MCN 机构的抗辩主要也集中在这两个方面：

（1）对劳动合同主张的抗辩。双方之间并不存在人身、经济依附性，不存在劳动关系的主要特征。双方签订的演艺经纪协议，就MCN机构为KOL提供演艺经纪服务、代理KOL与第三方平台签署演艺合同、代理KOL互联网演艺活动等合作事项进行了约定，双方是互利共赢的商业合作关系，因此，公司不存在为KOL缴纳社会保险的法定义务。故KOL主张根据《劳动法》的规定，以经纪公司未为其缴纳社保或未按时支付劳动报酬为由解除合同，或直接提前通知经纪公司后单方解除合同缺乏法律及事实依据。

（2）对委托合同主张的抗辩。根据双方合同内容、履行情况及《最高人民法院知识产权案件年度报告（2009）》中对演艺经纪合同性质的界定，双方签署的合同是具有居间、代理、行纪属性等的综合性合同，而非委托合同，因此适用民法的一般性规定，即在没有约定解除情形及法定解除情形时艺人不享有单方解除权。

2. KOL主张合同已经根本违约或者合同目的无法实现

在主张这一点时，KOL一般会举证自己没有得到应有的报酬和MCN机构承诺的服务，没有得到预期的报酬和发展。针对这两点，MCN机构一般也会提供相应的证据进行反驳：

（1）未履行合同义务或阻碍艺人发展不属实。MCN机构会提出为推广艺人的演艺事业付出了大量人力、物力、财力，为艺人提供了培训、推广、洽谈、联络等服务，安排专业团队为艺人进行化妆、拍摄、剪辑等，忠实履行了自身合同义务，客观上提升了艺人的知名度，且各项合同义务履行期尚未届满，艺人也并未进行过相应的催告，且MCN机构履行义务需以艺人的配合为前提，因此，艺人主张MCN机构违约缺乏事实依据，不能成立。

经纪公司还会主张对艺人及其相关演艺项目进行了宣传，且经纪公司没有义务必须以对外支付费用的方式进行宣传推广工作，是否付费进行宣传及付费多少进行宣传不应作为衡量经纪公司是否履行合同的标准，对艺人整个演艺事业的提升才是双方签约的根本目的，故经纪公司不存在违约行为。

（2）未按合同约定按时足额分配报酬的情况不属实。双方约定在公司收到相应款项以后,扣除成本并缴纳相应的税收之后,按合同约定的比例进行分成。考虑到对艺人宣传成本较高,各部分项目繁杂,难以当下作出成本核算,且尚有许多项目仍在投入中,因此,公司要求各部门在年底对相关各项目的投入成本作出统一精准核算,公司的分配行为符合合同约定,以及考虑到双方此前的分配习惯,相关情况属于合理周期,没有恶意拖延的情形。

第三节　KOL 与 MCN 解约实战

案例八　广州市某文化传媒有限公司与周某某合同纠纷案[1]

【案号】广东省广州市番禺区人民法院(2020)粤0113民初5468号

【案情简介】2018年4月24日,原告作为甲方,被告作为乙方,签署《艺人经纪合同》,乙方愿意与甲方进行深度合作,接受甲方的委托,在甲方指定的平台进行多样化发展,双方签订如下合作协议:"一、乙方成为甲方签约主播,乙方的演艺事务由甲方安排运作;甲乙双方同意就乙方在甲方公司旗下的频道从事主播方面的全球范围内线上演艺事务进行合作,乙方在主播事务方面全球范围内线上演艺事务独家地、排他性地委托甲方担任独家主播经纪人,甲方接受上述委托,根据本合同约定担任乙方独家经纪人,对乙方线上线下演艺事务进行全面管理,乙方是以自由身份签订本合约。二、甲方的权利义务。甲方有权对乙方进行日常直播管理,有义务提升乙方主播知名度和收益,提供最大化的宣传力度;甲方有在网络直播及其相关营销宣传中使用乙方的形象、姓名以及作品等相关权利,等等。三、乙方的权利义务。乙方将其线上演出权独家授权甲方,乙方的线上演出活动由甲方负责运作;乙方有权得到甲方安排的演出机会和宣传资源;乙方不得在没有正当理由时与甲方终止合作;乙方应将甲方旗下的虎牙游戏娱乐直播平台、熊猫TV、斗鱼TV等(包括但不限于)作为乙方唯一

---

〔1〕 二审:广东省广州市中级人民法院民事判决书,(2020)粤01民终21710号,最终调解结案,此处重点分析一审判决。

的互联网游戏直播及解说平台，未经甲方同意乙方不得在本合同项下指定平台外的任何第三方互联网平台上进行游戏直播及解说分享；乙方须按照本合同约定每月在约定平台直播播出26天（自然日）及以上，每日时长不得低于4小时；乙方必须按质按量完成甲方安排的任务，每个月完成400魅力值，甲方线下任何以营利为目的的活动，乙方应全力配合甲方，不得以任何理由拒绝拖延……六、违约责任。乙方有下列情形之一时构成违约，应向甲方赔偿50万元人民币或赔偿自签约日起乙方直播总流水收益的5倍（以较高者为准）作为违约金，且甲方享有本合同解除权：乙方未经甲方同意，擅自在非甲方指定平台直播、表演等演出行为的；未经甲方同意擅自接受第三方的邀请，组织从事直播、代言、表演等商业活动；未经甲方同意自行安排非网络商业演出；乙方违反本合约的独家排他情，未经甲方书面允许，以任何形式和第三方进行本合约规定范围内事宜的合作，甲方有权要求乙方立即停止该未经许可的合作，同时乙方应向甲方赔偿其和第三方约定的收益金额的双倍；乙方违反本合约中乙方义务的约定，等等。乙方在合约期未满时，单方面解除本合约，需支付给甲方违约金50万元，违约金支付之日即为合约解除之日；违约方同时应向守约方支付因追究其违约责任而发生的合理费用，包括但不限于调查搜证费用、诉讼费、保全费、律师费、差旅费、公证费等费用。七、其他规定。乙方如因突发事故或身体健康原因不能履行本合约，乙方应及时知会甲方，并确保本合约相关工作完成，同时，甲方有权提前解除本合约。"合同还约定了其他事项。

2019年3月21日，周某某未经原告许可，擅自与其他直播公会合作在斗鱼直播平台进行演艺直播，并在2019年3～7月擅自在抖音发布短视频进行网络演艺活动，且周某某自2019年3月开始未按《艺人经纪合同》的约定完成"每月播出26天（自然日）及以上，每日时长不得低于4小时，每个月完成400魅力值"的直播义务，甚至断播，原告遂以周某某违约为由，提起本案诉讼。

【裁判观点】《艺人经纪合同》是原、被告双方真实意思表思，未违反法律、法规的强制性规定，合法有效，双方均应切实履行合同义务。被告周某某违反合同约定，在合同有效期内，未经原告同意，擅自与第三方（斗鱼直播平台、抖音）合作进行直播演艺活动，或发布短视频进行网络演艺活动，违反了合同条款

“被告将线上演出权独家授权予原告，被告的线上演出活动由甲方负责运作”及“未经原告同意，被告不得在本合同项下指定平台外的任何第三方互联网平台上进行游戏直播及解说分享”。此外，被告自2019年3月开始，长期怠于履行合同约定的直播义务，违反了合同条款“被告须按照本合同约定每月在约定平台直播播出26天（自然日）及以上，每日时长不得低于4小时；被告必须按质按量完成原告安排的任务，每个月完成400魅力值”。综上，被告周某某的行为构成违约，应当向原告承担相应的违约责任。

【律师评述】该案是一个典型的艺人违约的案例，由于双方的合同对艺人的工作内容和工作时间进行了详细的约定，对MCN机构可以解除合同的情况也列举得非常详细，因此本案在认定艺人违约方面并无异议，一审法院认定争议焦点仅仅是在违约金数额的调整方面，二审顺利进行了调解。这个案例给我们的启示是艺人经纪合同条款设置的重要性，如合同对双方权利义务设置得清晰明确，则在司法实践中一般不会产生太大的争议。

案例九 北京某影视传媒公司与盛某合同纠纷案〔1〕

【案号】北京市朝阳区人民法院(2016)京0105民初66864号

【案情简介】北京某影视传媒公司（以下简称某公司）作为甲方与作为乙方的盛某签订《艺人经纪合同》，约定合同有效期为5年，甲方指定乙方参加甲方安排的与演艺事业相关的活动，或甲方与任何第三方签订的指定乙方参加与演艺事业相关活动的合同成立后，乙方应按照甲方指定的内容完全履行自己应尽的义务，否则应承担违约责任。盛某于2016年10月25日、10月31日单方发出解除其与某公司签署的《艺人经纪合同》的通知，某公司遂对盛某提起诉讼要求盛某支付违约金并要求确认盛某发出的解除合同的通知无效。某公司称签订《艺人经纪合同》之后，其依约履行了义务，为盛某进行宣传、策划、推广、营销等，并为此付出了巨大的人力、物力、财力，使盛某的知名度得到了很大的提升。

〔1〕 二审：北京市第三中级人民法院民事判决书，(2016)京03民终3116号，二审判决撤销一审判决，准许原告撤回起诉。

盛某则称某公司在分配收入的时候存在违约行为并提交了由某公司出具的截至2016年11月9日盛某商业收入及分成情况(暂未扣成本)税金予以佐证。在诉讼中,某公司称盛某单方面解除合同之后,擅自承接了大量的电视剧、电影并取得了收益,造成了某公司的损失。盛某则称某公司超越经营范围订立经纪合同,违反了国家特许经营的法律规定,因此双方签署的《艺人经纪合同》属于无效合同,同时某公司延迟履行主要合同义务,拖欠盛某的工资报酬,经盛某催要后仍未履行合同义务,盛某有权要求解除合同。

【裁判观点】法院认为,获取报酬应当为盛某签订合同的主要目的,且支付报酬也应当是某公司的主要义务之一。根据某公司提交的盛某商业未分成总额及相对应的银行收款凭证可以看出某公司在支付报酬时确实存在延迟付款的违约行为,本案中某公司延迟支付报酬,并且经盛某催要后仍未支付,构成根本违约,盛某有权要求解除合同。盛某于2016年10月31日向某公司发出律师函要求解除合同,某公司已经收到了上述律师函,达到了解除合同的效果。合同解除后,某公司无权再要求分配盛某取得的报酬。

关于合同双方签订的《艺人经纪合同》是否有效,法院认为,盛某主张合同无效的理由为某公司不具有营业性演出许可证,且双方签订的《艺人经纪合同》违反公平原则。但双方签订的《艺人经纪合同》约定的内容并不属于《营业性演出管理条例》规范的内容,不能以某公司没有取得《营业性演出许可证》而否认《艺人经纪合同》的效力。关于公平原则,盛某作为职业艺人,应知悉合同约定的内容及相应的法律后果。故盛某与某公司签订的《艺人经纪合同》系双方真实意思表示,不违反法律、行政法规的强制性规定,应属合法有效。关于本案违约方的判定,根据案外人给某公司的项目打款记录,扣除某公司自认的两个月核算成本期限,某公司在给付盛某报酬方面仍存在延迟行为,并且某公司在多个项目中均存在给付盛某报酬延迟的行为,其提交的证据不足以证明其在报酬分配方面与盛某达成了一致,故法院认为某公司延迟支付报酬行为构成违约,判决驳回原告某公司的全部诉讼请求。

【律师评述】综合来看,KOL与MCN机构之间的博弈结果均视个案而定,不尽相同。双方的争议焦点也主要围绕合同的效力及合同履行这两个大的方面。双方可谓互有攻防,法院判决到底会支持哪一方,不仅取决于 KOL 与 MCN 签订的合同本身,也与双方对合同的履行情况息息相关。因此,在签订合同的最初阶段,MCN 机构就需要与 KOL 就双方的权利义务进行清晰的约定,确保双方在达成共识的基础上进行合作,同时也要对合同因故不能履行后的解除和违约责任提前予以约定,做到有备无患,以预防纠纷的发生。

第三章　法律手段掌控流量管理

第一节　新媒体网络社交平台的时代责任

一、新媒体的时代机遇

2020 年席卷全球的新冠疫情彻底打破了传统经济格局,随着 5G 时代网络信息技术的迅猛发展,以直播带货尤其是 KOL 带货为主要模式的内容电商生态逐步成熟,形成了以 KOL 为流量核心,用户、平台、品牌方共建的直播电商购买闭环(见图 3-1)。北京贵士信息科技有限公司(QuestMobile)数据显示,进入 2020 年之后,短视频平台直播流量快速增长,截至 2020 年 9 月,快手、抖音平台中观看直播的用户占比已达 80%。其中,快手头部 KOL 参与直播的比例为 58.5%(带货比例为 36.6%),相比之下,抖音头部 KOL 参与直播的比例约为 27.5%(带货比例为 51.2%)。

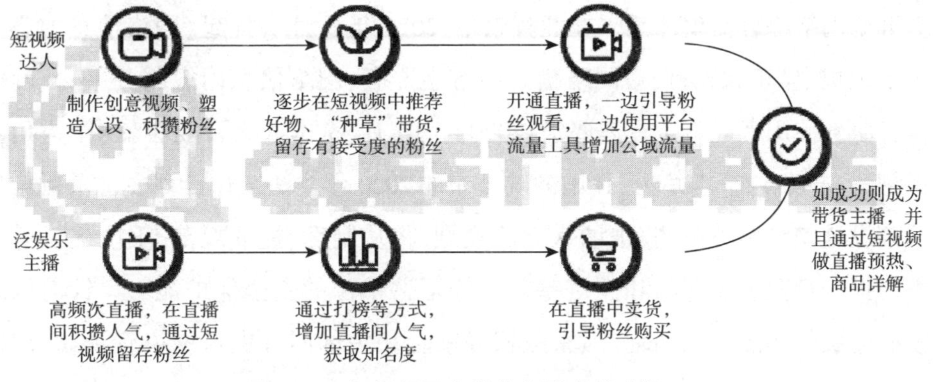

图 3-1　短视频平台带货主播成长路径

资料来源:QuestMobile 研究院(2020 年 10 月)。

直播经济的大环境催生了 MCN 的“井喷式”增长,以生产者为核心,集服务、培训、引流等功能为一体的 MCN 机构应运而生。MCN 是一种多频道网络的产品形态,是一种新的网红经济运作模式。这种模式将不同类型和内容的 PGC(专业生产内容)联合起来,在资本的有力支持下,保障内容的持续输出,最终实现商业的稳定变现。

2016 年,微博率先启动 MCN 管理系统内测,倡导与 MCN 在垂直细分市场领域的合作。除此之外,网易、百度、快手、抖音、趣头条号、阿里、微信等机构均开始倡导 MCN 合作,并推出了多个百亿元现金的补贴计划。近年来,短视频是 MCN 机构重点“深耕”的领域。根据《2020 中国 MCN 行业发展研究白皮书》数据显示,有 96% 的 MCN 业务是短视频的内容生产。[1]

二、立法助推流量管理

在行业蓬勃发展的同时,立法工作也在紧锣密鼓地开展。2020 年,网络治理规章制度密集出台,网络治理逐渐摆脱“运动式”整治方式,相关主体责任进一步夯实,“政府管理、企业履责、社会监督、网民自律”四位一体、相互协同、共促发展,网络治理机制得以完善,法治精神贯穿网络综合治理全过程。党的十九届四中全会决定提出,建立健全网络综合治理体系,加强和创新互联网内容建设,落实互联网企业信息管理主体责任,全面提高网络治理能力,营造清朗的网络空间。加强网络生态治理,培育积极健康、向上向善的网络文化,有利于建立健全网络综合治理体系。在此背景下,2020 年 3 月 1 日起《网络信息内容生态治理规定》正式施行,对网络信息内容生产者、网络信息内容服务平台、网络信息服务使用者提出了具体要求;2020 年 10 月,全国人大常委会就《个人信息保护法(草案)》征求意见;在国务院公布的 2020 年立法工作计划中,《关键信息基础设施安全保护条例》被纳入立法规划,将从制度、标准规范、手段建设等多方面提升行业主管部门和关键基础设施运营单位的安全保护能力。针对网络侵权盗版的热点难点问题,国家版权局联合相关部门开展对网络音视频、网络

---

〔1〕 参见曹开研:《新媒体治理:创新管理模式提高管理效能》,载《青年记者》2020 年第 36 期。

云存储空间、应用程序商店等的专项整治，在媒体融合发展版权保护、流媒体软硬件监管等方面重点规范市场运营秩序。2020 年 11 月，国家广播电视总局发布《关于加强网络秀场直播和电商直播管理的通知》，提出积极探索利用大数据、人工智能等新技术服务于鼓励倡导的直播节目，让算法支撑优质视听内容的推送，对违规不良内容实现精准预警和及时阻断。2021 年 1 月 22 日，国家互联网信息办公室有关负责人在对于 2021 年 2 月 22 日正式实施的《互联网用户公众账号信息服务管理规定》(2021 年修订)答记者问中明确，“突出平台和用户双主体责任、突出全过程管理、突出行为规范、突出综合治理的思路”“平台主体责任、生产运营者责任都得到进一步强化，以营造更加清朗的网络空间，更好保护公民、法人和其他组织的合法权益”。[1]

第二节　新媒体社交平台的多重角色

2020 年 4 月，董某微博公开警告网红张某别再招惹其配偶一事引得众人围观，但此后董某微博随即被限流并禁止评论，此事因阿里知名合伙人卷入而不断发酵。2020 年 6 月 10 日，国家互联网信息办公室指导北京市互联网信息办公室，约谈新浪微博负责人，针对微博在董某舆论事件中干扰网上传播秩序、传播违法违规信息等问题，责令其立即整改，暂停更新微博热搜榜一周，暂停更新热门话题榜一周，严肃处理相关责任人，同时，要求北京市互联网信息办公室对新浪微博依法从严予以处罚。

国家互联网信息办公室有关业务局负责人强调，“网站平台应当切实履行主体责任，健全管理制度，明确内部审核处置流程，既不得为违法违规信息提供传播平台，又不得随意干预信息正常呈现、干扰网上传播秩序。国家互联网信息办公室将进一步强化日常监管，督促相关网站平台加强内部管理和自律，依

---

[1] 《国家互联网信息办公室有关负责人就修订〈互联网用户公众账号信息服务管理规定〉答记者问》，载中国网信网，http://www.cac.gov.cn/2021-01/22/c_1612887884893060.htm。

法依规开展服务”。[1] 作为新媒体平台代表之一的微博,竟也因为干扰舆论一事“翻车”。热搜、热门话题被叫停一周的惩罚也在新媒体圈层内引起轩然大波。经此事件,新媒体社交平台作为流量的集散地,究竟该如何扮演好自己的角色,承担起网络信息内容服务平台的主体责任,引发了社会各界的广泛思考。

一、静默为主——服务

法国著名思想家伏尔泰曾说过:“我不同意你的观点,但我誓死捍卫你说话的权利。”《宪法》第35条明确规定:“中华人民共和国公民有言论、出版、集会、结社、游行、示威的自由。”随着微博、微信、抖音等网络社交性媒体的大规模使用与发展,公众发表意见和看法的途径百花齐放,网络社交平台的“评论”功能,也成为人民群众反映社会气候的“晴雨表”。“社会发展过程中所积聚的社会矛盾和问题,需要有一种最贴近社会大众的方式加以反映和释放,社会系统才能有效地维持稳定。社会性媒体作为一种民间舆论平台,当仁不让地承担了这样的社会功能。以近来方兴未艾的微博为例,它可以成为各级政府了解和体察民意的平台,可以成为各类企业组织汇聚民智、集思广益的平台,从而最终成为建设和谐社会的减压阀和推进器。但这一切,视乎我们能否善用这类新型舆论平台”。[2]

现实是,如今在流量利益的驱动下,“花钱买流量”“制造热搜”“撤热搜”似乎已经在行业中见怪不怪,言论被限流、关键词被屏蔽也时有发生。资本操纵、干涉舆论的乱象让公众逐渐开始对平台的居中服务者性质产生了质疑。2020年11月19日,中宣部副部长、国务院新闻办公室主任徐麟在2020中国新媒体大会上指出,“融合发展可能带来媒体形态的变化,但无论什么样的媒体,无论是主流媒体还是商业平台,无论网上还是网下,无论大屏还是小屏,在导向上都是一个标准,没有法外之地、舆论飞地。我们要牢牢把握新闻舆论工作的主动

---

〔1〕《国家互联网信息办公室有关负责人就修订〈互联网用户公众账号信息服务管理规定〉答记者问》,载中国网信网,http://www.cac.gov.cn/2021-01/22/c_1612887884893060.htm。

〔2〕金兼斌:《民间舆论平台有被三种力量滥用的危险》,载娄底新闻网2010年12月17日,http://news.ldnews.cn/shiping/201012/66493.shtml。

权、主导权，坚决防止借融合发展之名淡化党的领导，坚决防范资本操纵舆论的风险”。[1] 不可否认，新媒体社交平台凭借着技术对流量的汇集与分散享有“生杀大权”，然而，流量并非平台创造，网络信息内容的制造者、使用者正是基于对平台服务能力、行业公信力、居中角色的认可，才选择在该平台输出信息、使用信息，并积极地参与评论，从而实现信息输出、消费、再输出的循环。平台作为信息的载体，最核心的服务功能便是对信息的被动“呈现”。“静默”地服务，始终是公众对网络信息内容服务平台的基本要求。

二、适时干预——止损

（一）阻却违法信息传播

《互联网信息服务管理办法》第15条规定：“互联网信息服务提供者不得制作、复制、发布、传播含有下列内容的信息：（一）反对宪法所确定的基本原则的；（二）危害国家安全，泄露国家秘密，颠覆国家政权，破坏国家统一的；（三）损害国家荣誉和利益的；（四）煽动民族仇恨、民族歧视，破坏民族团结的；（五）破坏国家宗教政策，宣扬邪教和封建迷信的；（六）散布谣言，扰乱社会秩序，破坏社会稳定的；（七）散布淫秽、色情、赌博、暴力、凶杀、恐怖或者教唆犯罪的；（八）侮辱或者诽谤他人，侵害他人合法权益的；（九）含有法律、行政法规禁止的其他内容的。”

同时，该法第20条规定了违法行为的后果，“制作、复制、发布、传播本办法第十五条所列内容之一的信息，构成犯罪的，依法追究刑事责任；尚不构成犯罪的，由公安机关、国家安全机关依照《中华人民共和国治安管理处罚法》、《计算机信息网络国际联网安全保护管理办法》等有关法律、行政法规的规定予以处罚；对经营性互联网信息服务提供者，并由发证机关责令停业整顿直至吊销经营许可证，通知企业登记机关；对非经营性互联网信息服务提供者，并由备案机关责令暂时关闭网站直至关闭网站”。

---

[1] 徐麟：《从六个方面加快推进媒体深度融合的理念、路径和方法》，载川观新闻2020年11月19日，https://cbgc.scol.com.cn/news/455771。

（二）内容生态治理

《网络信息内容生态治理规定》第8条、第9条、第10条对网络平台的内容生态治理责任作出了规定："网络信息内容服务平台应当履行信息内容管理主体责任，加强本平台网络信息内容生态治理，培育积极健康、向上向善的网络文化。""网络信息内容服务平台应当建立网络信息内容生态治理机制，制定本平台网络信息内容生态治理细则，健全用户注册、账号管理、信息发布审核、跟帖评论审核、版面页面生态管理、实时巡查、应急处置和网络谣言、黑色产业链信息处置等制度。网络信息内容服务平台应当设立网络信息内容生态治理负责人，配备与业务范围和服务规模相适应的专业人员，加强培训考核，提升从业人员素质。""网络信息内容服务平台不得传播本规定第六条规定的信息，应当防范和抵制传播本规定第七条规定的信息。网络信息内容服务平台应当加强信息内容的管理，发现本规定第六条、第七条规定的信息的，应当依法立即采取处置措施，保存有关记录，并向有关主管部门报告。"

《互联网用户公众账号信息服务管理规定》(2021年修订)第12条、第13条对公众账号的内容生态问题作出规定："公众账号信息服务平台应当建立公众账号监测评估机制，防范账号订阅数、用户关注度、内容点击率、转发评论量等数据造假行为……""……公众账号信息服务平台应当建立健全网络谣言等虚假信息预警、发现、溯源、甄别、辟谣、消除等处置机制，对制作发布虚假信息的公众账号生产运营者降低信用等级或者列入黑名单。"

（三）平台其他责任

以公众账号信息服务平台为例，国家互联网信息办公室有关负责人就修订《互联网用户公众账号信息服务管理规定》(2021年修订)答记者问中明确，在平台责任方面，进一步明确公众账号信息服务平台应当履行信息内容和公众账号管理主体责任，并依据《网络安全法》《网络信息内容生态治理规定》等有关规定，新增了生态治理、数据保护、个人信息保护、知识产权保护、信用评价、分级分类管理等平台主体责任。在此基础上，针对账号分类注册、内容分类生产、真实身份注册、主体资质核验、账号数量限制、账号交易买卖、打击网络谣言、账号运营规范、数据流量造假等突出问题新增了多个条款。《互联网用户公众账号信息服务管理规定》(2021 年修订)还要求,公众账号信息服务平台应当加强对本平台公众账号信息服务活动的监督管理,及时发现和处置违法违规信息或者行为。

1. 分级分类管理责任

根据《互联网用户公众账号信息服务管理规定》(2021 年修订)第 7 条的规定,公众账号信息服务平台应当按照国家有关标准和规范,建立公众账号分类注册和分类生产制度,实施分类管理。

2. 信用评价责任

公众账号信息服务平台应当依据公众账号信息内容生产质量、信息传播能力、账号主体信用评价等指标,建立分级管理制度,实施分级管理。公众账号信息服务平台应当建立生产运营者信用等级管理体系,根据信用等级提供相应服务。

3. 数据保护责任

公众账号信息服务平台上线具有舆论属性或者社会动员能力的新技术新应用新功能,应当按照有关规定进行安全评估。

4. 个人信息保护责任

《互联网用户公众账号信息服务管理规定》(2021 年修订)第 8 条规定:"公众账号信息服务平台应当采取复合验证等措施,对申请注册公众账号的互联网用户进行基于移动电话号码、居民身份证号码或者统一社会信用代码等方式的真实身份信息认证,提高认证准确率。用户不提供真实身份信息的,或者冒用组织机构、他人真实身份信息进行虚假注册的,不得为其提供相关服务。公众账号信息服务平台应当对互联网用户注册的公众账号名称、头像和简介等进行合法合规性核验,发现账号名称、头像和简介与注册主体真实身份信息不相符的,特别是擅自使用或者关联党政机关、企事业单位等组织机构或者社会知名人士名义的,应当暂停提供服务并通知用户限期改正,拒不改正的,应当终止提供服务;发现相关注册信息含有违法和不良信息的,应当依法及时处置。公众账号信息服务平台应当禁止被依法依约关闭的公众账号以相同账号名称重新注册;对注册与其关联度高的账号名称,还应当对账号主体真实身份信息、服务资质等进行必要核验。”

5. 知识产权保护责任

《互联网用户公众账号信息服务管理规定》(2021 年修订)第 14 条规定:“公众账号信息服务平台与生产运营者开展内容供给与账号推广合作,应当规范管理电商销售、广告发布、知识付费、用户打赏等经营行为,不得发布虚假广告、进行夸大宣传、实施商业欺诈及商业诋毁等,防止违法违规运营。公众账号信息服务平台应当加强对原创信息内容的著作权保护,防范盗版侵权行为。平台不得利用优势地位干扰生产运营者合法合规运营、侵犯用户合法权益。”

三、秩序维持——立规

根据《网络信息内容生态治理规定》第 15 条之规定:“网络信息内容服务平台应当制定并公开管理规则和平台公约,完善用户协议,明确用户相关权利义务,并依法依约履行相应管理职责。网络信息内容服务平台应当建立用户账号信用管理制度,根据用户账号的信用情况提供相应服务。”在《互联网用户公众账号信息服务管理规定》(2021 年修订)出台后,监管部门对于平台在“数据保护、个人信息保护、知识产权保护、信用评价、分级分类管理”等规则制定上提出了更高的要求。

四、正确引导——发展

《网络信息内容生态治理规定》第 11 条提出了对于网络信息内容服务平台的发展期望。鼓励网络信息内容服务平台坚持主流价值导向,优化信息推荐机制,加强版面页面生态管理,在服务首页首屏、推荐区、榜单类、弹窗等重点环节积极呈现《网络信息内容生态治理规定》第 5 条规定的信息:(1)宣传习近平新时代中国特色社会主义思想,全面准确生动解读中国特色社会主义道路、理论、制度、文化的;(2)宣传党的理论路线方针政策和中央重大决策部署的;(3)展示经济社会发展亮点,反映人民群众伟大奋斗和火热生活的;(4)弘扬社会主义核心价值观,宣传优秀道德文化和时代精神,充分展现中华民族昂扬向上精神风貌的;(5)有效回应社会关切,解疑释惑,析事明理,有助于引导群众达成共识的;(6)有助于提高中华文化国际影响力,向世界展现真实立体全面的中国的;(7)其他讲品位讲格调讲责任、讴歌真善美、促进团结稳定等的内容。

在2020中国新媒体大会上,湖南省常委、省委宣传部部长张宏森表示:“用好新媒体、建设全媒体,是传媒领域在变局中开新局的必然选择。”当下,互联网生态已经纳入国家重点治理内容。新媒体发展在坚持正确导向的前提下,将随着一系列法律法规的出台、完善,以及行业规范、平台规则的逐步落实,构建成为“资源集约、结构合理、差异发展、协同高效的全媒体传播体系”。

第三节　KOL的风险防控

2021年某女演员的“代孕、弃养”事件,让群众大跌眼镜。一直以来,该女演员作为颇受争议的“黑红体”,是娱乐圈公认的话题与流量担当。但此次因深陷代孕风波,产生了一系列恶性后果,包括其主演的剧目无法上线,品牌代言终止合作,直播账号被封,综艺节目不再邀约,同时面临着巨额索赔等。

广电时评作为官媒发文对此事件加以评论,强调“从事广播电视和网络视听的演艺人员尤其是知名艺人,作为公众人物,有很大的社会影响力和示范作用,应当自觉践行行业自律准则,严格律己修身,严私德,讲大德,守公德。行业主管部门的相关政策要求是明确的、严格的。广大人民群众不愿意、不接受、也不允许丑闻劣迹者污染我们的社会公德和公序良俗”。并称,“不会为丑闻劣迹者提供发生露脸的机会和平台,一如既往,坚决为广大人民群众提供健康向上荧屏声频”。

中国演出行业协会对该事件的评价也充分反映了流量主推下互联网经济的现状,“互联网在改变世界,资本流量推动在改变商业,顺手也改变了传统艺人的成名方式。靠作品、靠技艺、靠艺德成名,渐成久远的过去;靠流量、靠数据、靠运作,‘割韭菜’最轻松变现。今日出事的女星早有言论,‘上了热搜知道自己的人更多了,片酬就能涨。无论是黑是红,只要有关注度就值钱’。‘黑红也是红’着实养活了一批畸形价值观的流量明星”。

一、成也"流量",败也"流量"

中央人民政府《2019 年宣传思想工作综述》高度总结了近年来国家对于净化网络空间开展的工作,包括"国家网络安全宣传周在全国铺开,第六届世界互联网大会在乌镇成功举办,发布《网络信息内容生态治理规定》,开展'净网''剑网'等专项治理行动……"同时,也充分明确了政策导向,即"把网上舆论工作作为'重中之重',维护好亿万民众共同的精神家园。网络空间愈发清朗,积极健康、向上向善的网络文化加速培育,互联网在法治轨道上健康运行。正能量充沛、主旋律高昂,构筑起网上网下'同心圆',让互联网这个最大变量成为事业发展的最大增量"。[1]

近年来,单纯的"流量为王"的格局逐渐被打破,以"流量"作为选择合作艺人唯一标准潜藏着巨大的风险。网红经济的发展也正在从散乱、无序的萌芽阶段逐步向健康的态势过渡。一方面,各社交媒体平台通过自由市场经济中的优胜劣汰法则实现自我调节,以往以流量制胜的思路已经逐渐随着消费者的审美与文化需求的自觉提升被摒弃。另一方面,在社会生活飞速发展的过程中,监管部门对于净化网络环境的初衷也始终未变,并逐渐通过制定有关的监管政策以调整和规范新媒体行业的迭代与发展。在网络建设的政策导向与立法大环境下,MCN 机构在对合作 KOL 选择的过程中,更加要充分做好背景调查,多层次全面考察,以避免受流量利益中的风险反噬。若仅看重 KOL 的流量价值,而忽略对 KOL 德行的考察,一旦 KOL"劣迹"显现并为公众知晓,则将会对 KOL 及 MCN 机构造成毁灭性打击。

二、对"劣迹艺人"的零容忍

1. 劣迹艺人的从业限制

(1)国家广播电视总局 2020 年 11 月 12 日发布了《关于加强网络秀场直播

---

[1] 《礼赞新中国 奏响最强音——2019 年宣传思想工作综述》,载中华人民共和国中央人民政府网,http://www.gov.cn/xinwen/2020-01/03/content_5466339.htm。

和电商直播管理的通知》,明确"……要切实采取有力措施不为违法失德艺人提供公开出镜发声机会,防范遏制炫富拜金、低俗媚俗等不良风气在直播领域滋生蔓延,冲击社会主义核心价值观,污染网络视听生态……网络秀场直播平台要对直播间节目内容和对应主播实行标签分类管理,按'音乐''舞蹈''唱歌''健身''游戏''旅游''美食''生活服务'等进行分类标注。根据不同内容的秀场直播节目特点,研究采取有针对性的扶优罚劣管理措施。各秀场直播间均须在直播页面标注节目类别和直播间号码。主播改变直播间节目类别,须经网站审核,未通过审核不得擅自变更……网络秀场直播平台要建立直播间和主播的业务评分档案,细化节目质量评分和违规评分等级,并将评分与推荐推广挂钩。要做好主播尤其是头部主播政策法律法规和相关知识培训。对于多次出现问题的直播间和主播,应采取停止推荐、限制时长、排序沉底、限期整改等处理措施。对于问题性质严重、屡教不改的,关闭直播间,将相关主播纳入黑名单并向广播电视主管部门报告,不允许其更换'马甲'或更换平台后再度开播。"

(2)广东省广播电视局组织辖区内持证(备案)机构和网络视听产业试点机构,从三方面开展排查工作。一是督导企业压实主体责任。向各机构重申有关要求,指导企业提高政治站位,加强自律,健全内部管理,严格落实总编辑内容负责制,建立黑名单制度,自觉履行社会责任。二是严格落实直播节目报备。坚持直播节目备案审查,包括节目制作预算、拟邀请艺人、演员片酬信息等,获得规划备案号和审查意见后再播出。三是加强内容动态审核管理。督导各机构加强审核员培训,定期组织存量节目回查清理,及时删除违规内容。加强直播监控,防范劣迹艺人、问题大V、争议人物冒用他人信息进行认证及直播。

(3)自2018年以来,中国演出行业协会网络表演(直播)分会向社会公布了7批主播黑名单,被列入黑名单的主播将在行业内禁止注册和直播,封禁期限5年。统计发现,截至2020年10月,已有317名主播被列入黑名单。

(4)以抖音为例,各直播平台也都纷纷制定了相关的"德艺双馨"条款以约束主播的行为,如抖音平台《直播主播入驻协议》第2.3.3条、第2.3.4条对此问题规定如下:"2.3.3 您有责任积极维护自身形象,营造良好的互动环境,在平台内外均不得作出有损自身、公司及/或平台的品牌、形象、声誉的行为。

2.3.4　您应遵守相关法律法规、部门规章、规范性文件、行业公约的规定,坚持正确导向,弘扬社会主义核心价值观,遵循公序良俗,无论何时您均不得利用平台提供的直播及相关服务在平台外进行任何违法违规或有悖于社会公德、公序良俗的不当或不良行为(包括但不限于吸毒、诈骗、赌博、非法转移财产、传播虚假信息、酗酒、斗殴、嫖娼、出轨等),您认可并同意,您自行为您自身的行为及后果独立承担责任,平台不对此负有任何责任或义务,但是,如您进行了上述行为或平台有理由相信您进行了上述行为(包括但不限于平台核查发现、平台收到相关投诉、监管部门反馈/通知等),平台有权根据实际情况对您采取包括但不限于暂停支付收益、冻结账号部分或全部功能或封禁账号等措施,同时还有权保存您的相关信息并向相关主管部门汇报以依法追究您的法律责任。如因您的上述行为给平台造成了任何损失,您应全额赔偿平台损失,同时,应平台要求,您还应积极配合平台发表书面声明以澄清事实,以避免损失进一步扩大。”

由此可见,对于“劣迹艺人”的零容忍,可谓自上而下的一致行动。这一趋势也是网络环境良好有序发展的历史必然。因此,即便有再高的流量,MCN 机构在对此类艺人的选择上也不要抱有任何侥幸心理。“水能载舟,亦能覆舟。”

2. 劣迹艺人的违约风险

案例十　海润某公司与众智某公司广告合同纠纷案

【案号】北京市第三中级人民法院(2019)京 03 民终 16477 号

【案情简介】2017 年 9 月,众智某公司(甲方)与海润某公司(乙方)签订《电视剧〈米露露求爱记〉植入合同》,双方就电视剧《米露露求爱记(暂定名)》中以广告植入的形式对甲方的客户品牌及产品等进行宣传,提升其企业形象及品牌知名度。该植入合同约定,该剧的主要演员为蒋某某等;该剧的首轮播出平台为浙江卫视、东方卫视、江苏卫视中至少一家;主流网络视频平台为腾讯视频、乐视视频、优土、爱奇艺、芒果 TV、搜狐视频等不少于一家;预计首轮卫视播出时间 2018 年(以具体播出日期为准)。甲方的权益包括:甲方“百合网”品牌是该剧的唯一婚恋类、唯一婚礼类品牌；该剧每集片尾鸣谢文字中展现甲方企业名称（以甲方提供为准），具体位置、字体及大小均由乙方统一安排；甲方“百合网”品牌植入：具体品牌内容以情节植入不少于4次、道具植入不少于3次、口播不少于6次等展示形式植入该剧，植入总时长不少于450秒，具体品牌植入展现内容将以附件形式加入合同；乙方承诺该剧播映前至少1个月，交予甲方该剧植入剧情的高清完整视频及植入剧照，该剧官方海报……合同总金额共计70万元，该费用包含该合同所涉及的一切费用，但本协议另有约定的除外。

关于双方的主要权利和义务，合同约定：甲方保证按本协议约定的付款金额和时间，按时向乙方支付合同款项；乙方负有完成植入部分的拍摄和制作，负责植入产品在该剧的具体植入执行，监督植入内容的拍摄制作，协调处理拍摄过程中产生的意见分歧以及保证该剧的播出等义务。违约责任部分约定，如遇特殊情形需要顺延播出的，可以适当顺延播出，若该剧无法在2018年12月31日前在约定平台播出，乙方需以书面形式向甲方说明情况；若该剧在2019年6月30日前还未播出，甲方有权要求退还已支付费用或者乙方为甲方推荐高于性价比的权益和制作阵容的剧目为甲方提供免费植入，双方协商而定；若该剧因广电部门内容审查未通过，甲方有权要求退还已支付费用；任何一方违反本合同约定义务，需向守约方赔偿因其违约行为造成的全部损失，损失包括但不限于律师费、取证费、差旅费、诉讼财产保全担保费等。

合同不可抗力部分约定：本合同所指的不可抗力指地震、水灾、海啸、核辐射、战争、国家法律法规政策变更以及其他受影响一方对其发生和后果不能合理地预见及避免的人类灾害性事件（“不可抗力事件”）；若发生不可抗力，则遭遇不可抗力事件的一方对不能履行或不能及时履行本合同的行为不承担责任，但须在该不可抗力事项发生之日起5日内将不可抗力的事由通知另一方，并采取一切必要措施以减少损失；遭遇不可抗力一方未履行前述义务的，不能免除违约责任。

在合同解除与变更部分约定：合同双方全面履行本合同的义务至履行完毕时合同解除；除本合同另有约定外，任何一方在对方破产或公司清算，或者对方未能履行合同规定的义务致使合同难以继续履行的情况下,都有权立即解除本合同,并要求对方就本合同的解除后所造成的一切损失承担相关的赔付责任。合同还约定了其他内容,并附有两个附件,附件一为甲方植入权益表,附件二为百合网《求爱季》植入剧情。

审理过程中,双方均确认,电视剧《米露露求爱记》已于2017年12月22日取得国产电视剧发行许可证,但截至目前尚未在合同约定的播出平台播出。《米露露求爱记》已经获得了发行许可证,具备发行条件,但是因为该剧主要演员蒋某某涉嫌违法犯罪事件,违反了国家新闻出版广播电视总局发布的《关于加强有关广播电视节目、影视剧和网络视听节目制作传播管理的通知》,导致该片被各电视台及网站拒绝购买而不能播出。该片至今没有播出并非被告和制片方的过错。就类似事件,上海市第二中级人民法院曾作出判决,认定因劣迹艺人原因导致影视作品无法上映为不可抗力。因此,被告海润某公司认为,本案中因蒋某某的违法犯罪事件导致电视剧无法播出属于不可抗力事件,被告海润某公司不应承担违约责任。原告众智某公司作为广告植入商应对在该片中的植入行为承担相应的商业风险。众智某公司对此不予认可,认为并无证据表明该剧未能播出系因蒋某某的违法行为所致,且即使因此导致该剧不能播出,也不构成不可抗力。

【裁判观点】法院认为,众智某公司与海润某公司签订的《电视剧〈米露露求爱记〉植入合同》系当事人真实意思表示,不违反法律、行政法规的强制性规定,应为合法有效,双方均应按照合同约定履行各自义务。合同中约定了涉案电视剧的播出平台及播出时间,并约定若该剧在2019年6月30日前还未播出,众智某公司有权要求海润某公司退还已支付费用;同时,合同还约定任何一方违反约定义务,需向守约方赔偿因其违约行为造成的全部损失,损失包括但不限于律师费、取证费、差旅费、诉讼财产保全担保费等。现约定的播出时间已经届满,涉案电视剧仍未播出,海润某公司构成违约,应承担约定的违约责任。关于海润某公司主张因主演蒋某某事件导致该剧不能播出属于不可抗力的答辩意见。《合同法》(已废止)第117条[1]规定:"因不可抗力不能履行合同的,根据不可抗力的影响,部分或者全部免除责任,但法律另有规定的除外。当事人迟延履行后发生不可抗力的,不能免除责任。本法所称不可抗力,是指不能预见、不能避免并不能克服的客观情况。"并且,涉案合同特别对不可抗力作了定义,是指地震、台风、水灾、海啸、核辐射、战争、国家法律法规政策变更以及其他受影响一方对其发生和后果不能合理地遇见及避免的人类灾害性事件。法院认为,海润某公司所主张的蒋某某事件既不属于法律规定的不可抗力,亦不符合双方对于不可抗力事件免责的约定,故对于海润某公司的该项答辩意见法院不予采纳。

后海润某公司不服一审判决提起上诉,二审判决维持一审判决。

【律师评述】此案在当下的司法实践中也具有典型意义,对于KOL因违反"德艺双馨"规则而遭"封杀",导致相关合同出现违约时,如无特殊情况,KOL与其经纪公司将难逃退款、赔偿等违约责任。当然,MCN机构也可向KOL进行事后追偿,但总归是"两败俱伤"的结果。对此,也对MCN机构挑选KOL提出了更高要求,简单来说"重流量,更重质量;重奖杯,更重口碑;重业绩,更重艺德"。这并非对艺人要求过高,而是督促KOL更加重视其自身文化与道德修养的提升,从而加速推动中国特色社会主义网络文化的建设与发展。

第四节　网络新生态环境下MCN的机遇与挑战

自媒体时代的迅猛发展与激烈的竞争对内容生产者提出了更高的挑战,传统内容生产者"单兵作战、身兼数职"的内容生产模式已经无法适应残酷的网络生态。由此,以生产者为核心,集服务、培训、引流等功能为一体的MCN机构应运而生。

作为内容产业的链路,国内MCN机构在2017年实现了爆发式增长,从

[1] 对应《民法典》第590条。

2015 年的几百家发展到 2020 年超过 6500 家,90% 以上的头部 KOL 已经签给 MCN 机构,或成立了自己的 MCN 公司(如 papi 酱成立的 papitube)。MCN 机构能够基于其专业化的分析能力、综合全面的制作团队,有的放矢地对 KOL 生产的内容进行专业化的培训和指导,保证内容输出的质量,从而提高粉丝的黏性。同时,MCN 机构利用优质的运营团队和强大的资本加持为 KOL 提供更多流量引导和曝光机会以获取更多商务合作渠道,实现商业变现的闭环。

智研咨询发布的《2020~2026 年中国 MCN 机构行业市场经营风险及投资风险研究报告》数据显示:MCN 市场规模整体达百亿级。MCN 行业规模由于广告变现模式的成熟在 2016 年迎来爆发式增长,此后由于电商变现模式的出现,2017 年行业规模持续快速增长。目前,MCN 市场规模已经达百亿级,未来随着变现模式的增加,MCN 行业规模将持续增长。近 3 年,头部 MCN 营收规模达亿级的机构数量占比逐年提升,头部机构贡献率超 60%。截至 2018 年 12 月,超三成 MCN 机构的营收规模在 5000 万元以上,营收规模破亿的 MCN 机构数量占比高达 6%,近四成头部 MCN 机构组织规模集中在 100~300 人。[1] MCN 机构数量的激增,也在极大程度上改变了网络经济市场格局。KOL 在不同 MCN 机构之间的频繁流动迫使 MCN 机构不断地完善内部架构以适用市场需求。而监管部门及行业协会等则从上层建筑层面指导着 MCN 机构的合规发展。

一、流量分散配置,防范未知风险

国家广播电视总局《关于加强网络秀场直播和电商直播管理的通知》第 4 条对于 KOL 的分类管理问题已作出明确:“网络秀场直播平台要对直播间节目内容和对应主播实行标签分类管理,按‘音乐’‘舞蹈’‘唱歌’‘健身’‘游戏’‘旅游’‘美食’‘生活服务’等进行分类标注。根据不同内容的秀场直播节目特点,研究采取有针对性的扶优罚劣管理措施。各秀场直播间均须在直播页面标

[1] 《2020 年中国 MCN 行业发展现状、市场发展前景及未来发展趋势分析[图]》,载中国产业信息网,https://www.chyxx.com/industry/202003/838952.html。

注节目类别和直播间号码。主播改变直播间节目类别,须经网站审核,未通过审核不得擅自变更。"该条规定是在当下的直播发展环境下,对于"流量分散配置、分级管理"的一项重要创新举措,更加适应去中心化的分发机制,有助于提升用户体验。该条规定也对 MCN 机构对 KOL 的选择与管理提出了新的思路,或在垂直领域深度挖掘,或者将"鸡蛋放在不同篮子",从而避免一损俱损的风险。

二、专业化 MCN 的纵向深耕

凡事都应从辩证的角度看待。一方面,流量分散管理可以将风险分散;另一方面,各行各业都在提倡专业化发展,KOL 也不例外。除了国家广播电视总局《关于加强网络秀场直播和电商直播管理的通知》中的 KOL 分类管理外,《互联网用户公众账号信息服务管理规定》(2021 年修订)第 15 条第 2 款也规定:"公众账号生产运营者应当遵守平台内容生产和账号运营管理规则、平台公约和服务协议,按照公众账号登记的内容生产类别,从事相关行业领域的信息内容生产发布。"上述规则,也引发了对未来 MCN 走向的思考,MCN 也或许将从传统的以"顶流艺人为中心"的综合型模式,向专业化 MCN 模式发展。即专业化 MCN 仅为某类 KOL 提供经纪服务,例如,仅为"音乐 KOL"提供经纪服务,从而优化资源配置,从"横向发展"转向"纵向深耕"。在此种模式下,专门从事某类 KOL 经纪服务的 MCN 将会凭借更专业的服务、就某一领域更深入的经验以及更具针对性的供应链从行业中脱颖而出,占得先机,吸引更多 KOL 的慕名加入。

三、公众账号运营中 MCN 内部合规机制的建立完善

(一)内部安全审查机制

以往我国对于网络信息运营者的内部审查机制并未予以强制规定,但《互联网用户公众账号信息服务管理规定》(2021 年修订)的实施,明确了 MCN 机构"内容安全审核机制"的建立义务。《互联网用户公众账号信息服务管理规定》(2021 年修订)第 16 条第 1 ~ 3 款明确规定:"公众账号生产运营者应当履

行信息内容生产和公众账号运营管理主体责任,依法依规从事信息内容生产和公众账号运营活动。公众账号生产运营者应当建立健全选题策划、编辑制作、发布推广、互动评论等全过程信息内容安全审核机制,加强信息内容导向性、真实性、合法性审核,维护网络传播良好秩序。公众账号生产运营者应当建立健全公众账号注册使用、运营推广等全过程安全管理机制,依法、文明、规范运营公众账号,以优质信息内容吸引公众关注订阅和互动分享,维护公众账号良好社会形象。"

(二)信息安全管理义务

《互联网用户公众账号信息服务管理规定》(2021 年修订)再次申明了网络内容生产运营者信息安全管理义务,第 16 条第 4 款规定:"公众账号生产运营者与第三方机构开展公众账号运营、内容供给等合作,应与第三方机构签订书面协议,明确第三方机构信息安全管理义务并督促履行。"

(三)著作权保护机制

《互联网用户公众账号信息服务管理规定》(2021 年修订)第 17 条第 1 款规定:"公众账号生产运营者转载信息内容的,应当遵守著作权保护相关法律法规,依法标注著作权人和可追溯信息来源,尊重和保护著作权人的合法权益。"

(四)信用评级、等级管理制度

《互联网用户公众账号信息服务管理规定》(2021 年修订)第 17 条第 2 款规定:"公众账号生产运营者应当对公众账号留言、跟帖、评论等互动环节进行管理。平台可以根据公众账号的主体性质、信用等级等,合理设置管理权限,提供相关技术支持。"

(五)共建良好网络生态义务

根据《互联网用户公众账号信息服务管理规定》(2021 年修订)第 18 条的规定,公众账号生产运营者在网络信息内容生产运营的过程中,应当协助行业、平台等对网络生态环境进行治理,共同净化网络环境,坚持正确的导向,不得有下列违法违规行为:

1. 不以真实身份信息注册,或者注册与自身真实身份信息不相符的公众账号名称、头像、简介等；

2. 恶意假冒、仿冒或者盗用组织机构及他人公众账号生产发布信息内容；

3. 未经许可或者超越许可范围提供互联网新闻信息采编发布等服务；

4. 操纵利用多个平台账号，批量发布雷同低质信息内容，生成虚假流量数据，制造虚假舆论热点；

5. 利用突发事件煽动极端情绪，或者实施网络暴力损害他人和组织机构名誉，干扰组织机构正常运营，影响社会和谐稳定；

6. 编造虚假信息，伪造原创属性，标注不实信息来源，歪曲事实真相，误导社会公众；

7. 以有偿发布、删除信息等手段，实施非法网络监督、营销诈骗、敲诈勒索，谋取非法利益；

8. 违规批量注册、囤积或者非法交易买卖公众账号；

9. 制作、复制、发布违法信息，或者未采取措施防范和抵制制作、复制、发布不良信息；

10. 法律、行政法规禁止的其他行为。

未来 MCN 机构的专业化发展将彻底打破行业的现有格局。当然，行业的发展也将导致竞争愈加残酷和激烈，想拥有更好的资源配置，无论是 MCN 机构还是 KOL 都需要进行业务创新与自身职业技能提升。未来新媒体行业究竟会走何方我们无处知晓，但可以预知的是，在政策鼓励、行业自律、平台发力、KOL 与 MCN 机构共同助力的时代背景下，风清气朗、百花齐放的新媒体环境正一步步向我们走近，让我们一同拭目以待。而服务于新媒体行业周边的法律、金融、技术等领域，也需要随之加快自我建设与完善的脚步，协同推进网络世界的大繁荣。

第四章 法律力量调控粉丝行为

2020年演员、歌手肖某"227"事件将"饭圈"文化推上了风口浪尖,围绕粉丝经济与粉丝文化的讨论引发了社会的广泛思考。2020年2月,男星肖某的粉丝发现Archive of Our Own(AO3)作品库平台收录肖某的[1]同人作品《下坠》,遂以该作品影响了肖某的形象为由向政府部门举报相关平台(AO3、BILIBILI、LOFTER等),粉丝的大量投诉和举报导致知名同人网站AO3作品库被封,在国内无法访问。而同人社群的反击也由此开始,大批网民到豆瓣(知名社交网站)对肖某的影视作品进行"刷低分"操作。肖某商务代言方面也未能幸免,相关产品的新浪微博评论中出现大量抵制肖某的留言。3月1日,肖某工作室微博发文称并为此致歉。"粉丝行为,偶像埋单"引起舆论一片哗然。

随着网生代群体的成长,粉丝文化与其行为表现等引发了业界与学界的共同关注。互联网的发展拉近了粉丝与明星之间的距离。"微博、豆瓣拓宽了粉丝公开交流信息的渠道。微信群、QQ群成为粉丝私下交流的线上渠道。网易LOFTER与AO3为粉丝提供了同人文创作的平台。哔哩哔哩、抖音为粉丝提供了视频剪辑创作平台……粉丝参加'造星'的主动性强、重复性强、执行力强、专业度高。粉丝散乱的个人行为上升到了有序的群体行为"。[2] 同时,海量的明星也进一步刺激了粉丝群体的增长,衍生出了"饭圈"文化。"饭圈"支持明

---

〔1〕 同人作品,指非商业性的,不受商业影响,不以营利为目的,不在商业平台发布的由个人或者同人团体(同人社团)创作的作品,因以合作本身为目的而不必考虑销量成本等制约商业作品的因素,同人作品比商业作品有更大的创作自由度。同人作品包括原创同人和二次创作同人。

〔2〕 曹思伟:《互联网造星背景下的粉丝行为研究》,江西财经大学2020年硕士学位论文。

星的方式包括购买偶像周边、租广告位宣传、网络投票以及慈善公益活动等[1]（见图4－1）。

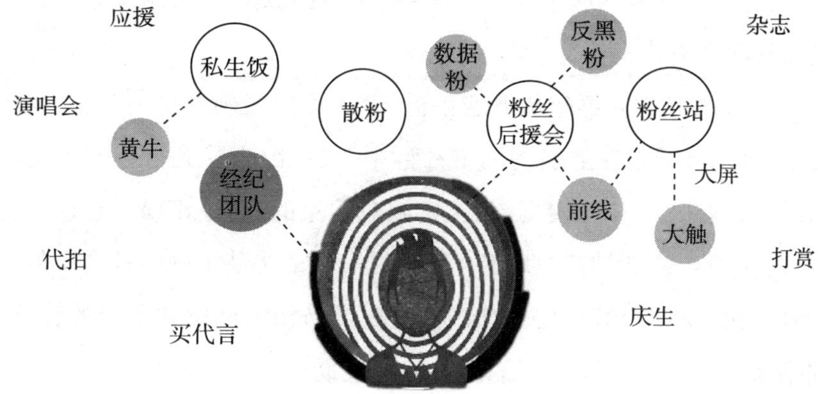

图4－1　粉丝集群文化

资料来源：北京互联网法院。

然而，网络世界并非法外之域，随着“饭圈”集中化、有组织化地发展，“饭圈”呈现出的具有典型性的行为也在司法实践中引发大量思考，同时，行业监管部门与立法层面也对此进行了诸多规制。本章主要对“饭圈”中的几种常见行为，诸如“粉丝骂战”“私生饭”“粉丝应援”“粉丝接送机”等的法律问题进行探究，以期推动互联网与融媒体时代粉丝文化的正向发展。

第一节　粉丝“骂战”行为的性质认定

随着散乱的粉丝个人上升成为有组织的群体，粉丝之间的内部认同感也因为集群属性而进一步增强。而粉丝内部之间也对自身在“饭圈”的定位十分看重，因此形成了一条鄙视链，从“唯粉”到“CP粉”“团粉”“路人粉”，意味着对于同一偶像的狂热程度逐渐削减。互联网时代下的偶像粉丝趋于低龄化，青少年成为“饭圈”的主力军。而由于对同一偶像的狂热程度不同，或不同明星之间存

---

〔1〕 参见顾向栋：《通过肖战浅析饭圈的属性、生产与权力结构》，载《新闻研究导刊》2020年第11期。

在竞争等原因,不同的粉丝群体之间经常爆发“骂战”。所谓“骂战”,通常只为了维护自家偶像的形象或热度等,“对贬低自己偶像的言论予以回击;主动贬低其他明星,为自己喜爱的明星争取影响力;单纯因厌恶与其偶像进行合作的其他明星而发起言论攻击等”[1]。

由于粉丝的组成人群年龄普遍偏低,暂未形成正确的价值观,又缺乏对法律和流量本质的认知,在匿名的网络社群中,仅仅因为受到群体暗示便丧失了理智,开始群情激愤、相互谩骂,甚至实施对明星的侮辱、诽谤。在这一行为催生下,又出现了诸如“黑粉”“职粉”“职黑”等,严重扰乱了网络社会所倡导的价值观。对于粉丝骂战行为的法律探究,旨在帮助相关群体和平台的管理者,正确认识到该行为的法律后果与言论边界,以此助推网络环境的净化。

一、粉丝骂战行为的认定

案例十一 杨某与詹某名誉权侵权纠纷案[2]

【案号】北京互联网法院(2019)京0491民初29670号

【案情简介】2019年8月,原告杨某以被告詹某于2018年11月2日至4日在被告注册的名为“湘北的流川峰”(曾用昵称:佐助流、叶湘伦cc)的新浪微博上大肆发布、转发针对原告女性身份的诽谤、侮辱和严重贬损性信息,称原告与他人有不正当关系、出轨并辱骂:包括“骑着志军登月球”“少时铁道志军妻”“真撩真骚”“真真浪荡”“杨某荡妇”“杨某糊逼”“杨某票房毒药”“杨某死了”“美空鸡”“杨某今天倒贴了吗?倒贴了、杨某这是有了小鲜肉忘了志军爹了”“炒作离婚人品差”“插刀闺蜜”等言论和配文“出轨”、“要做方圆百里最高傲的野鸡”和“荡红诈捐鸡”等丑化原告的图片,严重贬损原告人格,同时还大量发布了没有任何事实基础的诽谤原告诈捐的虚假信息,包括“真诈捐”“诈捐算个P”

---

[1] 北京互联网法院:《“粉丝文化”与青少年网络言论失范问题研究报告》,载腾讯新闻2019年12月19日,https://mp.weixin.qq.com/s/qbwdGx2wAgnUtTelHKYrOA。

[2] 该判决已生效。

“诈捐犯杨某”等言论,使原告的大众形象受到严重损害、社会评价降低。原告以被告严重侵犯了其名誉权为由向北京互联网法院提出诉讼,请求:(1)依法判决被告立即停止侵犯原告名誉的行为,删除全部侵权信息;(2)被告以书面形式向原告致歉,并于被告注册的新浪微博首页置顶连续60日向杨某作出公开事实澄清及道歉,为原告恢复名誉;(3)被告向原告赔偿精神损害抚慰金100,000元;(4)被告承担原告为维权而发生的公证费3000元。

被告詹某辩称,被告的言论不构成侵犯原告的名誉权。理由如下:(1)被控侵权言论指向的不是原告,原告不是本案适格当事人。侵犯名誉权的客体需要指向特定的民事主体,而被告行为指向的对象是不特定的群体,并不是针对原告本人。因原告部分粉丝发布侮辱、诽谤某女星的不实信息,并挑唆其他网友对该女星及其粉丝群体进行污蔑和攻击,被告因此开始发布微博与原告粉丝进行“对骂”,用粉丝圈内的特有名词相互攻击。被告的主观意图不是污蔑、诽谤原告,而是被“饭圈”的畸形价值所裹胁,想通过“以战止战”的方式,终止这场莫名骂战。因此被告所针对的对象是一直在微博与其进行互骂的“杨某粉丝”“杨某粉”,而非杨某本人。(2)被控侵权言论在法律保护的言论自由限度内。在百度搜索“杨某诈捐”词条,共显示2,950,000个搜索结果,其中《中国青年报》发表《杨某涉“诈捐”风波,这锅背的不冤》的新闻报道;微博平台“一说到杨某就想到诈捐”话题有621条讨论,20.5万次的阅读量;“杨某”的百度词条中“人物争议—诈捐门事件”部分也使用了“诈捐”一词。在影视圈,“票房毒药”属于对电影演员业绩评判的中性词汇,不带有褒贬性,被告针对电影和社会新闻发表批评性言论,是在行使宪法赋予公民的言论自由,且原告作为公众人物,对社会评价应负有更高的容忍义务。(3)被告过错程度较小,涉案微博影响范围小。被告发布涉案微博时情绪激动,从他处复制、摘抄文字和图片包含粗鄙字眼,发布时未尽到审慎的义务,但没有进行二次加工和修改,仅仅是单纯的搬运和转载,所载内容也不是被告的真实意思表达;被告没有因上述侵权行为获利,之后也认识到了错误,删除了相关微博,因此被告的主观过错较小。另相关文字和图片配文多是“饭圈”内使用的网络用语和表情包,仅有特定人群才能看懂,不熟悉“饭圈”独特文化的普通公众并不能了解“倒贴”“美空”等的含义,且涉案微博转发、评论、点赞均为0,被告以“湘北的流川峰”账号发布微博时,该微博粉丝数量为130人,故实施的行为影响范围小,没有造成严重后果。即使被认定构成侵权行为,法院应对被告的具体手段、过错程度和影响范围予以考虑。(4)原告主张的精神损害赔偿金过高,缺乏相应证据证明。被告的行为仅是微博上寻常的粉丝“对骂”,持续时间仅2天,后续不再发布任何有关信息。原告作为公众人物,接受采访时曾多次表示自己内心强大、不惧外界评论。原告主张被告行为给其造成极大的精神创伤,严重扰乱其正常工作、生活,应提供相应证据证明。(5)原告未采用适当手段维权,且主张的赔偿金额没有依据,存在滥用诉讼、浪费司法资源。在网络上发生纠纷,原告没有通过新浪微博平台对侵犯其人身权益的微博进行投诉、举报,也没委托律师发函告知侵权人。另外,被告是没有独立经济能力的在校大学生,没有社会经验,而原告知名度高、社会经验与经济水平均优于被告,从公平角度应考虑到采取的维权手段应与行为人过错程度相匹配,直接起诉要求10万元赔偿金已超越被告的经济承受能力。被告接到起诉后一直积极接触原告,诚恳认错并进行和解沟通。故请求法院公正判决,驳回关于精神损害赔偿金的诉讼请求。

【裁判观点】北京互联网法院认为,根据双方的诉辩主张,本案的争议焦点一是原告适格性问题;二是被控侵权博文是否侵犯杨某的名誉权;三是如果构成侵权,詹某应如何承担侵权责任。

1. 原告适格性问题

本案中,詹某主张杨某不是本案适格原告。对此法院认为,根据《民事诉讼法》第119条第1项的规定,原告是与本案有直接利害关系的公民、法人和其他组织。根据《民法总则》(已废止)第109条、第110条第1款[1]的规定,自然人的人身自由、人格尊严受法律保护;自然人享有名誉权等权利。杨某依法享有名誉权,在认为詹某发布被控侵权博文损害其权益后,当然有权依据相关法律规定提起诉讼。至于其诉讼主张是否属实、诉讼请求能否成立,均需依事实、法律予以认定,但并不影响其提起诉讼的主体资格。因此杨某与本案有直接的利

〔1〕 对应《民法典》第990条、第995条。

害关系，是本案的适格原告。

2. 被控侵权博文是否侵犯杨某的名誉权

公民在充分享有网络自由表达权利的同时，也应保持必要的客观、理性，在行使自由的权利时，不得损害国家、集体的利益和其他公民的合法权利。在网络上传播不当言论侮辱或诽谤他人，破坏他人名誉，并为第三人所知晓，使他人社会评价降低的，构成对他人名誉权的侵害。本案原告系演艺工作者，作为公众人物，与公众兴趣密切相关，且常常会成为社会大众模仿的对象，影响社会公共道德的形成。基于公共利益和正当公众兴趣优先原则，公众人物对基于公共利益诉求或正当公众兴趣发表的质疑、批评，即使会对其名誉利益造成一定不利影响，但在不直接侮辱人格的情况下，负有更高的容忍义务。但这种较高的容忍义务，主要针对的是有相应事实根据的批评、质疑等评论性言论，并非对具有诽谤意义的虚假事实传播，并且公众知情权与舆论监督权并不能豁免人身攻击的侵权责任，一旦言论超出了必要的界限，仍然构成侵权。

(1)被控侵权博文的指向性明确，直接点名杨某，从内容来看针对的也是杨某个人，具有明确的指向性和直接的对应性，并非如詹某所说泛指粉丝群体。

(2)杨某主张的被控侵权博文构成以侮辱的方式侵犯其名誉权。被控侮辱的博文中，大部分言论用语粗鄙不堪，没有客观理性的立场，只为个人情感的恣意宣泄，充斥着谩骂和人身攻击，是对对方人格尊严的贬低、侮辱，即使在接受程度较高的网络环境，也依然属于侮辱性用语，逾越了言论自由和舆论监督的合理边界。如“龟幂”一词，詹某辩称不具褒贬性，但从用词来看，“龟”字本身就有明显不雅的引申含义，尤其与他人名字结合使用时贬损意味更加明显；且结合上下文和配图，该词在其微博中表现的含义与詹某所称的谐音“闺蜜”毫无关系。上述被控侮辱的博文主观恶意明显，且会对杨某造成社会评价的降低，构成名誉权侵权。

被控侮辱的博文中，还有一部分言论言辞本身不像前述用语那般粗俗、不文明，但也带有一定贬损性。但是，联系这些言论上下文的用语、语气以及詹某连续发布多条系列微博的前后背景进行综合分析，詹某对杨某进行恶意人身攻击的意图较为明显，主观上具有侮辱的概括恶意，因此上述言论不属于应予容忍的言论自由和舆论监督的范畴,所涉博文构成名誉权侵权。

(3)杨某主张的被控侵权博文构成以捏造事实的方式侵犯其名誉权。进行事实陈述时,所述内容应基本或大致属实,不得捏造并散布虚假信息,否则造成破坏他人名誉的,构成诽谤。对于被控侵权博文中"骑着志军登月球"、"少时铁道志军妻"和"出轨"的内容,詹某没有证据证明其发布的内容具有真实性,詹某称其发布的内容系复制的证据,显然也无法证明所述内容属实;结合杨某提供的证据,有关传闻源自《新京报》的说法已被澄清为假,法院认为詹某大量公开散布上述无事实依据的内容,且用语粗俗,很难不让公众产生一定的联想与猜测,足以造成杨某社会评价降低,同时考虑詹某连续发布系列微博对杨某进行恶意攻击的背景,可认定其主观上具有明显的恶意,构成名誉权侵权。

关于"诈捐犯杨某""真诈捐""诈捐算个P",根据在案证据,2018年3月杨某确实卷入涉嫌诈捐的风波,虽然后来杨某及时发布声明道歉并解释和落实,但因涉及公共利益,加之杨某身为公众人物的影响力,难免引起社会公众的评论和质疑。此时,对基于公共利益诉求或正当公众兴趣发表的质疑、批评,即使有些用语会令人不快,并会对其名誉利益造成一定不利影响,杨某应当予以包容。同时法院认为,此类应予包容的质疑、批评,应是主观上出于善意的认知,且表述方式未明显偏离其表述依据的相关言论。本案被控侵权博文,是否属于该范围,应结合案情予以具体分析。综观上下文用语、语气,以及连续发布的系列微博对杨某进行人身攻击的背景,詹某不仅主观上具有侮辱、诽谤的概括恶意,而且其"诈捐犯杨某"、"真诈捐"和"诈捐算个P"的言论,与其依据的中青在线网文章质疑、批评杨某涉嫌诈捐的表述方式有一定偏离,同其他构成侮辱、诽谤的言论一样,明显是为了故意借机侮辱对方的人格尊严,已不属于应予包容的质疑、批评范围,故构成名誉权侵权。

3. 詹某应如何承担侵权责任

根据《侵权责任法》(已废止)第2条[1]的规定,侵害民事权益,应当依照本

---

〔1〕 对应《民法典》第110条。

法承担侵权责任。本法所称民事权益,包括名誉权等。第 15 条[1]规定,承担侵权责任的主要方式有停止侵害、赔偿损失、赔礼道歉、恢复名誉等。本案中,杨某的名誉权受到侵害,有权要求停止侵害,赔礼道歉,恢复名誉,并可以要求赔偿损失。

关于停止侵权,经杨某核实涉案微博账号已无法正常使用,詹某亦确认涉案侵权微博已全部被删除,可认定涉案侵权行为已经停止,鉴于此,杨某的这一请求已失去请求权基础性事实,法院不再支持。关于赔礼道歉、恢复名誉,杨某要求詹某书面赔礼道歉的诉讼请求,符合法律规定,詹某的道歉内容须提交法院审核;鉴于涉案侵权内容系通过詹某的新浪微博账号公开传播,故杨某要求詹某在现持有的微博账号进行赔礼道歉的诉讼请求,符合法律规定,法院予以支持,具体时间由法院予以酌定。

关于精神损害赔偿。根据《侵权责任法》(已废止)第 22 条[2]的规定,侵害他人人身权益,造成他人严重精神损害的,被侵权人可以请求精神损害赔偿。因人格权侵害导致的精神痛苦或损害本身难以量化,所以这种痛苦或损害并不一定必须表现得非常明显,通常情况下以发生了足以产生这种影响的行为来认定。本案中,詹某通过社交网络连续、集中地恶意侮辱、诽谤杨某的行为,势必给杨某的公众形象造成直接损害,这与詹某所称杨某系公众人物或者曾表示过内心强大无关。鉴于发生了足以造成其严重精神损害的行为,对于杨某主张精神损害赔偿的诉讼请求,法院予以支持。

对于詹某辩称发布涉案侵权博文系复制、转发行为,主观过错小,以及使用“饭圈”特定用语和表情包,影响范围和损害后果小的意见。法院认为,如前所述,詹某复制或转发了大量侮辱性言论,并不能证明其主观恶性小,更不能成为减责的事由;而“饭圈”用语和表情包,随着网络的深入普及和娱乐产业的大众化,普通民众对这些的含义并非都不能理解,况且其中很多用语丑化和贬损意义明显,因此产生的恶劣影响绝不仅仅局限在“饭圈”。并且即使在“饭圈”内

---

〔1〕 对应《民法典》第 179 条。

〔2〕 对应《民法典》第 1183 条。

部,以青少年为主的年轻群体,其社会辨识能力和自我控制力相对较弱,更易受涉案侵权博文的不良影响,因此詹某行为的损害后果仍然十分恶劣。

对于精神损害的赔偿数额。根据最高人民法院《关于确定民事侵权精神损害赔偿责任若干问题的解释》第 10 条第 1 款的规定,精神损害的赔偿数额根据以下因素确定:(1)侵权人的过错程度,法律另有规定的除外;(2)侵害的手段、场合、行为方式等具体情节;(3)侵权行为所造成的后果;(4)侵权人的获利情况;(5)侵权人承担责任的经济能力;(6)受诉法院所在地平均生活水平。据此,法院将综合考虑杨某的知名度及公众形象、詹某的过错程度、传播方式、侮辱及诽谤的性质、涉案侵权微博账号的粉丝数量和微博浏览量等影响范围参数、詹某的经济能力及赔礼道歉等情况,酌情判定精神损害的赔偿数额。

关于合理开支。合理开支包括被侵权人或者委托代理人对侵权行为进行调查、取证的合理费用。鉴于诉讼中确有公证的事实,杨某亦提供了公证费相关发票,对该主张,法院全部予以支持。

【裁判结果】2019 年 12 月 7 日,北京互联网法院就本案作出最终判决:(1)詹某于本判决生效之日起 10 日内以书面形式向杨某赔礼道歉,并在其新浪微博账号(×××:7282958522,昵称:江户川_阿塔)中连续 30 日置顶登载致歉声明(致歉内容须经法院审核,詹某逾期不履行,法院将依杨某申请,选择一家全国公开发行的报刊或北京互联网法院网站公布本判决的主要内容,费用由詹某负担);(2)詹某于本判决生效之日起 10 日内赔偿杨某精神损害抚慰金 50,000 元;(3)詹某于本判决生效之日起 10 日内赔偿杨某公证费 3000 元;(4)驳回杨某的其他诉讼请求。

【律师评述】近年来,"饭圈"乱象丛生,粉丝互撕谩骂、拉踩引战、造谣攻击等各类有害信息在网络空间内肆意蔓延,成为网络空间内难以清除的毒瘤。诚然,这种互撕谩骂行为的确能够形成一定的轰动效应,获得巨大流量,但却鲜有 KOL 因为自家粉丝的此种声援或维护而获得任何利益,反而极容易沦为舆论的牺牲品。对于 KOL 及其经纪机构而言,切不可为了一时的流量而放任此种互撕谩骂、拉踩引战持续发酵,否则,一旦引发恶劣社会影响,KOL 将会为这种放任行为付出惨重代价。而粉丝亦应当理性追星,网络空间并非法外之域,每一个公民都应对其在网络空间所发布的言论负责,对 KOL 及其作品需要作出客观评价或提出合理质疑,不可发表任何没有事实依据的人身攻击、侮辱、诽谤等言论。否则,粉丝在网络空间的行为一旦越过法律边界,亦需要承担相应法律责任。

二、"骂战"行为的法律规制

案例十一系因粉丝"骂战"而引起的侵害公众人物名誉权的典型案件。从北京互联网法院审判实践来看,"以青少年为涉嫌侵权主体(案件被告)的网络侵害名誉权行为集中出现于从事演艺工作的公众人物名誉权侵权案件中,同时体现出近年兴起的粉丝文化的突出特点"[1]。以下将对粉丝"骂战"行为所涉及的常见法律问题以及司法实践的普遍认定标准进行深入讨论。

(一)"骂战"行为的边界

《民法典》第 110 条明确规定了"自然人享有生命权、身体权、健康权、姓名权、肖像权、名誉权、荣誉权、隐私权、婚姻自主权等权利。法人、非法人组织享有名称权、名誉权和荣誉权"。名誉权是指自然人、法人和非法人组织就其品德、声望、才能、信用等所获得的社会评价所享有的保有和维护的权利,也就是自然人就其自身属性和价值所获得的社会评价而享有的保有和维护的权利。自然人的名誉权受到侵害的,有权请求侵权人承担侵权责任。

言论自由是公民享有的基本权利,网络社群的建设日趋完善,公民表达个人思想与发表言论的途径也随着各社交平台的多样性发展而显著扩大。公民参与话题讨论、评论等充分体现了个人言论自由的权利。但权利和自由都是相对的,任何人行使权利的同时都不得侵害国家、集体与他人的合法权益。公民在进行意见表达时,评论内容不得使用侮辱性言辞攻击他人,应以"就事论事"为基本原则,不随意由事及人,使用丑化、贬低的语汇针对他人的人身特质或人格特征进行不当归因或不当定性,否则构成对他人的侮辱;在进行事实陈述时,

---

〔1〕 顾向栋:《通过肖战浅析饭圈的属性、生产与权力结构》,载《新闻研究导刊》2020 年第 11 期。

所述内容应基本或大致属实,不得捏造并散布虚假信息,否则造成破坏他人名誉的,构成诽谤。

网络世界并非法外之域,粉丝"骂战"等行为,一方面,是粉丝情绪的外化表达,有助于帮助公众人物更好地了解大众对其评价,便于公众人物完善公众形象的塑造。另一方面,粉丝间就某问题的讨论、评述等,也无疑客观上增加了公众人物的热度,在流量经济的时代,对于公众人物等本身也是一种正向反馈。但对于粉丝而言,在评价事件的过程中,应当避免对公众人物本身的言语攻击,如以侮辱、诽谤等方式进行评价,导致公众人物的社会评价降低、公众形象受损,否则要承担相应的侵权责任。

(二)使用"饭圈黑话"是否可减轻责任

在社群表达的过程中,使用"饭圈"流行语已经从潮流变成习以为常,如"真香""锁了""C 位"等流行语能够更为形象生动地表达情感,也被大众逐渐接受和主动传播,对此类词语的自由传播和使用,法律并不会轻易加以干涉。但粉丝间的"骂战"除了使用一般理性人可理解的谩骂侮辱词汇外,也会使用"饭圈黑话"。"饭圈黑话"通常表现为明星"黑称",侮辱性语言的谐音以及形容娱乐圈炒作的特定词汇等,如用具有侮辱、贬损之义的绰号指代特定明星,虽然这些绰号可能并不被大多数社会公众熟知,但在粉丝群体中则指向清晰,只要侮辱性的称呼能够形成与特定明星的对应关系,即可视为对该明星的侮辱,构成侵权。[1]

除名誉权外,立法对于姓名权、名称权的保护力度也明显加大,《民法典》第 1017 条明确规定,"具有一定社会知名度,被他人使用足以造成公众混淆的笔名、艺名、网名、译名、字号、姓名和名称的简称等,参照适用姓名权和名称权保护的有关规定"。被他人使用足以造成公众混淆的"笔名、艺名、网名"等,被明确纳入了立法保护的范畴。

---

[1] 参见北京互联网法院:《"粉丝文化"与青少年网络言论失范问题研究报告》,载腾讯新闻 2019 年 12 月 19 日,https://mp.weixin.qq.com/s/qbwdGx2wAgnUtTelHKYrOA。

（三）社交网站中评论复制、转发他人的网络言论，是否可免责

粉丝评论时复制他人的言论，也应以一般理性人的标准，承担禁止包含侮辱他人人格内容的审核注意义务。司法实践中，对于明显具有侮辱、诽谤等性质的言论，粉丝明知其具有不当性仍然传播，仍故意扩散的，主观恶意明显，不能成为粉丝免责减责的事由。为网络侵权言论求"打赏"取得违法所得的，法院甚至可予以收缴，以示惩戒。

（四）公众人物名誉权的特别"容忍"

"5G"时代的到来，刺激了自媒体的进一步发展，同时也使流量成了家喻户晓的名词。以往以"偶像—资本—饭"形成的"饭圈"结构正在逐渐被流量驱动打破，而形成了"饭"对偶像的"反向驯化"模式。[1] 不排除个别明星或其团队利用粉丝的留言、评论等社群功能故意炒作话题等。虽然具有一定社会知名度的演艺工作者等社会公众人物与普通公民一样享有名誉权，但由于其工作性质的特殊，公众人物享受了流量红利的同时，也要接受公众对于其个人形象、演艺风格、个人实力、文艺作品等内容的公开评价，其中当然包括质疑、负面评价等。但此类评价只要并非出于恶意攻击、谩骂，表达内容未明显偏离公知事实，不构成侮辱、诽谤等情形，作为公众人物应正确接纳，并应体现出比普通公民更高程度的容忍。

（五）粉丝"骂战"的平台责任

在国家对多行业"放管服"的政策背景下，社交媒体平台应当依法完善内部自查机制，从源头处加强对网络用户信息审核和内容发布的审查机制，对营销号、僵尸号、网络水军等用户及时监测。对于在社交媒体评论中发表言论明显不合规范，缺乏理智，涉嫌侵犯他人权益的账号发布者，应及时采取删除、屏蔽、列入黑名单等措施，及时制止不当言论的广泛传播与发酵，对于反复出现同类问题的账号发布者甚至可以将其清退该社交平台，以净化网络环境。

---

〔1〕 参见顾向栋：《通过肖战浅析饭圈的属性、生产与权力结构》，载《新闻研究导刊》2020年第11期。

第二节　粉丝应援行为法律分析

2020年12月22日凌晨3时,某知名综艺节目的主持人何某发微博道歉称:"一年多以前节目花絮中我的调侃被拎出来,现在再看我自己也觉得不妥。原本想引导不要浪费的,怎么没头没尾地变成这样,反而成了不好的引导,这一点我真的很抱歉。我说过很多次粉丝不要送礼物,录节目我没和各家粉丝接触过,但是艺人和团队有时会来问好送礼物,当时也没好意思拒绝,这以后必须重视。借这个热搜再次明确拒绝,不再收任何的礼物。希望粉丝朋友、艺人朋友和团队谅解配合。"该事件的背景是2019年年底《口红王子》的花絮视频在各网络媒体中曝光,节目里何某吐槽粉丝应援礼物的不干胶贴得太死并称"已经有二十多个保温杯了……五十多支笔,我也不知道该怎么办"。此视频一经流出,着实令人大跌眼镜,娱乐圈一直以好口碑、高情商形象示人的何某也成为舆论争相热议的焦点。与此同时,"粉丝应援"这个在圈内形成已久的"潜规则",也终于被推向公众眼前,引发了社会各界的广泛讨论。

"应援"是粉丝圈用语,指粉丝为喜爱的歌手在演唱会上加油打气。20世纪80年代后的演唱会产生的有体系的应援活动起源于日本的一种以明星为载体举办的活动中与观众的一种互动行为,就是通过现场发光物(荧光棒、灯牌等)、配合演出、统一服装应援物或者场外捐钱捐物等方式支持偶像。应援指粉丝为喜爱的偶像加油助威。线下的应援主要有在偶像的演唱会上发放物品,挥舞统一的荧光棒、举灯牌,给偶像拍戏的剧组工作人员送餐车,以及接机送机等;线上的应援则包括在网上刷相关话题、给偶像投票等活动。

然而,粉丝应援除了需要具体参与行动的"饭圈"组织者、执行者,其不可或缺的就是"资本"加持。而粉丝无论是送礼物、为偶像"打榜",还是为了支持偶像而购买偶像作品、偶像推广与代言的产品、偶像同款、偶像周边等,都需要一定的资金助力。而"饭圈"的资金流最大部分来源于"粉丝集资",在此过程中会涉及哪些法律问题,粉丝应援的行为如何定性,又有何种法律风险需要加以防控,本节将对此重点分析。

一、粉丝应援规模

“艺人的光鲜亮丽其实离不开粉丝的支持,尤其是现在粉丝团体日益强大,粉丝文化也渐成气候甚至成为一种产业。”以 2016 年 SNH48 第三届偶像年度人气总决选为例,“总选的结果是由粉丝的投票最终决定,而投票的方式有两种,一种是应援盘,即花一定数额的金钱去团用于总决选投票的 EP,不同版本的 EP 价位不同,也包含不同次数的投票权,如 1680 元的盘就包含 48 次投票权,粉丝集资给应援会,应援会买盘进行投票。另一种是电子票,这种价格相对而言会更贵,有些散粉会选择这种方式”。[1] 这次总选共收到 1,758,676.6 票,各家粉丝对总选的集资和准备都是很早就开始了。例如,鞠某家粉丝在 2015 年总选结束之后,就开始为 2016 年的总选集资,在准备过程中,每一家粉丝都会制作自家的应援物,通常包括应援服、应援帽、应援扇、钥匙扣、灯牌等,最后统一制作,在总选现场统一使用。

二、应援行为的法律性质

(一)赠与行为

前述的应援投票案例,在现下的粉丝文化中屡见不鲜。诸如此类投票、“打榜”等应援活动,实际上给了粉丝更多参与“饭圈”,在“饭圈”中获得话语权的途径,粉丝基于为偶像拉人气、提升影响力而出资的行为本质上属于赠与行为。《民法典》第 657 条规定:“赠与合同是赠与人将自己的财产无偿给予受赠人,受赠人表示接受赠与的合同。”赠予行为作为一种民事法律行为,仍然受民法的调整。实施赠与行为的主体首先应当满足民法规定的行为能力要件。

《民法典》第 19 条规定:“八周岁以上的未成年人为限制民事行为能力人,实施民事法律行为由其法定代理人代理或者经其法定代理人同意、追认;但是,

---

〔1〕 新京报:《“粉丝经济”现实版案例》,载搜狐网 2016 年 8 月 1 日,https://www.sohu.com/a/108456341_114988。

可以独立实施纯获利益的民事法律行为或者与其年龄、智力相适应的民事法律行为。”第 20 条规定:“不满八周岁的未成年人为无民事行为能力人,由其法定代理人代理实施民事法律行为。”对于限制性民事行为能力实施的赠与行为是否有效,司法实践中一般会结合未成年人赠与的数额、经常居住地的经济水平、家庭收入情况以及该地区近似年龄的一般消费水平等因素综合考量。在未成年人实施的赠与行为被认定为明显与其年龄、智力不相适应的情况下,其法定代理人有权撤销。

(二)委托代理行为

“饭圈”早已不再是无组织的散乱个体,而是以明星为中心,层级清晰、分工明确的后援会。后援会的核心成员也成了普通粉丝与明星之间的桥梁。在此结构下,粉丝自愿赠与偶像的资金或礼物等,也会由后援会统一集中管理,用以提升偶像热度、维护偶像形象相关的其他行为。正如案例中所提及的,“粉丝集资给应援会,应援会买盘进行投票”,此种行为符合民法中关于“委托代理”的规定。委托代理是指代理人按照被代理人的委托行使代理权。《民法典》第 164 条规定:“代理人不履行或者不完全履行职责,造成被代理人损害的,应当承担民事责任。代理人和相对人恶意串通,损害被代理人合法权益的,代理人和相对人应当承担连带责任。”结合应援行为,散乱的粉丝作为委托人,将其自愿赠与的财/物等交予代理人(应援会的核心成员),最后赠与偶像本人(相对人)。根据法律的有关规定,如应援会的核心成员不履行或者不完全履行职责,造成被代理人损害的,应当承担民事责任。如应援会的核心成员与明星之间串通损害粉丝利益的,明星将对此承担连带责任。

(三)一般消费行为

粉丝文化进一步催生了粉丝经济与流量收益,资本营运在其中也起着重要作用。为了建立粉丝和明星之间的情感互动,提升粉丝黏性以获取经济利益与社会效益,资本方往往会通过“为偶像消费”的旗号,刺激粉丝购买明星杂志、专辑、周边、同款或代言商品等。在此过程中涉及的一般消费行为,以买卖合同法律关系居多,当然也不排除租赁合同,以及混合了多种法律关系的无名合同等。

三、粉丝应援的法律风险

（一）刑事责任风险

案例十二　**唐某以游戏主播身份骗取粉丝财产涉嫌诈骗罪案**

【案号】重庆市涪陵区人民法院(2020)渝0102刑初621号

【案情简介】2019年9月，被告人唐某在打网络游戏时，以快手直播平台游戏主播“牧童”的身份认识了位于重庆市的被害人吴某某，二人互相加微信成为网络好友。2019年12月，被告人唐某虚构让“粉丝募集资金并给粉丝发放福利”的活动，骗取吴某某6191元，吴某某要求退款时，唐某又以支付宝、微信、银行卡被冻结不能转账，让吴某某继续为其转款解冻为由，多次让吴某某通过支付宝、微信等方式为其转款。唐某共骗取被害人吴某某人民币20,944元，用于个人日常消费。

【裁判观点】法院认为，公诉机关指控被告人唐某犯诈骗罪的事实清楚，证据确实、充分，罪名成立，量刑建议适当，依照《刑法》第52条、第53条、第64条、第67条第3款、第266条和《刑事诉讼法》第15条、第201条之规定，判决被告人唐某犯诈骗罪，判处有期徒刑1年4个月，并处罚金人民币3000元。

【律师评述】在“新秀”层出不穷、网红经济蓬勃发展的自媒体时代，吃播、音乐博主、美妆博主、游戏博主争奇斗艳的社交平台，由于缺乏有力的监管，对偶像充满期待与幻想的普通粉丝，难以甄别偶像的真实情况。“媒体人设”及偶像与粉丝之间的信息不对称，也被少数不法分子利用，从中攫取非法利益。案例十二中，被告人通过虚构事实、隐瞒真相的方式，以非法占有为目的欺骗粉丝构成诈骗罪，此外，粉丝应援过程中亦可能涉及其他刑事法律风险，如非法集资、侵占罪等。对于粉丝集资行为的定性，理论界尚无统一的观点，现行法律规范中，也并未将粉丝集资行为直接认定为非法集资。但对于“粉头”或组织应援的公司而言，由于其作为直接吸收大量资金的主体，若在粉丝集资应援过程中，未能作好财物管理，或本身就带着非法吸收粉丝财产的目的，则很有可能符合非法集资的行为要件,特别是近年来出现的,“粉头”携款潜逃、巨额粉丝集资款去向不明等热议话题,再次为粉丝们敲响了警钟。

(二)民事责任风险

案例十三 易某臣与王某民间借贷纠纷案[1]

【案号】邵阳县人民法院(2017)湘0523民初2198号

【案情简介】被告易某臣系某卫视综艺节目主演之一,原告王某对被告很关注,是被告的微博粉丝,被告在微博上发布信息呼吁粉丝为其提供帮助,希望粉丝按借呗额度(支付宝的贷款服务,日利率0.04%)借款给被告。2017年8月11日,原告通过支付宝借款2.6万元给被告,按借呗应支付利息982元。当天晚上,被告收到原告2600元,通过微信向原告出示借条,约定于2017年9月11日前还清。后到期被告未归还原告欠款。

【裁判观点】法院经审判认定原、被告之间借贷关系成立,被告应依约履行偿还原告借款的义务。

【律师评述】艺人“私联粉丝”的情形屡见不鲜,艺人向粉丝出具借条的情形尚未触及行业的底线。但在实践中,有艺人直接以私下联络为诱饵,变相向粉丝“索要”财物。2015年,某女团成员陈某向男粉丝索要金钱以维持“稍微亲密的关系”一事被粉丝曝光后登上微博热搜。艺人与粉丝之间本应该是“相辅相成、共同进步的关系”,但由于缺乏监管反而成了“相互绑架的、病态的金钱关系”。对于具有庞大粉丝群体的顶流明星而言,一般粉丝基本不具备与明星直接接触的渠道,而仅能通过应援会向偶像赠与礼物。由于粉丝数量众多,应援会与粉丝之间往往没有书面的委托代理合同,从而难以约束应援会的履职情况。即便粉丝集资的资金流向不透明,普通粉丝权益受损,但单个个体受损金额较少、维权成本较高、取证难度大,大部分情况下粉丝都只能放

---

〔1〕 该判决已生效。

弃主张自己的权利。

四、应援行为的法律风险防控

(一)艺人层面的风险防控

湖南省广播电视协会在2013年发布的《湖南省广播电视从业人员自律公约》第11条明确指出,广播电视从业人员要恪守职业道德,反对行业不正之风,不以任何名义索要、接受采访对象的钱、物、有价证券、信用卡等。不但主持人如此,艺人亦应当遵守职业操守。艺人应当充分发挥自身的社会效应,正确引导粉丝行为,积极践行社会主义核心价值观。中国演出行业协会指出"明星本人不仅仅是普通人,更是文化偶像和价值符号的结合体。承受比公众更高标准的道德要求和私行规范,承担比普通百姓更多的社会责任。对于'劣迹艺人',除了与普通民众一样依法予以惩处之外,还应附加限业、禁业等行业惩罚,提高其违法违规、背离社会道德、社会价值的成本,敦促艺人、明星遵守社会公共道德,约束、匡正个人行为"[1]。对于私联粉丝,向粉丝索要财物等的艺人,亦应当纳入劣迹艺人的范畴。

(二)应援会层面的风险防控

立法无法深入社会生活的方方面面,对于应援会的规范,除了由行业协会发挥监督职能外,应援会内部亦可形成分权制衡的机制,应援会可直接注册成为公司,受《公司法》及公司章程的约束,或按照已经相对成熟的非法人组织的内部章程与有关机制进行规制。粉丝之间可以通过成立粉丝大会,设立粉丝权力机构、执行机构等部门,同时选取粉丝代表行使对应援会的监督职能,从而规范应援会的管理。

(三)普通粉丝层面风险防控

《人民日报》对于周某与蔡某"微博超话榜"打榜事件发表评论"这不是代

---

〔1〕《明星偶像需重示范效应 文艺领域不容价值观践踏》,载文化和旅游部门户网2021年1月27日,https://www.mct.gov.cn/whzx/bnsj/jdgls/202101/t20210127_921036.htm。

际冲突,更无关价值观断裂,而是一场联合致敬,寻找内心深处的寄托。一个时代有一个时代的偶像,一个群体有一个群体的向往,向美好看齐,夯实审美坐标,岁月就无法带走我们的乡愁和坚守”。[1] 作为普通粉丝,我们为偶像消费的同时,也应当结合自身的实际情况量力而行,同时也要深入了解资本和“消费主义”以及流量经济的本质,对自身扮演角色与行为作出理性认知,在避免权益遭受侵害的最基本要求下,合理地“仰望星空”。

第三节 “私生饭”“雇代拍”的法律问题研究

2019 年 8 月,青年演员王某某发文“别再打我电话了,别再用我手机号去登录软件,也别再买我的号码,这已经严重影响了我的生活”,究其原因竟是其手机号码遭泄露并被“黄牛”贩卖。不少粉丝还在微博晒出自己拨打王某某电话的照片。此事一出,对于一直被公众忽视的明星隐私权问题再次引发了广泛讨论。无独有偶,青年歌手、演员鹿某也曾因为极端粉丝跟车、围堵等行为在微博激愤发声,质问“‘私生饭’可不可以不要再跟了”? 歌手杨某也曾在其微博上晒出截图,控诉陌生女子在其家门口蹲守 3 个月之久。诸如此类的情况在娱乐圈屡见不鲜,却始终未能杜绝。随着国民素质的普遍提升,粉丝群体也从对偶像的疯狂追逐向有组织与理智追星的状态良性发展。但即便如此,“私生饭”问题仍然像一颗“毒瘤”根植于粉丝文化中。

“私生饭”是艺人明星的粉丝里行为极端、作风疯狂的一种人。他们为满足自己的私欲喜欢跟踪、偷窥、偷拍明星的日常,骚扰自己喜欢的明星,影响艺人及其家人的私生活。“私生饭”行为会给偶像本人造成极大困扰,同时也会给公共安全带来隐患。

其实疯狂粉丝骚扰明星的报道并不鲜见,只是近年来“私生饭”有组织化、规模化的趋势,对艺人正常生活的影响愈加严重。让艺人和经纪公司苦不堪言

[1] 人民日报新浪微博平台 2019 年 7 月 21 日发文。

的"私生饭"问题涉及哪些法律风险，艺人如何通过法律手段进行自我保护，笔者以下展开具体论述。

一、刑事责任

案例十四　孙某采取跟踪、偷拍或者偷录等方法获取被调查人信息涉嫌非法获取公民个人信息罪案[1]

【案号】浙江省慈溪市人民法院(2012)甬慈刑初字第1580号

【案情简介】2011年下半年至2012年4月20日，被告人孙某以营利为目的，在慈溪市古塘街道锦恒大厦519室以慈溪市飞箭市场调查有限公司的名义，接受李某、史某、胡某、孙某、罗某、周某等人委托，根据委托人提供的被调查人的一些基本情况，联系专业的定位公司购买被调查人的手机定位信息，同时通过QQ联系出话单的上家，购买被调查人的手机通话记录或被调查人的航空信息、通话记录、短信息记录等，并采取跟踪、偷拍或者偷录等方法获取被调查人信息，最后将各类公民个人信息19份加价出售给委托人，从中共非法获利人民币1万余元。浙江省慈溪市人民检察院以被告人孙某犯非法获取公民个人信息罪，向浙江省慈溪市人民法院提起公诉。

【裁判观点】人民法院经审理认为，被告人孙某非法获取公民个人信息，情节严重，其行为已构成非法获取公民个人信息罪。公诉机关指控的罪名成立。被告人孙某到案后能如实供述自己的罪行，依法予以从轻处罚。根据被告人孙某的犯罪情节和悔罪表现，依法可适用缓刑。供犯罪所用的工具，依法予以没收；违法所得，依法予以追缴。最终判决被告人孙某犯非法获取公民个人信息罪，判处有期徒刑6个月，缓刑1年，并处罚金人民币1.5万元；供犯罪所用的笔记本电脑1台、跟踪器1只等物，予以没收；违法所得人民币1万元，继续予以追缴，上缴国库。

【律师评述】《刑法》第253条之一规定，"侵犯公民个人信息罪"是指违反

---

[1] 该判决已生效。

国家有关规定,向他人出售或者提供公民个人信息,窃取或者以其他方法非法获取公民个人信息,情节严重的行为。最高人民法院、最高人民检察院《关于办理侵犯公民个人信息刑事案件适用法律若干问题的解释》(以下简称《解释》)第1条对《刑法》第253条之一规定的“公民个人信息”范围进一步说明,是指以电子或者其他方式记录的能够单独或者与其他信息结合识别特定自然人身份或者反映特定自然人活动情况的各种信息,包括姓名、身份证件号码、通信通讯联系方式、住址、账号密码、财产状况、行踪轨迹等。向特定人提供公民个人信息,以及通过信息网络或者其他途径发布公民个人信息的,应当认定为《刑法》第253条之一规定的“提供公民个人信息”。违反国家有关规定,通过购买、收受、交换等方式获取公民个人信息,或者在履行职责、提供服务过程中收集公民个人信息的,属于《刑法》第253条之一第3款规定的“以其他方法非法获取公民个人信息”。《解释》第5条对于“情节严重”亦作了进一步规定,其中包括非法获取、出售或者提供行踪轨迹信息、通信内容、征信信息、财产信息50条以上的;非法获取、出售或者提供住宿信息、通信记录、健康生理信息、交易信息等其他可能影响人身、财产安全的公民个人信息500条以上的;非法获取、出售或者提供第3项、第4项规定以外的公民个人信息5000条以上的;数量未达到第3项至第5项规定标准,但是按相应比例合计达到有关数量标准的;违法所得5000元以上等情形。

“私生饭”在实施偷拍、跟踪、骚扰行为的同时获取艺人的个人信息,如果符合《刑法》第253条之一的规定,则已经触及了法律红线,需要承担相应的刑事责任。艺人在遭遇此类情况时,应及时报警,交由警方处理。即使尚未构成犯罪,如其危害性已达到了行政处罚的程度,则根据《治安管理处罚法》,可能被处行政拘留或罚款。而破坏艺人汽车车锁,安装偷拍、录音设备,则可能涉嫌盗窃、破坏财物等刑事犯罪。

二、民事责任

案例十五　周某与项某隐私权侵权纠纷案[1]

【案号】湖北省武汉市东湖技术开发区(2019)鄂0192民初6783号

【案情简介】原告周某系在火山小视频平台直播的博主,被告项某系刷客,为周某刷礼物、冲榜等,截至2019年9月,被告已为原告在该平台刷了价值47,000元的礼物。且因被告对原告心生好感,原告也称自己已离婚,愿意与被告重建家庭,双方之间保持着不正当关系,其间,被告赠送原告手机、笔记本电脑、鞋等礼物。另,原告向被告出借10,000元,并为其在直播平台刷礼物700元。后被告向原告返还4000元。因被告发现原告实际并未离婚,且有一个女儿,并曾多次对不同的粉丝表示出愿意结婚的意思,被告于2019年9月8日向原告提出分手,并承诺剩余6000元会归还。2019年9月9日,被告后悔,想与原告挽回感情,原告拒绝。2019年9月10日起,被告开始在火山小视频发布与原告在一起的各种小视频,公布原告的身份证等个人信息,并与原告的多名男粉丝取得联系后发送原告的身份信息及家庭住址,还向原告的丈夫及哥哥发送微信。原告与被告沟通无果,以被告侵犯其隐私权为由向人民法院提起诉讼。

【裁判观点】法院认为,隐私权是指自然人支配并保有其与公众利益无关的个人信息,私人活动不被他人非法知悉、利用和公开的权利。宣扬他人隐私,造成一定影响的,应承担相应责任。原告要求被告停止继续侵犯原告隐私权,删除被告发布的与原告有关的火山小视频的诉讼请求,有理合法,法院予以支持。关于原告要求被告删除其手机中与原告有关内容的诉讼请求,因该部分信息系被告在与原告交往过程中正常获得的信息,原告并未提供充分的证据证明被告保存的该部分信息系非法获取,也未提供证据证明被告保存该部分证据对原告的民事权利造成了损害,故原告的该项诉讼请求,法院不予支持。原告要求被告赔偿其经济损失的诉讼请求,因被告在网络上发布的信息对原告确实会造成

---

[1] 该判决已生效。

不良影响,并导致其直播打赏等收入降低,虽然原告并未举证证明其受到的损失的金额,也未举证证明被告从中有所获益,但鉴于原告因被告的侵权行为确有受损的事实,法院酌情要求被告赔偿原告经济损失2000元。对于原告要求被告赔偿精神损失费的诉讼请求,结合被告向原告粉丝、原告前夫、原告家人定向发布有关原告的负面信息,并且在网上公开发布原告负面信息,导致原告随后离婚的事实,原告确因被告的侵权行为受到了精神损害和心理创伤,其要求被告赔偿精神损失费的诉讼请求,有理、合法,法院酌情要求被告赔偿精神损失费1000元。

【律师评述】此次《民法典》人格权编设专章对隐私权的概念和保护范围作出了明确具体的规定,足见对隐私权保护的重视,折射出国家对公民权利的尊重。公民的人格权益受法律保护。自然人享有隐私权,任何组织、个人不得以刺探、侵扰等方式侵害他人的隐私权。所谓隐私,是指自然人的私人生活安宁和不愿为他人知晓的私密空间、私密活动、私密信息等。隐私权受到侵害的,受害人有权请求侵权人承担侵权责任。本案中,原告周某虽在婚姻关系存续期间与被告项某维持不正当关系,但这并非被告项某侵犯其隐私权的违法阻却事由。被告项某在直播平台的公开场合向不特定对象公布原告身份证照片、家庭信息及其他涉及个人隐私的视频,结合原告作为主播的工作特性,势必影响更大、传播更广,使原告的社会评价降低,被告此行为构成侵权,理应承担相应侵权责任。我国立法机关亦高度重视对自然人个人信息的保护,不断完善保护个人信息的法律规定,《民法典》的实施体现了立法机关对于个人信息保护的决心与力度。侵犯上述民事权利的,应当依法承担侵权责任。“私生饭”在艺人的私密空间如住所、临时休息场所等蹲守、围堵、偷拍、偷录等行为均涉及了对艺人隐私权的侵犯。

与此同时,粉丝经济也催生了“饭圈”的灰色地带——粉丝雇代拍。粉丝雇代拍的行为一般指粉丝利用代拍所摄内容谋取利益,“但也不排除粉丝由于时间等原因不能亲自到场为明星拍摄的单纯的与利益无关的原因”。《人民日报》微博曾公开发文谴责代拍业务的无序、失序严重干扰了社会秩序。但在“饭圈”就是否全面禁止粉丝雇代拍这一问题尚未达成一致意见,粉丝雇代拍行为在一定程度上有利于偶像宣传工作进行且大部分偶像对雇代拍行为未发表意见持默许态度。所以，粉丝雇代拍行为依然普遍存在。“饭圈”的容忍并非赋予粉丝雇代拍行为正当性。对于该行为，仍然应当在不侵害公共利益与他人权益的合法范围之内。否则，仍然要承担如前所述的民事侵权责任与刑事责任等。

第四节　粉丝接送机行为法律风险防控

近年来因粉丝接送机扰乱机场秩序，造成安全隐患事件频繁出现在大众视野。据央视新闻报道，2018 年 5 月，上海虹桥机场因 20 多名粉丝为近距离接触偶像“全程追踪”，堵在登机口导致某航班延误 2 个多小时。2019 年，上海虹桥机场又出现因多名明星在同一时段到达，粉丝争相围观而将一大片扶梯玻璃挤爆的事件。首都机场也未能幸免，2017 年首都机场 T3 航站楼有记录的粉丝警情就达 20 起，粉丝规模都在 50 人以上。

粉丝接送机行为本身是粉丝为了接近偶像而产生的行为，极个别粉丝偶发性地自觉自发地通过接机、送机行为表达对偶像的追崇，本无可厚非。但随着网络的迅猛发展，公民获取信息的途径更加多样与便捷，艺人行程信息等遭泄露引发粉丝大规模聚集的情形，则会对艺人、公众秩序与公共安全等产生极为不良的影响。此外，在流量追崇的畸形风气作用下，粉丝群体间为了体现自家偶像的高热度，刻意攀比，彻底扭曲了接送机的意义。凡此种种，监管部门也不得不重拳出击，对此现象重点整治。

一、粉丝接送机行为的法律规制

（一）行政责任

2018 年 3 月，国家发展改革委、民航局、中央文明办、最高人民法院、财政部、人力资源社会保障部、税务总局、证监会联合发布《关于在一定期限内适当限制特定严重失信人乘坐民用航空器　推动社会信用体系建设的意见》，明确规定，旅客在机场或航空器内实施“堵塞、强占、冲击值机柜台、安检通道、登机口(通道)的;强行登占、拦截航空器,强行闯入或冲击航空器驾驶舱、跑道和机坪的;妨碍或煽动他人妨碍机组、安检、值机等民航工作人员履行职责,实施或威胁实施人身攻击"等行为,被公安机关处以行政处罚或被追究刑事责任的,将被纳入限制乘机名单予以公示,严重影响民航飞行安全和生产安全的特定严重失信人限制乘坐民用航空器一年。

2018年7月,中国民用航空局发布了《关于加强粉丝接送机、跟机现象管理的通知》,指出三点具体的管理方向:(1)严格内部人员管理,防止泄露知名旅客信息;(2)强化机场秩序,及时预警防范聚众扰序的发生;(3)保证航班运行安全,杜绝粉丝机上扰乱秩序行为。

中国民用航空局公安局《关于维护民用航空秩序保障航空运输安全的通告》规定,机场内禁止堵塞、强占、冲击值机柜台、安检通道及登机口(通道)等11种行为,违反相关规定的,公安机关将根据《民用航空安全保卫条例》给予警告、罚款、拘留的处罚;构成犯罪的,依照《刑法》追究刑事责任;给单位或者个人造成财产损失的,依法承担赔偿责任。

(二)刑事责任

1. 聚众扰乱公共场所秩序、交通秩序罪

《刑法》第291条规定,"聚众扰乱车站、码头、民用航空站、商场、公园、影剧院、展览会、运动场或者其他公共场所秩序,聚众堵塞交通或者破坏交通秩序,抗拒、阻碍国家治安管理工作人员依法执行职务,情节严重的,"构成聚众扰乱公共场所秩序、交通秩序罪,对首要分子,将处五年以下有期徒刑、拘役或者管制。

2. 破坏交通设施罪

《刑法》第117条规定,"破坏轨道、桥梁、隧道、公路、机场、航道、灯塔、标志或者进行其他破坏活动,足以使火车、汽车、电车、船只、航空器发生倾覆、毁坏危险,尚未造成严重后果的,处三年以上十年以下有期徒刑"。

3. 以危险方法危害公共安全罪

《刑法》第114条规定,"以其他危险方法危害公共安全,尚未造成严重后果的,处三年以上十年以下有期徒刑"。第115条以其他危险方法致人重伤、死亡或者使公私财产遭受重大损失的,处十年以上有期徒刑、无期徒刑或者死刑。本条是对于危害公共安全罪的兜底条款,属于较为严重的犯罪行为。在主观方面表现为犯罪的故意,包括直接故意和间接故意。如粉丝在聚集接送机过程中,明知机场的特殊性,聚众不顾阻拦拥挤、竞相追逐等行为危害公共安全,有可能造成不特定的多数人伤亡或者公私财产的重大损失,并且放任这种结果的发生,造成了严重后果的,则有可能构成本罪。

4. 侵犯公民个人信息罪

《刑法》第253条之一规定,“违反国家有关规定,向他人出售或者提供公民个人信息,情节严重的,处三年以下有期徒刑或者拘役,并处或者单处罚金;情节特别严重的,处三年以上七年以下有期徒刑,并处罚金。违反国家有关规定,将在履行职责或者提供服务过程中获得的公民个人信息,出售或者提供给他人的,依照前款的规定从重处罚。窃取或者以其他方法非法获取公民个人信息的,依照第1款的规定处罚。单位犯前三款罪的,对单位判处罚金,并对其直接负责的主管人员和其他直接责任人员,依照各该款的规定处罚”。《关于加强粉丝接送机、跟机现象管理的通知》明确指出“严格内部人员管理,防止泄露知名旅客信息”,如若有关人员故意泄露明星的出行信息等获利,满足侵犯公民个人信息罪相关定罪标准的,则将会受到法律的制裁。对于该罪名在“私生饭”问题中有更为详尽的解释,在此不予赘述。

二、粉丝接送机行为的风险防控

(一)艺人层面的风险防控

某艺人曾在微博中披露,部分粉丝接送机实际上是艺人或经纪公司为了营造明星受欢迎的气氛,鼓励和资助粉丝在机场接机聚集。不得不说,在粉丝经济的时代,个别艺人为了追逐流量不择手段,甚至不惜浪费公共资源,为了杜绝此类现象的发生,除了艺人与经纪团队自身需对流量予以正确认知外,也建议相关行业协会将此纳入对艺人的评价体系。艺人及其经纪团队内部应当对艺人的行程信息建立必要的保密机制,相关人员也应签署责任承诺书,不得违规透露出艺人行程。否则,因行程泄露给粉丝而引起的重大安全事故,艺人及其经纪公司对此存在过失,需按照过失程度承担与之相对应的责任。

(二)粉丝层面的风险防控

粉丝应理智追星,粉丝本身应将自己对偶像的关注点更多地放在其作品上,对于偶像的职业发展起到正向反馈与激励作用。即便难以抑制对偶像的热爱,也应当在不侵害他人权益和公共利益的前提下文明安排相关活动。例如,粉丝接送机应当在不影响公共乘机秩序的范围内,粉丝组织应提前申请、备案,确认人数、控制规模。对于蔑视公共安全,违反法律法规以及粉丝内部约束的极个别疯狂粉丝,粉丝组织内部也应当将其"踢出"粉丝群,促进粉丝文化的良性有序发展。

(三)监管层面的风险防控

民航局、公安部、艺人行业协会等监管部门,对于粉丝聚众接送机导致的危害社会公共安全事件,也应当严厉整肃。同时,将"限制乘机"等意见落到实处,对于聚众违规接送机的组织者、积极参与者依照相关法律法规予以处罚,以对缺乏法律意识的青少年粉丝群体起到警示作用。

第五章　法律规制净化网络空间

根据《2019年中国网络版权产业发展报告》,2019年中国网络直播市场规模达660.4亿元,同比增速35.9%。截至2020年3月,中国网络直播用户规模达5.60亿人,网民使用率为62.0%,相比2018年明显回暖。

2016年是直播元年,并在中国全面铺开;2017年迅猛普及,实现4.22亿的用户规模和54.7%使用率。但是在2018年,由于受到短视频等业态的分流,网络直播用户规模出现波动,一度下滑到3.97亿人,使用率跌至47.9%。以用户打赏付费为主的网络直播业态营利模式逐渐成熟,但是这一优势逐渐被短视频、网络音乐等其他业态认识并迅速加以移植,成为扩大自身业态收入来源的标配。类型化的营利模式促成了直播与其他业态的交叉,同时反向带动了直播市场边界的扩大。

由于直播与电商、教育等业态的紧密融合,2019年的直播市场规模增速明显回升。尤其是主播行业与电商业态的相互融合已经成为重要发展方向,淘宝、拼多多等传统电商平台都已进入直播领域,而抖音、快手等直播平台则兴起了带货热潮。直播行业为电商行业提供了流量红利,电商行业也给直播行业提供了新的盈利增长点。二者相互促进,相辅相成。

随着直播业态发展的日新月盛,一系列法律问题也逐渐凸显出来,不仅影响消费者利益,还会损害行业发展态势,不容小觑。因此,本部分以直播行业为切入点,对其中存在的诸如“直播带货”“直播刷单”“直播打赏”“电商平台自律管理规则效力”等主要典型问题进行案例分析,以点带面地对其背后的相关法律问题进行研究。

第一节　电子商务平台自律管理规则的效力

随着互联网的高速发展和经济业态的转型升级,电子商务平台由于在获取信息、掌握资源等方面具有多重优势,因此,在促进互联网发展层面扮演着越发重要的角色。电子商务平台虽然由私主体设立和运营,但已然渗透在大众生活之中,涉及明显的公共利益。由于技术发展和法定义务的增加,电子商务平台已经从单纯的中立角色过渡到创新基础设施和协调机制的主导角色。[1]

目前电子商务平台作为数字经济时代的新型生产力主体,集制定规则、解释规则、解决纠纷等多项“权力”于一身,履行规制网络市场的公共职能。[2] 虽然有学者认为平台作为纯粹私主体,不应承担管理性职责,但是《电子商务法》最终认为,鉴于网络交易空间由电子商务平台搭建,由其履行部分管理职能是必要且合理的。[3]

我国目前关于电子商务平台的法律关系规定已经集法律、部门规章、地方性法规和其他规范性文件为一体。《电子商务法》、《第三方电子商务交易平台服务规范》和《网络交易管理办法》等都对电子商务平台的自律管理进行了明确规定,包括平台对商户进行登记审查、建立自律管理中的交易规则、检查监控、信用评价等各项体系和制度等。

毋庸置疑,国家鼓励电子商务平台对日常交易进行自律管理。一方面,电子商务平台可以根据自身监管或消费者投诉对违规行为作出及时反应和处理;另一方面,网络交易的异地性给行政监管带来了一定困境,电商平台基于其技术性管理体系可以更加准确及时地发现、认定和处理违规行为,节约行政和司

[1] 姚辉、阚梓冰:《电商平台中的自治与法治——兼议平台治理中的司法态度》,载《求是学刊》2020年第4期。

[2] 刘权:《网络平台的公共性及其实现——以电商平台的法律规制为视角》,载《法学研究》2020年第2期。

[3] 电子商务法起草组编:《中华人民共和国电子商务法条文释义》,法律出版社2018年版,第100页。

法资源。

然而,在尊重与鼓励电子商务平台自治的同时,平台作为私主体带来的“私利性”将会与管理职能中的“公益性”发生冲突。对此,如何配置电子商务平台自治权力、如何认定电子商务平台自律管理的边界、如何更为有效地实施电子商务平台自治等问题均需引起重视。本部分仅以电子商务平台自律管理规则效力引发的纠纷为例,对电子商务平台的自治与法治进行研究。

一、平台自治规则案例实战

案例十六　九农某有限公司与寻梦某有限公司服务合同纠纷案[1]

【案号】上海市长宁区人民法院(2017)沪0105民初20204号

【案情简介】2016年7月4日,九农某有限公司(以下简称九农公司)与寻梦某有限公司(以下简称寻梦公司)在其电商平台上签署协议约定:商家售假需按涉假商品历史销售额的十倍承担违约金,平台有权直接冻结并自商家账户扣款;商家在接到平台通知后不能证明疑似假货商品为正品的,平台将以商家账户内的保证金对消费者进行赔付。因九农公司在寻梦公司平台出售假货,寻梦公司遂冻结其账户并将扣款全额赔付给涉假订单对应消费者。九农公司认为其并无售假行为,寻梦公司单方制定十倍违约金等苛刻的处罚规则并冻结账户,侵犯其合法权益,故诉至法院要求被告寻梦公司退款并赔偿损失。

【裁判观点】原告与被告签订的《拼多多平台合作协议》系双方真实意思表示,未违反我国强制性法律法规,合法有效,双方应恪守履行。本案的争议焦点有三:(1)原、被告之间的《拼多多平台合作协议》条款是否有效;(2)原告是否构成售假;(3)被告对原告的违约金处罚是否过高。

关于争议焦点一,与传统“面对面”的缔约方式不同,电商平台拥有大量用户,不可能与所有用户就规则条款进行一对一的沟通。在该种背景下,由平台统一制定格式化的协议和规则,并由用户以在线点击的方式签署成为电商行业

---

[1] 该判决已生效。

惯例。关于格式条款的效力问题,《合同法》(已废止)第39条、第40条,最高人民法院《关于适用〈中华人民共和国合同法〉若干问题的解释(二)》(已废止)第6条、第9条及第10条作了明确规定,其效力判定需从以下两个角度进行审查:(1)格式条款制定方是否采取了合理方式提请对方注意免除或者限制其责任的内容;(2)条款本身是否存在"免除己方责任、加重对方责任、排除对方主要权利"的无效情形等。

本案中,被告设定的平台规则虽然系格式条款,但首先,平台已履行了充分合理的提示与说明义务,在协议文首设定"签约须知",明确约定"甲方(被告)在此特别提醒乙方认真阅读、充分理解本协议各条款(对于本协议中以加粗字体显示的内容,应重点阅读),并请乙方审慎考虑并选择接受或不接受本协议。如果乙方一经点击已经阅读并且同意以上协议按钮,即表示其已接受本协议各项条款的约定",同时对相关售假判定及赔付条款均作了加粗处理。

其次,商家与平台均系商事交易主体,商事交易重视外观性,商主体之间作为更为理性且更加专业的交易对象,在订立合同时双方法律地位更加平等,对合同条款的理解更能体现意思自治原则,相关合同条款不存在免除己方责任,加重对方责任,排除对方主要权利的无效情形。在排除胁迫、重大误解或显失公平的基础上,商家入驻平台签署协议,说明对各项条款是明知的,应当根据诚信原则接受电商平台的各项管理,不得售卖假货,并在出现售卖假货时接受平台依据规则作出赔付处理。

再次,网络交易因其交易量大、涉及跨区域、可不间断经营等特点造成管制难度加剧,单凭国家行政部门乃至司法部门成本高昂,在此背景下,网络自治作为社会自治不可或缺的环节显得尤为重要。相关法律法规和政策性文件明确电子商务平台作为交易组织者,一方面负有维系交易秩序、维护交易安全的职责;另一方面也拥有制定商品和服务质量安全标准、消费者权益保护、纠纷处理方式及商家违规经营处罚等规则的权利。

最后,电商平台并非垄断行业,无论是商家还是消费者均有选择交易平台的自由,有完全的意思自治。商家一旦入驻电商平台并签署协议、接受规则,即视为对自身相关权利的让渡,就需要服从平台自律管理。需要强调的是,平台规则并非一对一的传统合同,不是平台与某一具体商家决定或修改的,而是平台与所有商家共同达成的一致契约。电商平台的规则具有全体成员共同约定的管理规范性质,任何商家或消费者均可通过签订协议,接受规则,加入自律组织。遵守平台规则不仅是商家对平台的义务,也是对其他商家的义务,更是对消费者的义务。因此,应当尊重电商平台的自律管理措施,引导商家严守法律及平台规则,合法经营,维护正常的平台管理秩序,保护诚信商家和消费者的合法权益。

综上,被告在平台协议中充分履行了提示义务,原告若未点击"同意并接受"选项则无法享受被告平台的各项服务,双方合同关系亦无法建立。原告在被告平台上以电子签章形式签订的《拼多多平台合作协议》条款均有效,对双方产生约束力。因合作协议对相应问题处理规则有明文约定,应当视为原告亦认可《拼多多假货处理规则》。

关于争议焦点二,原告认为,被告打假流程无商家参与,全程由平台单方完成,不具有合法性,不能作为处理商家的依据。被告则主张平台规则已对假货判定及处理标准作了明确约定,且被告提供了假货判定证据,商家的售假事实应当予以确认。

对此法院认为,首先,从规则依据角度,案涉平台规则就打假流程和售假金额的判定均作了明确约定:"若经消费者投诉、品牌方投诉、甲方(平台)品控部门调查等途径,发现商家存在下列情形之一:(1)商家销售假冒伪劣商品或者过期商品……甲方有权采取一项或多项措施……要求商家支付通过拼多多销售的严重问题产品总金额的十倍作为违约金,若商家拒绝支付违约金,则甲方有权以商家账户内的销售额抵扣违约金……"上述约定具体、明确,并不存在法定无效情形,平台通过规则约定的打假流程和赔付方式合法有效。其次,从证据优势角度,最高人民法院《关于民事诉讼证据的若干规定》(2008 年调整)第 73 条第 1 款对民事诉讼高度盖然性原则进行了规定:"双方当事人对同一事实分别举出相反的证据,但都没有足够的依据否定对方证据的,人民法院应当结合案件情况,判断一方提供证据的证明力是否明显大于另一方提供证据的证明力,并对证明力较大的证据予以确认。"最高人民法院《关于适用〈中华人民共和国民事诉讼法〉的解释》第108条第1款进一步规定:“对负有举证证明责任的当事人提供的证据,人民法院经审查并结合相关事实,确信待证事实的存在具有高度可能性的,应当认定该事实存在。”

具体到本案中,被告通过“神秘买家”向原告下订单购买了系争服装,收货后录制了拆包视频并将抽检服装寄往具有鉴定资质的品牌方进行鉴定。法院详细阅看了拆包视频及送检视频,对相应快递单号、收货人、地址、寄件人及商品信息均予以确认。原告对被告上述“打假”过程不予认可,没有法律及事实依据,法院不予采信。综上,被告发现并鉴定假货的“打假”过程均合法有据。在被告出具了《鉴定报告书》及商家销售清单等基础证据证明原告存在售假行为后举证义务转移至原告,原告需就其商品来源的合法性进行举证。被告及时联系了原告,并要求原告提供系争服装为正品的相应凭证,同时给予原告一定的申诉期限。但原告不论在被告给予的合理申诉期限或整个庭审期间始终未提供涉案商品为正品的相关凭证,其售假事实依法应当予以认定。此外,原告在未充分提供其产品来源的合法合格证明的情况下,在被告平台销售的所有系争服装均应认定为“销售假冒伪劣商品”。综上,原告构成双方合作协议约定的售假行为,且售假金额为84,834.30元。被告依据协议认定原告售假行为及售假金额均于法有据,法院予以确认。

综上,原告构成协议及相应规则规定的售假行为。作为违约方,原告无权要求被告解冻账户、支付利息。

关于争议焦点三,法院认为,案涉平台设定的违约金条款和“假一赔十”规则,关涉平台、商家和消费者三方之间的关系,系平台履行自律管理权利的体现,与传统意义上的违约金制度存在一定区别。首先,受益主体不同。传统意义上的违约金受益主体为合同守约方,目的系填补守约方的损失,兼具惩罚性。而本案中所涉违约金的性质与此不尽相同。根据法院查明的事实,被告已将从原告处扣划的款项以长期有效无门槛现金券的形式发放给了因原告售假行为而利益受损的消费者。平台从商家扣收的款项并没有最终进入平台账户,虽然名为“违约金”,但实际并非用于弥补平台损失,而是以“消费者赔付金”的形式赔付给消费者,其本质是平台自律打假、保护消费者权益、加大售假商家违法成本。其次,权利来源不同。违约金来源于合同法的规定,请求权基础通常是传统"一对一"的合同;而本案赔付标准形成于平台规则,是平台与海量商家就违规处理及消费者权益保护达成的统一契约安排。再次,责任承担对象及方式不同。违约金系违约方向守约方承担,仅涉及合同双方;而本案涉及平台、商家和消费者多方,平台通过规则强制违规商家向消费者履行赔付义务。最后,适用标准不同。违约金的确定标准以双方约定及守约方的实际损失为基础;而本案赔付标准基于平台规则产生,系平台自治权利的体现。本案中,大量商家选择在被告"拼多多"平台上经营,涉及商家及消费者众多,交易金额巨大,商家的售假行为不仅严重损害消费者利益,也会扰乱平台正常的经营管理秩序,损害平台商誉。平台为管控商家及商品质量,实现自律管理,通过平台规则设定赔付标准,既起到维护网络环境的作用,也起到保护消费者合法权益及保护平台商誉的作用,赔付标准的合理性与否交由商事主体自行评估。

综上,在平台规则约定明确的情况下,商家利用网络平台售假构成违约,第三方电商平台按照合同约定对商家进行处罚系自律管理,本案中被告因原告售假扣收相应款项并向消费者发放"消费者赔付金"于法不悖,法院予以确认。

最终,法院依照《合同法》(已废止)第 8 条、第 60 条第 1 款、第 107 条、第 112 条,最高人民法院《关于适用〈中华人民共和国民事诉讼法〉的解释》第 90 条的规定,判决驳回原告九农公司的全部诉讼请求。

二、电子商务平台自律管理效力判定

(一)平台规则的"格式条款"效力

电子商务平台从"单纯通道"角色演变至网络生态系统建构的主导角色,权利提升的同时也将承担更多的义务。尤其是电子商务平台从生态系统中充分受益之时,相较于平台商户和消费者其处于优势地位,因此应对网络生态系统的构建尽到相应义务。在司法实践中,电子商务平台起初因与消费者没有直接合同关系而免于承担责任,后来《电子商务法》明确规定平台经营者应当承担安全保障义务,违反该义务应承担相应责任。

电子商务平台角色的变化导致其责任的变革,而责任强化后就倒逼平台重视企业合规。电子商务平台应当通过平台规则明确交易流程,规范平台商户行为。但是平台拥有海量商户,无法与平台商户一对一协商沟通并制定规则。因此,电子商务平台作为网络生态系统的主导者,往往利用其优势地位,通过"格式条款"搭建交易规则,以期与其他平台商户、消费者共同致力于网络交易的健康发展。

无论是平台商户还是平台中的消费者,在进驻平台或接受平台提供的服务前,都需要在线点击平台服务协议,只有接受协议,才能获得该电子商务平台的准入资格。在协议中,电子商务平台通常都会明确规定平台商户的义务,如接受平台的审查、管控与处理等。平台商户同意电子商务平台的协议,即要受到相关交易规则的约束。换言之,平台商户通过牺牲一定的自由获取进入电子商务平台的资格。

由于平台规则通常是格式条款,由电子商务平台单方制定和修改,基本不允许平台商户进行协商或修改,因此,在一定程度上限制了平台商户的条款磋商自由。平台规则"格式条款"的效力一直是电子商务平台诉讼中的主要争议焦点,《民法典》第496条、第497条等都对格式条款进行了规制。格式条款的效力主要从以下两个方面进行判定:其一,电子商务平台是否采取合理方式提请平台商户注意免除或者限制其责任的条款;其二,协议中是否存在免除己方责任、加重平台商户责任、排除平台商户权利的无效情形。

在案例十六中,首先,"拼多多"虽然设定的平台规则是格式条款,但"拼多多"已经履行了充分合理的告知说明义务。其次,作为商事交易主体,平台商户应更加专业和理性,对待平台协议应具备更加谨慎的注意义务。最后,电商并非垄断行业,平台商户有选择签订或拒绝协议的自由。综上,平台商户点击接受《拼多多平台合作协议》,即应接受《拼多多假货处理规则》。

(二)消费者赔付金的属性

为了更好地维护消费者合法权益,保障交易安全,很多电子商务平台在入驻协议中对平台商户提出"假一赔十"的要求。本案中的"消费者赔付金"是电子商务平台经营者行使自治管理权利处理违规商家、保护消费者合法权益的资金。当商家违反协议,有销售假货等行为时,电子商务平台可以扣划商家保证金甚至货款赔付给消费者。消费者赔付金制度无须消费者发起,突破了传统的“不告不理”模式,更加及时甚至超前地保障消费者权益,降低了维权成本,同时促使企业合法经营。

关于消费者赔付金制度的定性和效力,学界认识不一。有的学者认为,网络服务合同中的十倍赔偿突破了《民法典》中关于违约金的限制,应属无效约定。有的学者认为,应根据平台商户的违约情形,在协议约定的十倍范围内予以酌定违约金。[1] 但是更多学者秉持支持及认可的态度。[2] 熊丙万认为,消费者赔付金制度是电子商务平台积极发挥自律管理职能的体现,可以激励平台商户合规经营,也体现了平台企业的社会责任意识。高富平认为,从最初电子商务中为增强消费者网上交易信心的“交易风险补偿金”,到《第三方电子商务交易平台服务规范》中的平台商户“卖家保证金”,再到最近的消费者赔付金,其本质均是类似的,旨在更好地保障消费者权益营造诚信的网络交易环境。根据实践的发展和规范的制定,国家对消费者赔付金显然持支持态度,允许电子商务平台在不违反法律和行政法规的情况下,对消费者保护进行制度创新。刘晓春认为,电子商务平台的规则已经超越了传统合同法中具有相对效力的合同范畴,由于其被公示在平台中,可以使不特定公众产生信赖利益,因此,不宜再适用合同思维解决消费者赔付金的问题,削足适履。

在该案中,法院从受益主体、权利来源、责任承担对象、适用标准四个方面详细解读了消费者赔付金与违约金的区别。消费者赔付金制度涉及电子商务平台、平台商户、消费者三方主体关系。平台商户是赔付主体,消费者是赔付对象,电子商务平台则处于监督赔付的法律地位。监督赔付的权利来源于电子商务平台与平台商户签订的平台规则,当平台商户违反平台规则侵害消费者权益时,电子商务平台负有监督平台商户履行对消费者承诺的权利。这种“监督”措施包括要求平台商户向消费者支付赔付金、采取强制措施扣划相应款项作为消

[1] 邓鑫:《第三方电商平台自律管理规则的效力》,载《人民司法》2018 年第 32 期。

[2] 以下观点,参见余东明:《消费者赔付金制度的建立和完善 网络环境下消费者权益保护创新举措研讨综述》,载《法制日报》2018 年 7 月 25 日,第 12 版。

费者赔付金赔付消费者等。(见图5-1)[1]

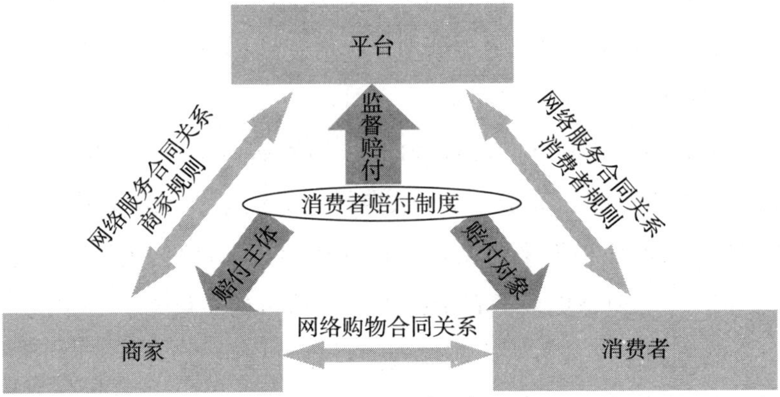

图5-1 消费者赔付金制度体系

作为新兴消费者权益保护模式,消费者赔付金制度具有多重价值。消费者赔付金制度有利于保障消费者权益,由消费者费时费力维权向电子商务平台主动监管替消费者维权转变,降低消费者维权成本,提高维权效率。消费者赔付金制度有利于促进平台商户合法经营,以往依靠消费者单独维权的模式,对于平台商户的威慑力度小。现在的制度安排则需要对所有受损消费者承担赔付责任,倒逼平台商户合规经营。消费者赔付金制度还有利于净化网络交易环境,电子商务平台通过打击平台商户违法行为,保护消费者合法权益,促使平台商户良性竞争,形成健康的网络交易环境,促进网络经济的发展。

(三)电商平台规则的自治属性

《电子商务法》第32条规定:"电子商务平台经营者应当遵循公开、公平、公正的原则,制定平台服务协议和交易规则,明确进入和退出平台、商品和服务质量保障、消费者权益保护、个人信息保护等方面的权利和义务。"该规定即是电子商务平台对平台中的经营活动和平台商户进行管理的依据。

虽然学界和司法实务界多从格式条款方面解读平台规则的法律适用问题,

[1] 《互联网司法研究专栏第5期丨电子商务领域消费者赔付金制度研究》,载搜狐网2021年1月11日,https://www.sohu.com/a/418758176_100017141。

但是在宏观的网络治理层面,平台规则为典型的自治规范。基于平台长久运营的需要,其必然需要将良好的自治置于重中之重。只有健康的交易环境才能让平台商户和消费者形成使用黏性。电子商务平台的自治不仅是为了应对监管要求,也是为了自身的发展需要。

由于很多电子商务平台已经集聚有成百万、上千万的平台商户及几亿的消费者人群,庞大的数量俨然形成一个自身的网络生态或互联网社区,大型的电子商务平台逐渐具有一定的公共属性。对于这样的准公共性电子商务平台的治理,由于信息及资源劣势,政府监管难以胜任,还需依靠电子商务平台自身的技术及资源优势。正如《电子商务法》第 7 条规定:"国家建立符合电子商务特点的协同管理体系,推动形成有关部门、电子商务行业组织、电子商务经营者、消费者等共同参与的电子商务市场治理体系。"电子商务平台事先规定协议明确平台、平台商户和消费者的权利义务,通过内部的相关措施解决纠纷,系完全自治的状态。

根据上文所述,消费者赔付金制度在形式上和制度设计上均不同于传统的惩罚性违约金或赔偿金,是在电子商务平台自治背景下的新型惩罚赔偿金安排。《电子商务法》第 58 条、《消费者权益保护法》第 44 条等均为消费者赔付金制度提供了法律依据。消费者赔付金制度属于平台自治规则中保障消费者权益和维护市场交易秩序的规则安排,是电子商务平台治理的积极创新,制度安排和制定程序均符合法律的相关规定,系对消费者倾斜保护的制度设计。[1]

《电子商务法》第 3 条规定,国家鼓励电子商务发展创新。对于因创新带来的自治规则,可能超越既有法律的制度安排。如果一味注重规则的合法性而忽视电子商务发展的自治特性,否定平台规则的创新,则会扼杀电子商务平台的创新积极性。对于平台自治规则创新与国家管制之间的冲突与协调,应该以不违反法律强制性规定和公序良俗为基本原则,在自治与管制之间寻求平衡与共赢。

---

〔1〕 郗立军、江翔宇:《平台自治规则之法律地位与合法性研究》,载《上海法学研究》2019 年第 13 期。

第二节 直播打赏涉及的法律问题

随着互联网的不断发展,网络直播打赏作为一种新兴的经济模式发展起来。尤其是自2016年起,我国网络直播行业迅速发展,各大网络直播平台也相继在直播间开通了直播打赏功能,一时间掀起直播打赏的热潮。

直播打赏并不具有强制性,浏览直播平台内容的观众可以自由观看直播,且无须付费,如果观众喜欢某个主播(含直播内容),或者想要与主播互动,那么观众就可以给主播打赏。目前直播打赏的基本运作模式是浏览直播平台内容的观众通过直播平台购买虚拟货币,再用虚拟货币兑换虚拟礼物,在观看主播直播时,将虚拟礼物打赏给主播。主播并非瞬时可以获得观众打赏礼物对应的现金,而是在下播之后由平台对礼物进行折抵计算,并按照之前约定的比例由平台与主播(或者平台、经纪公司、主播)进行分成。[1] 自2016年起,"江苏某男会计挪用公款930万元,其中766万元用于直播打赏""河南12岁少年狂刷3万打赏主播"等有关直播打赏的事件一次次刷新我们的认识,给社会和所涉及家庭都带来了巨大的影响。

网络直播打赏事件的背后牵涉很多法律问题,亟须规制。2020年10月28日,中国演出行业协会网络表演(直播)分会在今年的直播电商与短视频发展年会上宣布,将于年内针对网络直播打赏行为出台指导规范。该规范主要是为了解决目前网络直播中存在的激情打赏、高额打赏和未成年人打赏三大问题。[2] 国家广播电视总局于2020年11月12日出台了《关于加强网络秀场直播和电商直播管理的通知》,对以上问题作出了规制。

---

〔1〕 罗敏、苏敏:《论网络直播打赏的法律性质》,载《人民司法》2020年第19期。

〔2〕 《网络直播打赏行为规范即将出台 网友直呼:好政策!》,载百家号2020年12月26日,https://baijiahao.baidu.com/s?id=1681780256890472268&wfr=spider&for=pc。

一、直播打赏纠纷案例实战

案例十七　刘某某与俞某合同纠纷案[1]

【案号】广州互联网法院(2018)粤0192民初2号

【案情简介】YY直播平台是由华某公司运营的互联网直播平台，俞某是在该直播平台注册的用户，刘某某是在该平台频道号为24064的直播间进行直播的直播发布者。

兴戎公司是对直播发布者进行管理、培训、包装的机构，在该直播平台的名称为公会，王某是兴戎公司的法定代表人。刘某某是受兴戎公司管理的直播发布者，上述频道号为24064的直播间是使用YY账号139××××74822开通的，该YY账号在2017年4月前实名认证的用户是王某。

任何浏览该直播平台的人均可观看该频道号为24064的直播间的全部直播内容。用户在观看直播内容之余，如需与直播发布者进行互动，则需要注册账号。注册账号时需同意《用户注册协议》，注册后，可以用真实货币充值换取虚拟货币"Y币"，"Y币"可以用于购买虚拟货币"红钻"或者开通"公爵""守护"等身份标志(以与一般的用户相区别，用户购买后会有不同的标记)。用户在观看直播过程中不需要为观看支付对价，而是在其对直播发布者的直播内容感到满意或者赞赏的情况下，可以自愿用"Y币"或"红钻"为直播发布者购买各种虚拟的礼物，即"打赏"，在购买后的短时间内直播间的屏幕会因礼物不同而呈现各种不同的特效。用户"打赏"后，直播发布者可能会对"打赏"者以语言或专门表演方式表示感谢，但该语言或表演是该直播间的所有观众都可以看到、听到的。因用户购买礼物的行为，直播发布者的账号内会增加一定数值的虚拟货币"蓝钻"，"蓝钻"可在YY平台兑换成真实货币(换得的真实货币通常少于用户购买"Y币"时花费的真实货币)。兑换完成后，华某公司会向直播发布者使用的YY账号的实名认证用户绑定的银行账户支付款项。庭审中，兴戎

---

[1] 该判决已生效。

公司与刘某某陈述,他们对该获得的款项以3∶7的比例分成。

VP在该直播平台的含义为频道管理员,拥有一定的管理某个直播间的权限,确认或取消直播间的VP是该直播间创设者的权限之一,对于谁担任VP及担任VP的期限,没有限制性的规定。

刘某某用自己的网名“慢热7”、自己的形象和声音在该频道号为24064的直播间直播,进行歌舞等表演。

俞某自2015年4月开始观看YY直播,在该平台消费约409,509.06元。其中,俞某自2017年2月开始观看刘某某的直播,并向刘某某“打赏”一百次以上,每次金额在0.1元至数千元不等,至2017年4月,俞某在刘某某的直播间消费共计44,294.28元,另开通公爵花费12,000元、开通守护花费2997元。刘某某曾向俞某返还10,000元。

2017年3月19日,俞某向刘某某“打赏”了较大金额的礼物,成为当天打赏礼物最多的人,被刘某某设置为该直播间的VP。俞某在诉讼中提交了一段视频,显示“慢热7”在直播中说:“这里作一个承诺吧……王某说了,这个VP给他卡上了就永远不能下了,除非你自己脱网,除非你自己脱这个VP以外,永远都不能下,从此以后你就要成为我YY直播路上的人生导师,你准备好了吗?”

俞某在诉讼中另提交了一段视频,显示一名女子称“我们家的规矩就是榜首给VP啊”,但不能证明说话人的身份、说话时间、说话背景等。

2017年4月7日,刘某某取消了俞某的VP权限,原因是刘某某不认可俞某私下通过微信转账、赠送礼物的行为,双方的价值观产生分歧。后俞某以刘某某为被告向黑龙江省哈尔滨市南岗区人民法院提起诉讼,以刘某某未经其同意擅自撤销其VP为由,提出诉讼请求:(1)因刘某某合同违约故要求解除合同,并让刘某某返还礼物,价值61,368.6元;(2)判令刘某某承担本案诉讼费用。

【裁判观点】法院在本案中认定,直播平台为用户提供平台服务,俞某通过华某公司提供的YY直播平台观看直播、进行充值和“打赏”,俞某与华某公司之间成立网络服务合同关系。

用户对直播发布者的“打赏”,一般成立赠与合同关系。任何浏览该直播平台的人均可观看该频道号为24064的直播间的全部直播内容,刘某某的直播表演不需要支付对价。根据《合同法》(已废止)第185条和第190条[1]，俞某基于观看直播后对刘某某表演的满意、赞赏，向刘某某以“打赏”的方式赠与金钱，在“打赏”的同时没有向刘某某设定义务，是无偿、单务的合同，由此形成的是赠与法律关系。

VP是一种管理身份，据以行使一定的管理权限，根据《合同法》(已废止)第396条[2]，刘某某向俞某授予VP身份，形成委托合同法律关系。由于在俞某赠与之前，刘某某或俞某均未向对方发出有关赠送礼物以换取VP的要约或承诺，因此，刘某某给俞某授予VP身份，与俞某赠与刘某某礼物，并非同一合同关系，而是各自在履行委托合同和赠与合同的义务，两个合同之间没有对应的关系。

俞某与平台公司之间成立服务合同关系，俞某与刘某某之间形成赠与合同关系。根据《合同法》(已废止)第54条[3]，在这两个合同关系订立前或订立时，没有证据证明俞某对该服务合同或赠与合同存在重大误解，或者该合同显失公平，或者华某公司、刘某某对俞某进行了欺诈、胁迫或乘人之危。根据《合同法》(已废止)第192条[4]，没有证据表明赠与合同附有义务。赠与合同与委托合同分属不同的法律关系，故俞某VP身份的获得或失去与俞某向刘某某赠与礼物的赠与合同没有关系，俞某不能因其被刘某某撤销VP身份而要求撤销该赠与合同。因此，俞某诉请撤销其消费礼物的合同缺乏事实和法律依据。

根据《合同法》(已废止)第41条[5]，委托合同的双方拥有任意解除权，可以任意解除。刘某某取消了俞某的VP身份，是行使任意解除权解除委托关系。另外，刘某某由于没有对俞某约定报酬，属于无偿委托，解除委托关系，俞某没有任何损失，故刘某某无须向俞某赔偿损失。

最终，广州互联网法院于2019年1月7日判决驳回原告的全部诉讼请求。

---

〔1〕 对应《民法典》第657条、第661条。

〔2〕 对应《民法典》第919条。

〔3〕 对应《民法典》第151条。

〔4〕 对应《民法典》第663条。

〔5〕 对应《民法典》第498条。

本案一审宣判并送达后,原、被告均未提出上诉,该判决已发生法律效力。

【律师评述】司法实践中,对直播打赏行为法律性质的认定主要存在服务合同和赠与合同两种观点。

有的学者认为,主播在网络直播平台上进行的各种表演,系其为平台用户提供的服务,观看表演的用户的打赏行为是对服务的购买。直播一般具有歌舞表演、吃播、解说等具有表演性质的内容,每个观众的观看需求不同,主播可以根据用户的不同要求提供相应的表演。观众进行打赏,往往带有一定的目的,以期获得主播的关注或让主播提供相应的表演。因此,表演就是主播提供的服务内容,对观看的用户形成一定的债权,而观众直接观看表演,则是对劳动服务的接受,对网络主播形成了一定的债务,此时观众的充值打赏等行为就相当于债务人对主播债权进行清偿。[1] 但是,在直播中,观众接受了服务也可能不进行打赏,打赏之后也不一定能享受到服务,是否进行打赏及打赏多少具有很大的随意性,取决于观众的内心体验与评价。从一个较长的时间维度来看,打赏特别是随着表演不断升级的反复多次打赏,具有明显的交易对价特点。因此,直播打赏行为属于服务合同。

有的学者认为,观众对于是否进行打赏具有高度的自主性和自愿性,观看直播的观众并非被要求强制打赏,打赏与否完全取决于观众。即使观看表演后,观众不进行打赏,也没有任何问题。实际上,观众的打赏行为表示对主播的支持和喜欢,赠与合同是诺成合同。在观众实施打赏行为后,观众与主播之间就达成了意思表示的合意,赠与合同成立且生效。并且,在出现巨额打赏时,打赏金额与主播的表演服务明显失衡,这不符合服务合同中劳务与价值对等的要求。[2] 因此,直播打赏行为属于赠与合同。

本案被评选为最高人民法院发布的10起互联网司法典型案例之一,清晰界定了网络直播中用户、直播发布者与直播平台之间法律关系,明确了"直播打赏"行为的法律性质。本案通过对网络直播相关法律关系和法律行为的界定,

---

〔1〕 潘红艳、罗团:《网络直播打赏的法律性质认定及撤销权行使》,载《湖北警官学院学报》2018年第4期。

〔2〕 文慧:《论未成年人的网络直播打赏行为》,载《西部学刊》2019年第1期。

明确了各方主体的权利义务,有助于规范网络直播行为,促进网络直播行业健康发展。

二、直播打赏的法律性质

在以往的司法实践中,法院较少直接明确直播打赏行为的法律性质,毋庸置疑,观众与直播平台之间成立网络服务合同法律关系。观众通过直播平台观看表演,并进行打赏,直播平台为观众提供服务。观众购买和使用虚拟货币的行为均是借助直播平台实现,直播平台收取服务费,直播平台与观众之间形成的法律关系是双务有偿的服务合同。

如无证据证明观众在打赏前后要求主播履行具体的合同义务,则观众与主播之间形成赠与合同法律关系。《民法典》第 657 条规定:“赠与合同是赠与人将自己的财产无偿给予受赠人,受赠人表示接受赠与的合同。”观众在观看直播时,可以不用支付任何对价。当观众喜欢某个表演时,可以向主播打赏。此时,打赏是观众纯粹的欣赏自发行为,观众对表演的喜欢和满意并非合同的对价,观众并没有向主播施加某种义务。单务、无偿的合同特征表示该合同属于赠与合同。

赠与合同与服务合同的根本区别在于,赠与合同是单务无偿合同,服务合同是双务有偿合同。除了上述一般性直播打赏行为,有的观众在进行打赏时,明确给主播施加了某种义务,此时观众与主播可能形成服务合同等其他双务合同关系。例如,有的主播明确表示,当观众打赏达到特定数额时,可以进行特定表演;有的平台甚至明确,如果观众支付一定费用,可以与主播单独互动或聊天等。由于观众与主播或平台已经有事先约定的合同义务,因此,二者之间形成双务有偿的服务合同或其他合同关系。

认定直播打赏行为是服务合同的学者,主要是基于打赏与主播之间相互促进的积极影响。但是,打赏行为具有自发性,是否进行打赏完全出于观众自愿;打赏行为还具有非对价性,打赏的金额没有固定标准,甚至可能出现较大差异,主播在接受打赏后也并没有因此负有明确的义务。另外,打赏观众具有非固定性,把直播间中的全体观众看作合同一方的观点难以自圆其说。如果将直播打赏行为看作服务合同,观众可能会动辄要求解除合同、退还打赏款项或无理由要求继续履行合同,尤其是在对价不明确的情形下,直播和观众的主体权利义务边界不清,因此,不宜将直播打赏行为认定为服务合同。

另外,正如案例十七所判,将直播打赏行为认定为赠与合同并不影响法定条件下打赏款的退还。例如,对于未成年人的直播打赏行为,可以依据《民法典》第 143 条和第 157 条中民事法律行为效力的相关规定。赠与合同作为有名合同,受到《民法典》合同编中相关规定的约束。另外,当观众的合法权益受损时,还可以依据《民法典》侵权责任编要求追究主播或平台的责任。

综上所述,观众与主播之间的直播打赏行为成立赠与合同,除非有证据证明主播在接受打赏前后需要履行特定明确的合同义务。

第三节　未成年用户直播打赏行为认定

新时代背景下,网民呈现低龄化趋势,在有关直播打赏的新闻报道或法律案件中,未成年人直播打赏占据多数,如 12 岁少年沉迷直播狂刷十余万元打赏主播,未成年用户高额打赏主播案件对家庭和社会都会产生严重的不良影响。

在未成年人直播打赏案件中,未成年用户一方为原告,直播平台为被告,原告的主张通常是无民事行为能力人作出的民事行为无效,或限制民事行为能力人作出且未经过监护人事先同意或者事后追认的民事行为可撤销。在司法实践中,案件的争议焦点主要在于当事人是否适格、如何识别交易主体等。对此,各个法院的认定标准莫衷一是。

通过梳理既有案例,笔者发现,在未成年用户直播打赏的 7 个案例中,有 5 个案例的原告败诉,裁判理由中均有"原告证据不足,无法证明打赏行为确由未成年人作出"。还有法院认为,未成年人的监护人并非合同当事人,不具有诉讼资格。在另外 2 个原告部分胜诉的案例中,法院根据证据对交易主体为未成年人作出了合理推定。因此,如何对交易主体进行识别是未成年用户直播打赏案件裁量的关键。

一、未成年人打赏案例实战

案例十八　郑某涵与蜜某坞公司网络消费合同纠纷案

【案号】北京市第三中级人民法院(2018)京03民终539号

【案情简介】映客系蜜某坞公司经营的实时直播媒体,于2015年5月上线。其注册和登录方式有微博/微信/手机号/QQ号。通过手机号注册登录的用户,映客发送手机验证码确认使用者的身份。映客内的用户信息由用户本人进行填写。用户可以通过映客淘宝旗舰店或者微信公众号等方式购买虚拟币(钻石)。钻石购买后系统直接存入"映客"账号中。钻石可以兑换相应礼物,打赏主播。

根据蜜某坞公司提供的涉案映客注册信息显示:涉案账号实名认证人为刘某娟,系郑某涵之母。该账号于2016年1月27日注册。注册信息显示:手机号:177××××6696(实名认证人为刘某娟);绑定时间:2016年2月19日;姓名:刘某娟;身份证号:××××;认证时间:2016年4月30日。郑某涵对此予以认可。经查,手机号177××××6696由郑某涵使用。郑某涵于2015年年底到加拿大读书,生活费和学费由母亲刘某娟负担。涉案账号系其于2016年1月27日在加拿大下载映客App,通过微信号××××59X1(实名认证人为刘某娟,绑定手机号为郑某涵使用的177××××6696)进行注册。当时注册不需要实名认证。该映客账号注册后一直由其使用。

郑某涵陈述:打赏对象主要是小男孩儿,长得好看,说话好听,所以打赏。郑某涵与主播主要进行聊天的活动。当庭打开涉案"映客"账户中"××老张"的页面,显示其在做游戏直播。法院对映客账号内信息的真实性予以确认。

根据郑某涵与蜜某坞公司提供的交易记录显示,与蜜某坞公司有充值交易的账户是:支付宝账户136××××8198、支付宝账户1-43××××7099、微信号××××59X1、微信号××××0818。郑某涵提供支付宝注册页表示账号"1"是加拿大的区号,"43××××7099"是郑某涵在加拿大使用的手机号,以此证明与蜜某坞公司进行交易的人是在加拿大留学的郑某涵。

上述四个账户的实名注册人及绑定手机号的实名认证人均为刘某娟。其中,支付宝账户136××××8198绑定刘某娟自己使用的银行卡,绑定的手机号136××××8198使用人是刘某娟,账户钱款来源于刘某娟的银行卡。支付宝账户1-43××××7099绑定一张刘某娟不直接使用的银行卡,账户绑定的手机号143××××7099使用人是郑某涵。微信号××××59X1绑定的手机号177××××6696使用人是郑某涵。微信号××××0818绑定的手机亦是143××××7099。后三个账户内钱款来源:一部分来源于刘某娟为郑某涵留学生活在加拿大银行设立的学生账户,一部分来源于刘某娟的银行账户。

自2016年1月27日至2017年4月1日,上述账户与蜜某坞公司共计发生863笔映客虚拟币充值交易,共计524,509元,单笔最高金额为19,998元,单笔最低金额为6元。除此之外,郑某涵陈述另有133,225元系他人帮忙向涉案映客账号充值。但郑某涵仅能提供其转账给他人款项的支付宝、微信明细,也未能提供他人将该钱款充值到涉案"映客"账号的证据。法院对郑某涵主张的该部分金额不予确认。

刘某娟曾与郑某涵就支付记录进行沟通,得知充值消费及直播打赏的行为系郑某涵所为。郑某涵陈述刘某娟发现其购买虚拟币后,就修改了支付宝账户136××××8198的密码并解绑银行卡,但其仍能使用支付宝账户1-43××××7099、微信号××××59X1、微信号××××0818从蜜某坞公司购买"映客"虚拟币。虽然三个账号绑定的手机实名认证人是刘某娟,但手机实际使用人均是郑某涵,故刘某娟不知道上述三个账号的使用情况。刘某娟表示自己陪读期间,采取了各种措施控制郑某涵使用"映客"。郑某涵表示其已上瘾,控制不住。

【裁判观点】本案争议焦点为:(1)郑某涵是否为涉案网络消费合同的签订与履行主体;(2)郑某涵与蜜某坞公司之间的网络消费合同的效力问题及郑某涵要求蜜某坞公司返还交易款项的请求是否成立。

第一,郑某涵是否为涉案网络消费合同的签订与履行主体。从涉案"映客"账号的注册情况看:郑某涵陈述其注册"映客"账号的地址在加拿大,并陈述注册过程中的细节。郑某涵、刘某娟护照中的出入境记录显示:注册该账号当日,郑某涵在加拿大,刘某娟在中国境内。故郑某涵的陈述与出入境记录情况相符。蜜某坞公司虽不认可郑某涵的意见,但其在法院审理过程中无法提供涉案"映客"账号注册时的IP地址的位置。涉案账号的注册时间与本案起诉时间属同一自然年度,作为掌握"映客"数据的经营者,蜜某坞公司在争议"映客"账号已涉诉讼后,未能及时主动保存与该账号相关的重要数据,其应承担举证不利的后果。故对于郑某涵主张的涉案账号的注册情况,法院予以确认。

从涉案"映客"账号的使用情况看,郑某涵提供的个人陈述主要包含如下几方面内容:使用涉案账号的方法、打赏主播及自己做主播的情况、所喜爱的主播的特点、将涉案账号设置成神秘人的细节等。这些陈述内容符合"映客"的使用方法,亦均符合郑某涵的年龄特点。涉案账号内显示的互动过的主播的个人情况及打赏和收赏记录亦可以与郑某涵的陈述相互印证。在庭审当天,郑某涵可熟练指导委托诉讼代理人及法院打开涉案账号核实相关情况,包括如何将设置成神秘人的账号变更为可显示身份信息的用户。

郑某涵向法庭陈述其隐瞒母亲刘某娟购买"映客"虚拟币,其提供的微信截图则记录了母亲刘某娟发现郑某涵购买"映客"虚拟币的过程。该过程显示:刘某娟发现银行账户异常——质问郑某涵钱的去向——郑某涵不承认——刘某娟通过各种方法教导郑某涵——郑某涵仍不承认——刘某娟用更换监护人来警告郑某涵——郑某涵承认——刘某娟发现自己被郑某涵屏蔽,无法监控郑某涵手机使用情况——郑某涵否认屏蔽刘某娟。上述微信内容符合家庭生活中家长管理教育孩子的过程,也与郑某涵隐瞒母亲刘某娟购买虚拟币的陈述相印证。

根据郑某涵的陈述,结合本案其他证据,已经形成了相对完整的证据链,足以证明郑某涵系涉案账号的注册和使用者。蜜某坞公司否认涉案账号的注册和使用者是郑某涵的主要依据为"映客"显示的信息为刘某娟,但前述证据链所形成的证明效力足以否定"映客"留存信息的证明力。故对于郑某涵主张其为涉案网络消费合同的签约与履行主体的上述意见,法院予以采纳。对于蜜某坞公司主张合同主体系刘某娟的抗辩意见,法院不予采信。

第二，郑某涵与蜜某坞公司之间的网络消费合同的效力问题及郑某涵要求蜜某坞公司返还交易款项的请求是否成立。根据《民法典》第19条的规定，限制民事行为能力人订立的合同经法定代理人追认后，该合同有效，但纯获利益的合同或者订立合同行为与其年龄、智力、精神健康状况相适应，则不必经法定代理人追认。

由查明的情况可知，在短暂两个月左右的时间内，郑某涵消费支出387,755元，一天之内最高消费达到50,000多元，已远远超过一个没有收入的未成年人正常的消费水平。而作为郑某涵的法定代理人，刘某娟不仅在生活学习上负有对郑某涵进行照看、教育的法定义务，同时在郑某涵对外进行网络消费等社会活动中，也负有管理、监督的法定义务。现面对多笔、持续、大额、不合常理的财务支出，作为郑某涵的法定代理人和钱款的所有人，刘某娟未尽到必要的谨慎核查的义务。同时，郑某涵与蜜某坞公司进行的网络消费交易均使用刘某娟的名义，无论支付账号是否绑定了刘某娟可查收交易款通知的手机号，作为法定代理人和钱款的所有人，刘某娟均可通过一般性的账户管理手段获悉支出情况，辨识交易内容。而刘某娟并未对自己未成年子女独自在国外留学的生活情况给予更多的关注，也未尽到一般账户管理人对自己的个人信息和账户内财务谨慎管理的义务，放任郑某涵对外无节制的网络消费。刘某娟对该阶段郑某涵的大额网络交易消费所采取的放任态度，已经构成对郑某涵交易行为的默认。故此期间内的网络消费合同不宜以郑某涵系限制行为能力人、法定代理人未予追认为由而认定无效。对于郑某涵要求返还此期间交易款项的请求，法院难以支持。

刘某娟在明知郑某涵曾存在大额充值涉案“映客”账号的行为，且现仍存在郑某涵不听劝阻进行充值消费的情况，而没有采取进一步的合理措施，向网络消费合同的交易对方声明真实交易人身份，作出否认郑某涵交易行为的意思表示，致使交易并未实际停止，损失进一步扩大。因此，该阶段网络消费合同亦不宜认定无效，刘某娟对此应承担全部责任。故郑某涵要求蜜某坞公司返还此阶段交易款项的请求，法院不予支持。

2016年5月26日刘某娟向蜜某坞公司发送律师函之日至2017年4月1

日，郑某涵通过刘某娟名下支付宝账户1－43××××7099、微信号××××59X1、微信号××××0818充值涉案"映客"账号共计49,120元。刘某娟通过发送律师函的方式向蜜某坞公司明确提出了异议，披露了真实使用者非其本人且为未成年人的情况。刘某娟的行为应视为对郑某涵交易行为的明确否认。蜜某坞公司系"映客"的经营者，不仅是网络消费合同的一方，亦是网络消费服务的提供者，对于涉案网络消费的交易安全具有管理责任。在刘某娟的律师函披露了涉案账号异常情况后，作为网络消费服务的提供者和网络消费合同的一方，无论是从管理职责还是从交易风险角度出发，蜜某坞公司均应及时暂停交易，核实交易对方的真实身份。但蜜某坞公司未能采取相关措施，甚至在郑某涵于2016年10月起诉本案纠纷后，仍然与涉案"映客"账号存在充值交易行为。直至一审法院判决后，蜜某坞公司才关停涉案账号的金融功能。故蜜某坞公司未能履行其作为网络消费服务提供者的责任，放任与未成年人进行网络消费交易的风险发生。现刘某娟对郑某涵的交易行为明确予以否认，故此阶段的网络消费合同应认定无效，蜜某坞公司负有返还郑某涵交易款项的义务。对于郑某涵要求蜜某坞公司返还该阶段交易款项的请求，法院予以支持。经法院核算，蜜某坞公司应返还郑某涵人民币49,120元。

【裁判结论】郑某涵请求确认2016年2月至2017年4月1日与蜜某坞公司发生的购买"映客"虚拟币的买卖合同全部无效的请求，依据不足，法院不予支持。郑某涵要求返还上述期间内交易款657,734元的请求部分成立，对成立部分的上诉请求，法院予以支持。郑某涵要求支付交易款利息的请求，缺乏依据，法院不予支持。

【律师评述】本案中，法院基于未成年人监护人及平台双方的过错，最终判决平台返还了未成年用户打赏的部分金额。但鉴于国家广播电视总局2020年11月12日发布的《关于加强网络秀场直播和电商直播管理的通知》中明确要求网络秀场直播平台要对网络主播和打赏用户实行实名管理，未实名制注册的用户不能打赏，且重点要求了未成年用户不能进行打赏活动。因此，在司法实践中，如果直播平台不能证明其已经充分履行了审查义务，则面临退还未成年用户打赏的全部款项的风险。

二、直播打赏交易主体的识别

未成年用户直播打赏案件的裁判关键是交易主体的识别。只有法院将交易主体识别为未成年人，才能进而适用《民法典》第144条和第145条判断打赏行为的法律效力。在司法实践中，由于网络环境的复杂化和非面对面交易，未成年用户通常使用其法定代理人的账号登录直播平台，或者冒用法定代理人的手机号等信息注册后登录直播平台。

根据最高人民法院《关于适用〈中华人民共和国民事诉讼法〉的解释》第90条规定："当事人对自己提出的诉讼请求所依据的事实或者反驳对方诉讼请求所依据的事实，应当提供证据加以证明，但法律另有规定的除外。"因此，在诉讼中，法定代理人需要就其并非交易相对人，未成年用户才是实际的充值打赏人进行举证。

在司法实务中，通常能够帮助法院识别交易主体的证据有以下几类：第一，直播打赏时的视听资料。未成年用户通常基于对主播的欣赏而作出打赏行为，如果法定代理人能够提供未成年用户与主播在平台上的聊天文字、语音或视频互动等资料，将能够有力证明交易行为发生时账号系由未成年用户控制，同时证明未成年用户是在法定代理人不知情的情况下进行的打赏消费。第二，打赏的对象和时间。根据直播打赏的对象是否符合未成年用户的喜好、打赏时间是否符合未成年人作息来识别交易主体是否为未成年用户。当法定代理人就未成年用户的交易习惯、打赏对象和时间、对账户密码的熟悉情况等证据的证明达到高度盖然性时，法院可以将交易主体识别为未成年用户。在司法实践中，未成年用户通常是隐瞒家长观看直播进行打赏，因此，打赏行为具有"单次少量、次数多、总额较大"等特点。第三，当事人陈述。法庭可以根据当事人的陈述判断未成年用户对直播打赏行为的认知、法定代理人是否使用过直播账号、法定代理人与未成年用户的关系等。如果当事人在法庭调查中的陈述内容与涉及的直播账号中的交易记录相符，则在与其他证据相互佐证的情况下，当事人的陈述可以作为交易主体识别的证据。第四，直播打赏行为发生时的交易主体所在地。正如案例十八中,IP 地址、出入境记录均可以判断直播打赏行为发生时交易主体的地址。尤其是在未成年用户与法定代理人分隔异地的情况下,法庭通过调取直播平台的后台数据即可得知交易行为发生时观众的实际 IP 地址,再通过法定代理人出具的所在地证明,以此判断打赏行为的主体是否为未成年用户。由于原告方获取 IP 地址等后台数据相对困难,因此应该由平台方予以出具,通过举证责任的倒置缓解原告方的举证难题。[1]

三、未成年用户作为直播打赏交易主体的民事行为能力的判别

根据《民法典》的规定,无民事行为能力人实施的民事法律行为无效,限制民事行为能力人实施的经其法定代理人同意或者追认的民事法律行为有效。但是,限制民事行为能力人实施的纯获利益的民事法律行为或者与其智力、精神状况相适应的民事法律行为不需要其法定代理人的同意、追认也有效。

未满 8 周岁的未成年人,由于不具备民事行为能力,所以其充值打赏的行为无效。但是对于已满 8 周岁的未成年人,则需考虑其是否具备相应的民事行为能力。如何判断限制民事行为能力人的充值打赏行为是否与其年龄和智力相适应,则需要对其理解力、判断力、认知力等综合分析,看其是否真正理解法律行为的性质及交易后果。具体而言,在充值打赏时,限制民事行为能力人能否清楚其消费的实际价值。对此,需要个案判断。首先,将限制民事行为能力人充值打赏的数额与所在地区的该年龄段未成年人的消费水平相比较,如果相差不多,则可以认定该民事行为与其智力和年龄相符。如果远远高于平均水平,可以认定该民事行为与其智力和年龄不符。另外,除了一般环境影响因素外,限制民事行为能力人的家庭条件也是重要考量因素,也是影响他们消费习惯的重要因素。如果限制民事行为能力人打赏的金额全部来自自身控制且父母允许限制民事行为能力人自己支配,则完全可以认为打赏行为符合该限制民事行为能力人的智力和年龄。此时,可以推定父母事先同意限制民事行为能力

---

〔1〕 周熙莹、谭子恒、陈世杰:《未成年人网络直播打赏中交易主体的识别——以七个诉讼案例为样本》,载《黑龙江教师发展学院学报》2020 年第 12 期。

人的打赏行为。

四、未成年用户直播打赏行为的法律责任

《民法典》第157条规定:“民事法律行为无效、被撤销或者确定不发生效力后,行为人因该行为取得的财产,应当予以返还;不能返还或者没有必要返还的,应当折价补偿。有过错的一方应当赔偿对方由此所受到的损失;各方都有过错的,应当各自承担相应的责任。法律另有规定的,依照其规定。”由于未成年人的心智不成熟,面对网络中形形色色的直播活动,难以凭借自身的辨知能力控制自我消费。尤其是网络用户日趋低龄化,在直播平台中未成年人所占比例日益增高。

国家广播电视总局《关于加强网络秀场直播和电商直播管理的通知》规定,未成年用户不能打赏,拟通过使用实名验证、人脸识别、人工审核等技术手段减少未成年用户的打赏行为。根据通知的要求,直播平台和主播应该主动承担起保护未成年用户交易安全的义务。尽管直播平台的用户注册协议中会履行提示告知义务,但是格式条款提醒的实际意义不大。因此,网络直播平台应该加大技术投入,通过人脸识别等身份识别系统来对未成年人的打赏行为进行制约和认定。如果技术识别到交易主体为未成年用户,则应立刻关闭打赏功能,遏制消费的发生。如果直播平台没有尽到相应责任,其应对未成年用户的家庭承担赔偿责任。主播由于直接和观众接触,如果主播发现对方为未成年用户,则有义务告知直播平台,并终止交易。如果主播在明知交易对方为未成年用户的情形下,仍接受打赏,则应承担未履行警示义务而产生的损害赔偿责任。如果主播利用未成年用户的自控能力差等弱势引诱未成年用户打赏,则属于明显违反先合同义务的行为。

除了直播平台和主播应尽的义务外,未成年用户的法定代理人、监护人也应承担相应的义务,主要包括妥善保管银行账户、支付密码等个人信息,倘若法定代理人未尽相关义务而使未成年用户有机可乘实施打赏行为,法定代理人应该对于财产损失承担相应的责任。如果法定代理人发现未成年用户有打赏行为,则应该及时采取措施,承担监管义务,对未成年用户进行疏导教育,严防未

成年用户的打赏消费行为；如果法定代理人未尽相关义务，则应就相关经济损失承担相应责任。

第四节　直播带货所涉基础法律问题

直播带货是“互联网+经济”蓬勃发展中涌现出的新业态、新商业模式，实现了线上线下相互融合，完成了需求侧与供给侧的相互对接。根据中国消费者协会发布的《直播电商购物消费者满意度在线调查报告》数据显示，2019 年我国直播电商市场规模已达 4338 亿元。受新冠肺炎疫情影响，电商直播集聚爆发，同时也暴露出很多问题。

在电商“618”大促后，中国消费者协会发布《“618”消费维权舆情分析报告》，点名批评直播带货负面典型——某科技公司 CEO 罗某涉及鲜花枯萎、虚假宣称其商品“全网最低价”等相关问题。除此之外，还有很多 App 被点名批评。

中国消费者协会在 2020 年 4 月 2 日公布的《直播电商购物消费者满意度在线调查报告》中显示，有 37.3% 的受访消费者在直播购物中遇到过产品质量问题，但仅有 13.6% 的消费者遇到问题后进行维权投诉。维权率过低更使假货蔓延。

直播带货这一新模式涉及的主体身份多样，法律关系复杂，受到多部法律法规约束，在运行过程中可能会出现虚假宣传、刷单、侵犯知识产权、不正当竞争及消费者维权难等问题，同时也给监管工作带来很多挑战。因此，本部分拟对直播带货中的基础法律问题进行探讨研究。

一、直播带货的法律性质

作为新兴的电商交易模式，目前对于直播带货的法律性质的认识存在较大分歧，大致有三种观点：第一种，直播带货并不是一个全新的现象，网红在直播带货中所发挥的作用与传统公众人物的广告代言有很多共同点，网红进行直播带货符合《广告法》中有关商业广告的认定条件,因此,网红应当履行广告代言人的相关义务。第二种,直播带货系属电商交易的范畴,并不属于商业广告,因而不适用《广告法》的规定。网红直播带货与线下商场的现场推销并无二致,但是线下的商场推销行为并不会在执法实践中被认定为商业广告,线上线下的推销本质一样,网红直播带货也不应纳入《广告法》的调整范畴。第三种,网红直播带货是具有商业广告特征的电子商务活动,但又同时具有商业广告所不具有的一些特性,如社交互动性、直观的体验性和明显的交易属性。鉴于网红在直播带货时与商家及电子商务平台之间的法律关系不一样,是否认定为商业广告应当根据具体情形具体分析。[1]

《广告法》(2021 年修正)第 2 条第 1 款规定:"在中华人民共和国境内,商品经营者或者服务提供者通过一定媒介和形式直接或者间接地介绍自己所推销的商品或者服务的商业广告活动,适用本法。"该款明确了《广告法》规制的商业广告认定条件。具体而言,可以从空间、主体、媒介、目的和对象等几个方面来认定《广告法》调整的商业广告。其中"空间"是指"在中华人民共和国境内","主体"是广告主体应为"商品经营者或者服务提供者","媒介"是指商业广告必须借助媒介进行商业信息传播,"目的"是指广告活动具有营销性,"对象"是指广告的推销对象应当是"商品或者服务"。对照以上条件,毋庸置疑,网红直播带货具有鲜明的商业广告特征。首先,网红直播带货的货品供应端是众多的"商品经营者或者服务提供者";其次,网红直播带货利用的"网络"媒介即为公认的典型信息媒介;最后,"带货"的核心是商业推销,直播带货具有鲜明的"营利性"。总而言之,如果网红进行的直播带货行为发生在中国境内,即符合《广告法》调整的商业广告的条件。[2]

虽然"网红"直播带货与《广告法》规制的商业广告本质一样,但是还有明显区别。首先,传统的商业广告仅为推销,交易是在推销之后的消费者选择,二者一般在时空上相分离。而在网红直播带货时,网红的商品推介行为与商品交

---

[1] 刘双舟:《关于网红"直播带货"法律属性的思考》,载《中国市场监管研究》2020 年第 5 期。

[2] 刘双舟:《关于网红"直播带货"法律属性的思考》,载《中国市场监管研究》2020 年第 5 期。

易时空合一。另外，传统商业广告除了宣传促销商品外，还承载有品牌宣传功能，消费者基于品牌信赖而消费商品。但是，在直播带货中，很多消费者却是冲着网红去消费的，品牌宣传和产品营销的成分相应被减弱，此时直播带货更多呈现出交易特征，而非广告表现。并且，传统商业广告中广告代言人与广告主的关系是相对单一的，而直播带货中的网红与商家及电子商务平台关系则极度多元。

有的网红只是向公众介绍产品，并不对产品质量背书。有的网红则扮演了代言人角色，应承担相应责任。只有厘清带货网红的法律主体地位，法律监管才能“对症下药”。实际上，直播带货涉及的法律关系相对复杂，由于网红直播带货的运营模式和场景不同，带货网红承担的法律角色不同，而这决定了带货网红将面临不同的法律责任。

二、带货网红的法律主体地位[1]

1. 作为“广告代言人”的带货网红

《广告法》（2021 年修正）第 2 条第 5 款规定：“本法所称广告代言人，是指广告主以外的，在广告中以自己的名义或者形象对商品和服务作推荐、证明的自然人、法人或者其他组织。”换言之，广告代言人的认定需要满足三个条件：第一，以自己的名义或者形象；第二，对商品或服务做了证明或者推荐；第三，不是广告主。满足这三个条件的网红就属于广告代言人。反之，任一要件不满足，就不属于广告代言人。如果网红仅仅对产品的基本内容进行介绍，而不进行任何推介和证明，则不属于广告代言人。如果网红是为自己代言，则纳入广告主范畴，亦不属于广告代言人。

当网红属于广告代言人时，需要遵守《广告法》《互联网广告管理暂行办法》等规定的调整与约束。根据《广告法》（2021 年修正）第 56 条第 2～3 款的规定：“关系消费者生命健康的商品或者服务的虚假广告，造成消费者损害的，

---

〔1〕 此部分的分类，参见张韬：《带货“网红”的多重法律地位辨析》，载《中国市场监管研究》2020 年第 5 期。

其广告经营者、广告发布者、广告代言人应当与广告主承担连带责任。前款规定以外的商品或者服务的虚假广告,造成消费者损害的,其广告经营者、广告发布者、广告发言人,明知或者应知广告虚假仍设计、制作、代理、发布或者作推荐、证明的,应当与广告主承担连带责任”。

2. 作为“广告代言人 + 广告发布者”的带货网红

《广告法》(2021 年修正)第 2 条第 4 款规定:“本法所称广告发布者,是指为广告主或者广告主委托的广告经营者发布广告的自然人、法人或者其他组织。”如果网红在带货过程中,不仅承担了代言人的角色,还利用自己的平台账号发布视频等内容,通过直播行为向消费者介绍推荐商品或服务,则网红的行为兼具广告发布者角色。此时,网红不仅要承担广告代言人的责任,其发布广告的行为也要受到规制。

根据《广告法》的规定,网络主播作为“广告发布者”时,有义务依据法律、行政法规查验有关证明文件,核对广告内容。同时,不得发布《广告法》(2021 年修正)第 9 条、第 10 条规定的禁止情形的广告:不得发布处方药广告、药品类易制毒化学品广告、戒毒治疗的医疗器械和治疗方法广告;不得发布声称全部或者部分替代母乳的婴儿乳制品、饮料和其他食品广告;不得发布烟草广告;不得利用广告推销禁止生产、销售的产品或者提供的服务;不得在针对未成年人的大众传播媒介发布医疗、药品、保健食品、医疗器械、化妆品、酒类、美容广告,以及不利于未成年人身心健康的网络游戏广告。同时,不得在广告活动中进行任何形式的不正当竞争。[1]

根据《广告法》(2021 年修正)第 56 条的规定,如果带货网红发布虚假广告,损害消费者的合法权益,带货网红不能提供广告主的真实名称、地址和有效联系方式的,消费者可以要求其承担先行赔偿责任。涉及消费者生命健康的商品或者服务的虚假广告,给消费者造成损害的,带货网红作为“广告发布者”应当与“广告主”承担连带责任;对除此之外的商品或者服务的虚假广告,给消费者造成损害的,当其明知或应知广告系虚假仍予以发布的,也应当与“广告主”

---

〔1〕《广告法》(2021 年修正)第 57 条。

承担连带责任。

如果带货网红明知或应知广告内容违反《广告法》(2021 年修正)第 8 条的规定,广告引证内容违反《广告法》(2021 年修正)第 11 条的规定,不真实、不准确或无出处的;涉及专利的广告违反《广告法》(2021 年修正)第 12 条的规定,使用未授予专利权的专利申请和已经终止、撤销、无效的专利作广告;违反《广告法》(2021 年修正)第 59 条的规定,贬低其他生产经营者的商品、服务的,均应依法承担民事责任。违法发布虚假广告,明知或应知广告虚假仍进行发布的,除承担相应行政法律责任外,还可能构成虚假广告罪,需承担相应刑事责任。

3. 作为“广告代言人 + 广告发布者 + 广告经营者”的带货网红

《广告法》(2021 年修正)第 2 条第 3 款规定:“本法所称广告经营者,是指接受委托提供广告设计、制作、代理服务的自然人、法人或者其他组织。”有些网红不仅通过自己的使用体验、影响、形象向消费者推荐和证明商品或服务,还会设计直播样式、制作广告内容,对广告的内容、呈现效果等有明显支配作用,此时网红已经符合“广告经营者”的身份。

目前已经有很多网红成立自己的公司或工作室,涵盖设计、制作、发布、代言广告的全流程运营模式。根据《广告法》(2021 年修正)第 32 条的规定:“广告主委托设计、制作、发布广告,应当委托具有合法经营资格的广告经营者、广告发布者。”因此,网红在从事广告经营工作时需要事前取得合法的经营资格。

当网红具有多重身份时,除需承担广告代言人、广告发布者的法律责任以外,还应承担广告经营者的相关责任。根据《广告法》(2021 年修正)的相关规定,广告经营者需要承担的民事责任与广告代言人实质相同,在此不再赘述。根据《广告法》(2021 年修正)第 55 条第 3 款、第 4 款的规定,广告经营者、广告发布者明知或者应知广告虚假仍设计、制作、代理、发布的,应承担相关行政责任,构成犯罪的,还需相应承担的刑事责任。

4. 作为“广告发布者 + 广告经营者 + 广告主”的带货网红

《广告法》(2021 年修正)第 2 条第 2 款规定:“本法所称广告主,是指为推销商品或者服务,自行或者委托他人设计、制作、发布广告的自然人、法人或者其他组织。”在直播带货行业,有的网红更加深入,自创品牌、自产自销,如雪梨。

根据《广告法》(2021 年修正)第 2 条的规定,广告主与广告代言人的身份不能重合。因此,网红无法承担广告代言人角色,但仍可身兼广告发布者、广告经营者、广告主等多重身份。除此之外,网红的自产自销行为,也符合生产者、销售者、电子商务经营者的身份设定。

根据上文所述,在多重角色加持下,一方面,网红需要遵守《广告法》对广告发布者、广告经营者、广告主的相关规定;另一方面,网红还需要遵守《消费者权益保护法》、《产品质量法》、《食品安全法》、《民法典》及《电子商务法》等法律中关于生产者、销售者及电子商务经营者的相关规定。

由于网红的多重身份,其所应承担的义务也相应增加。因此,一旦网红在带货中出现"翻车",将会面临民事责任、行政处罚,甚至可能遭受到刑事处罚。

三、平台经营者的法律主体地位

根据直播平台的市场定位差异,直播带货中的平台可以分为两类:一类为传统电商平台,借助平台汇聚的流量池进行直播带货和流量变现,以此打通广告产业链和销售产业链,"淘宝"是此类平台形式的典型;另一类则为社交短视频或游戏、体育等网络平台,通过嵌入广告和电商,打通各类非电商平台进而流量变现,"抖音"或"快手"是此类平台形式的典型。事实上,无论是哪一种平台,都可以参与直播带货。但是平台的原始定位不同,参与直播带货的模式也存在不同。

《电子商务法》第 9 条第 2 款规定:"本法所称电子商务平台经营者,是指在电子商务中为交易双方或者多方提供网络经营场所、交易撮合、信息发布等服务,供交易双方或者多方独立开展交易活动的法人或者非法人组织。"毋庸置疑,传统电商平台因为深度参与带货买卖,因此其当然构成《电子商务法》中的"电商平台",适用该法中的各项权利、义务和责任。

然而,依托于非电商平台的直播带货,平台提供者是否属于电子商务平台经营者需要特别分析。非电商平台本属于社交娱乐平台,如果平台只提供直播或资源整合服务等,即平台提供窗口,但不干预具体的直播内容,不具有订单管理等撮合交易的功能,网红主播可以自主注册和开播,则此时平台仅属于《广告法》上的互联网信息服务提供者，适用《广告法》中的各项权利、义务和责任。反之，如果非电商平台与网红之间具有进驻平台的合作关系，“平台为交易双方提供网络经营场所、交易撮合、信息发布等服务”，则平台属于电子商务平台经营者。

如果电商平台干预直播带货的内容，或者对相关内容进行推广，提供资源和流量等方面的支持，如置顶、推荐、干预搜索排名等，此时的电商平台属于广告发布者。如果电商平台还深度参与招揽广告主及相关带货业务，或者为网红根据其所带货商品特点设计广告及推广方式，则电商平台同时还是广告经营者。不同角色加持下的电商平台需要承担多重法律义务。

总而言之，网络平台的基础角色是互联网信息服务提供者，其仅需承担通知—删除义务及明知、应知条件下的删除或断开链接义务，需要遵守《广告法》(2021 年修正)第 19 条、第 45 条和第 64 条等相关规定。如果网络平台属于《电子商务法》中的电子商务平台经营者，则应遵守《电子商务法》第二章中的相关法律规定，包括但不限于主体身份登记、核验及公示义务、竞价排名和广告标注义务、安全保障义务等。如果网络平台还构成《广告法》中的广告经营者和广告发布者，则还需要承担法定的广告业务承接登记、广告主资质审核、广告内容核对等义务。

四、MCN 机构的法律主体地位[1]

在直播带货中，MCN 机构的法律主体地位主要取决于 MCN 机构与网红、与网络平台之间的关系。

如果 MCN 机构与网红之间是商业合作关系，MCN 机构主要负责招揽广告主，接受广告主委托，就带货事宜与网红进行沟通并进行相关准备工作。MCN 机构的主要作用就是对接广告主和广告代言人，从事与广告发布相关的中间环节工作，在法律上即为广告经营者。如果 MCN 机构与网红之间系雇用关系，则 MCN 机构还构成广告代言人。有的 MCN 机构强制要求与网红签订独家合作

[1] 宋亚辉：《网络直播带货的商业模式与法律规制》，载《中国市场监管研究》2020 年第 8 期。

关系,甚至决定直播内容,此时网红没有独立意志,受控于 MCN 机构的要求,因此 MCN 机构系广告代言人。

如果 MCN 机构注册于一家网络平台,网络平台仅将部分网络空间出租给 MCN 机构使用,由 MCN 机构支付费用或者以流量交换为对价而免费使用,双方的合作不涉及利益分成,网络平台完全保持技术中立,没有资源或流量倾斜,此时的 MCN 机构还是广告发布者。

第五节　直播刷单的法律风险

刷单是指在电子商务交易中,具有网络经营资质的卖家,为了提高网店等级以获取更大的经营权限,或者增加所售商品的声誉以扩大产品的销售数量,通过"刷手"的虚假购买或评论,制造一种产品畅销且服务良好的假象,并在事后向"刷手"退还购物款项,同时支付一定报酬的行为。

刷单行为已经被公认为是一条巨大的灰色产业链,对于电子商务的发展具有很大的负面影响。尤其是当直播带货已经成为各大电商平台重要销售模式的大背景下,电商平台为了维护平台内秩序和平台自身的信誉,对平台商户、主播和主播服务机构的刷单行为有一定的治理积极性,继而衍生出一系列具有平台特色的措施。目前各家直播电商平台对刷单行为的治理仍"各自为政",并没有形成统一治理体系。

《淘宝直播平台管理规则》明确禁止通过刷单、炒作等形式对直播的赞、评论、分享等数据造假或作弊,包括但不限于粉丝数量、推广效果数据。对违反者予以警告并下线直播,删除直播内容。一般情节每次罚 3 分,冻结直播权限 24 小时;情节严重者每次处罚 10 分,冻结直播权限 30 天。

《抖音商家违规行为管理规则》规定:商家通过虚构或隐瞒交易事实、规避或恶意利用信用记录规则、干扰或妨害信用记录秩序等不正当方式获取虚假的商品销量、店铺评分、信用积分、商品评论或成交金额等不当利益的行为。情节较轻者(虚假订单数量小于 50 单),相关商品封禁,扣除保证金 5000 元;情节较重者(虚假订单数量大于等于 50 单或虚假订单中商品数量大于等于 500 个),予以清退并扣除店铺全部保证金。

《京东直播平台管理规则及违规处理条例》规定:通过刷单、炒作等形式,对直播的赞、评论、分享等数据造假或作弊,包括但不限于粉丝数量、推广效果数据的,关停直播权限 1 个月。

事实上,通过电子商务平台的严加治理,可以更加直接、有效地打击刷单行为,维护电商环境,促进电商生态更加健康地发展。但是,电子商务平台的治理措施毕竟没有法律效力,可能对刷单行为的参与主体威慑程度不够,因此仍有待于法律规制。

一、刷单行为的民法规制

刷单行为的基础是商家与"刷手"之间的交易行为,该行为的性质应当如何认定,是否构成违法,需要在法律层面予以厘清。

案例十九　杨某与广州某电子商务有限公司合同纠纷案[1]

【案号】广州互联网法院(2019)粤 0192 民初 23162 号

【案情简介】被告柒汐漫公司成立于 2018 年 11 月 2 日,经营范围含服装批发、商务咨询服务等,在阿里巴巴平台(域名:www. 1688. com)注册有网络店铺。

2019 年 4 月上旬,被告为增加其阿里巴巴网络店铺的交易量,委托案外人何某组织刷手在其网络店铺实施刷单,被告除按照交易订单金额退还"货款"外,还需支付刷单报酬,标准约为每刷单 10,000 元支付 50 元。原告系经案外人钟某介绍为案涉网络店铺进行刷单的刷手,钟某系何某联系的刷手组织者。2019 年 4 月 24 日,原告在阿里巴巴平台创建了编号为×××的案涉交易订单。订单信息显示,原告下单"购买"不同尺码的紧身瑜伽裤共 400 条(单价 50 元),

---

[1] 该判决已生效。

并通过其本人余额宝账户实际付款20,000元,案涉商品的发货时间显示为2019年4月24日,签收时间显示为2019年4月25日。双方均确认案涉商品未实际发货。原告称被告未向其退还因刷单垫付的20,000元及支付刷单报酬,故于2019年5月1日在阿里巴巴平台提出"仅退款"申请。被告称其已将案涉款项支付给案外人何某,拒绝向原告退款。原告遂诉至法院成讼。

被告为证明其已将20,000元支付给案外人何某,在法院诉讼平台上传了其与何某的交易明细截图,图片显示,被告于2019年4月24日至26日共向何某名下尾号为6148的银行账户转款五次,金额分别为20,108元、20,128元、20,000元、30,100元、31,117元,合计121,453元。被告称其中一笔交易金额为20,000元的款项即为本案的刷单返款(不含刷单报酬)。原告质证认为被告与案外人何某的往来款项与本案不具有关联性,并述称原告系经案外人钟某介绍为被告刷单,不认识案外人何某。

被告法定代表人李某于2019年4月29日就被诈骗一事向广东省佛山市公安局南海分局桂城派出所报案,广东省佛山市公安局南海分局于2019年5月6日出具《立案告知书》,认为有犯罪事实,并对案外人何某进行侦查。

案涉款项庭审中由支付宝平台冻结,尚未转入被告账户。在线庭审时,原告称其并非首次为他人刷单。

【裁判观点】

1. 关于案涉合同的效力认定问题

《民法总则》(已废止)第146条[1]规定:"行为人与相对人以虚假的意思表示实施的民事法律行为无效。以虚假的意思表示隐藏的民事法律行为的效力,依照有关法律规定处理。"该条是关于通谋虚伪行为法律效力的规定。通谋虚伪行为是行为人与相对人通谋以虚假的意思表示实施的民事法律行为。该行为意在以虚假意思掩盖真实意思,且需满足以下四个要件:一是须有意思表示,二是须表示与内心目的不一,三是须有作出虚伪意思的主观故意,四是须行为人与相对人通谋实施。

〔1〕 对应《民法典》第146条。

具体到本案中，第一，原告于2019年4月24日在阿里巴巴平台创建编号为×××的案涉交易订单，并通过余额宝账户向被告付款20,000元。根据《电子商务法》第49条有关“电子商务经营者发布的商品或者服务信息符合要约条件的，用户选择该商品或者服务并提交订单成功，合同成立”的规定，案涉网络购物合同已于2019年4月24日成立。因此，可以认定原告与被告均有订立网络购物合同的意思表示。第二，原告与被告有关网络购物的意思表示与双方“刷销量、赚报酬”的目的不一。买卖合同系出卖人转移标的物所有权于买受人，买受人支付价款的合同。原告在提交案涉订单时即知晓案涉商品不可能实际交付，事实上被告亦未实际发货，且原告与被告均确认原告提交案涉订单并支付价款的目的并非取得案涉商品的所有权，而是为被告经营的网络店铺“刷销量”，原告获取相应的报酬。第三，原告与被告存在虚伪故意。原告系案外人钟某介绍为被告“刷销量”的刷手，在提交案涉订单时即知晓其行为系为被告虚构交易，且该行为系原告出于“赚取刷单报酬”目的故意为之。被告虽抗辩是在原告申请退款时方才得知原告为其“刷销量”，但从被告在案涉交易订单提交当日即进行虚假发货以及自述向案外人何某支付刷单款项等行为来看，被告同样存在虚构交易的故意。第四，案涉虚构交易的行为系原告与被告通谋实施。虽然未有证据显示原告与被告直接就虚构交易的方式、报酬等进行过谋议，但被告将网络店铺交由案外人何某经营管理，何某与被告系代理与被代理的关系。何某委托钟某组织包括原告在内的刷手为被告“刷销量”，该民事法律行为对被告发生效力。况且，在案涉订单提交前，原告与被告便知晓虚构交易的方法及刷单报酬的计算和支付方式。也就是说，电子商务无须“面对面”的特点，使得原告与被告在素未谋面的情况下完成了双方通过虚构交易实现“原告为被告刷销量，被告支付刷单报酬”的意思联络。事实上，原告与被告已客观上完成了原告提交虚假订单、支付货款（实为垫付）、被告虚假发货等一系列行为，交易订单已经生成，故即使原告于2019年5月1日在阿里巴巴平台上申请退款，也不影响虚假订单已实际产生的事实。因此，原告与被告订立网络购物合同，意在以假意网络购物掩盖“刷销量、赚报酬”的真意,属于《民法总则》(已废止)第146条[1]规定的通谋虚伪行为。根据该规定,对于原告与被告以虚假的意思表示实施的民事法律行为,即网络购物合同的效力,因双方缺乏真实的意思表示而无效。对于隐藏的民事法律行为的效力,即双方以原告为被告“刷销量”,被告向原告支付一定费用为合同内容的行为效力,依照有关法律规定处理。

法院具体分析如下:《民法总则》(已废止)第143条[2]规定:“具备下列条件的民事法律行为有效:(一)行为人具有相应的民事行为能力;(二)意思表示真实;(三)不违反法律、行政法规的强制性规定,不违背公序良俗。”原告在实施本案民事法律行为时已年满18周岁,系完全民事行为能力人。被告系依法登记成立的法人,其在阿里巴巴平台注册网络店铺从事销售商品经营活动,属于《电子商务法》第9条第3款规定的平台内经营者,具有相应的民事行为能力。原告与被告的真实意思均系为被告经营的网络店铺“刷销量”。因此,对原告与被告实施“刷销量”行为效力的认定,关键在于该行为是否违反法律、行政法规的强制性规定或者有违公序良俗。

在我国经济发展进入新常态的大背景下,电子商务蓬勃发展,深刻改变了经济社会发展格局,电子商务逐渐成为我国经济发展的新动力。电子商务不同于传统交易,属于典型的非“面对面”交易,交易双方信息严重失衡。接受商品或服务方一般只能通过经营者在网络上披露的商品或服务信息,单向获取相关信息,从而作出判断和选择。因此,在电子商务交易中,电子商务经营者正确、全面披露商品或服务信息,是保证接受商品或服务一方知情权、选择权和电子商务交易秩序的重要基础。《电子商务法》第17条规定:“电子商务经营者应当全面、真实、准确、及时地披露商品或者服务信息,保障消费者的知情权和选择权。电子商务经营者不得以虚构交易、编造用户评价等方式进行虚假或者引人误解的商业宣传,欺骗、误导消费者。”法律对电子商务经营者提供虚假销售状况信息的行为作出禁止性规定,旨在通过对虚构交易行为进行否定评价,实现

[1] 对应《民法典》第146条。

[2] 对应《民法典》第143条。

规范电子商务经营者之间公平竞争的市场秩序，规范电子商务经营者披露商品信息的行为，保障电子商务健康有序和可持续发展。本案中，原告与被告通谋实施的“刷销量”行为，其目的是通过虚构交易向平台用户提供虚假销售状况信息，使平台用户对被告经营的网络店铺在商品销量方面产生错误认识，误导平台用户选购被告销售的商品，从而增加商品销量，被告因此获益。该行为不但误导了平台用户，也扰乱了电子商务经营者之间公平竞争的市场秩序，于电子商务健康有序和可持续发展无益。因此，原告与被告实施的“刷销量”行为因违反上述法律规定而无效。

2. 关于原告是否有权要求被告退还20,000元的问题

《民法总则》(已废止)第157条[1]规定：“民事法律行为无效、被撤销或者确定不发生效力后，行为人因该行为取得的财产，应当予以返还；不能返还或者没有必要返还的，应当折价补偿。有过错的一方应当赔偿对方由此所受到的损失；各方都有过错的，应当各自承担相应的责任。法律另有规定的，依照其规定。”原告与被告订立网络购物合同，意在以假意网络购物掩盖“刷销量、赚报酬”真意，故原告通过阿里巴巴平台支付给被告的案涉20,000元款项，既是原告基于与被告虚假意思表示订立网络购物合同所支付的“货款”，也是原告欲通过为他人“刷销量”从而赚取相应比例报酬“投入”的款项。对于原告基于与被告虚假意思表示订立网络购物合同所支付的“货款”，因原告与被告缺乏买卖的真实意思，故不存在原告期待被告履行商品交付义务的可能，原告现以被告未实际发货为由主张退还，显然有悖双方真实意思。对于原告基于“刷销量”赚取报酬的“投入”，原告现以该民事法律行为无效为由主张退还。对此，网络交易因其虚拟性催生了网络信用评价体系的建立，而网络信用评价对电子商务经营者的生存发展影响极大，刷单炒信等虚假交易产业亦随之产生。该产业有独立的“规则”“行情”，一般表现为电子商务经营者根据自身需求，自行或者委托他人(自然人或刷单炒信企业)组织刷手，通过虚假交易获得不当信用利益，再向刷手、刷手组织者支付报酬。在虚假交易的各个环节中，上、下游行业分工明

[1] 对应《民法典》第157条。

确,运作精细。此种通过虚假交易增加交易量的行为,不仅侵害了消费者的知情权,还攫取了其他电子商务经营者的交易机会,扰乱了正常的网络交易秩序,是明显违反法律规定的行为。互联网法院不但要表明不保护网络黑产交易的立场,还应担负起推动网络空间治理法治化的使命。本案中,原告与被告通谋,并共同实施了"刷销量"行为,致使案涉合同因违反法律规定被认定无效,客观上已产生了虚假订单,造成了网络营商环境的损害,且原告系自行决定"投入"款项的数额,并自认非首次为他人"刷销量",故对于原告基于赚取刷单报酬"投入"的款项,法院不予保护。据此,原告有关被告向其返还案涉款项 20,000 元的主张,缺乏法律依据,法院依法予以驳回。

【裁判结论】原告有关要求被告返还 20,000 元款项的诉讼请求,缺乏法律依据,不予支持。

【律师评述】在司法实践中,因刷单引发的"刷手"起诉要求商家或受委托的中间人返还"货款"或支付报酬的民事纠纷最为多见。在此类纠纷中,以往的司法裁判很少直接对刷单行为的法律效力进行认定。在该判决中,法院对刷单表面及隐藏的双重法律行为都作出了明确认定,通过民事责任规制刷单行为。

在刷单案件中,"刷手"在店铺下单并支付货款的行为,并非旨在订立网络购物合同,而是希望通过刷单赚取报酬,商家通过刷单行为,虚假抬高店铺的交易成交量。商家和"刷手"通过虚假的网络交易合同,掩盖真实的"虚构交易提高店铺成交量"的意思表示,符合《民法典》第 146 条的构成要件,属于通谋虚伪行为。

通谋虚伪行为需要进一步区分表面民事行为和隐藏民事行为。表面民事行为并非当事人想要达到的,如果让表面民事行为有效,则与私法自治相悖。在刷单案件中,"刷手"在进行购买行为时,即已知道该商品不能被实际交付,其下单并支付价款的目的并非取得商品的所有权,商家也并不会真实交付商品,双方都对合同的订立行为缺乏真实意思。因此,刷单行为的表面行为应为无效。

《电子商务法》第 17 条明文禁止刷单行为。在电子商务交易中,电子商务经营者正确、全面披露商品或服务信息,是保证消费者知情权、选择权和电子商务交易秩序的重要基础。由于线上交易具有虚拟性、信息不对称性等特点,消费者在购买前对线上商品的品质无法进行直观的评判和感受,因而商品的成交量及好评率成为消费者作出购买决定的一个重要考量因素。电子商务经营者通过刷单的方式虚假抬高店铺交易量,必然影响消费者的知情权及选择权,构成对消费者的欺诈、误导。同时,该行为不正当地攫取了其他同业店铺经营者的交易机会,构成不正当竞争。此外,对电子商务交易市场而言,“刷单”行为扰乱了市场交易秩序,长此以往,必将损害行业整体利益。因此《电子商务法》第17条对电子商务经营者提供虚假销售状况信息的行为作出禁止性规定,通过对虚构交易行为进行否定评价,实现规范电子商务经营者之间公平竞争的市场秩序,规范电子商务经营者披露商品信息的行为,保障电子商务健康有序和可持续发展。因“刷单”成立的虚构交易隐藏民事法律行为违反《电子商务法》上述效力性强制性规定,应为无效。

在确定刷单合同无效的基础上,如何正确适用法律法规确定合同无效的法律后果,尽可能恢复被破坏的电子商务市场秩序,是司法审判需要仔细斟酌的。由于刷单行为已经产生,如果将用于刷单的货款返还给“刷手”,则商家即可因不法行为获利,对消费者、同业竞争者、电子商务市场秩序造成的破坏也无法得到弥补。

刷单作为电子商务领域的典型违法行为,应当予以规制。对于因刷单引起的返还货款纠纷,在明确其表面及隐藏双重法律行为无效的基础上,将用于非法活动的财物予以收缴,表明了广州互联网法院坚决打击网络黑灰产业的立场,也体现了司法裁判承担起电子商务法治化的使命。

二、刷单行为的经济法规制

案例二十　某电子商务有限公司非法刷单案[1]

【案情简介】2018 年 3 月 30 日,湖北省武汉市工商局执法人员根据举报,对

[1] 《武汉适用新〈反不正当竞争法〉查处首起刷单案》,载新浪微博 2020 年 12 月 10 日,http://blog.sina.com.cn/s/blog_471ca21d0102ygnf.html。

武汉 JSJZ 电子商务有限公司的经营场所进行检查,现场发现当事人员工李某的工作电脑中存有刷单文件,包含2018 年1 月至3 月的刷单记录以及用户评价参考样本等资料。执法人员通过对比当事人在××电商平台专营店的产品销售记录和用户评价,认为其行为涉嫌组织虚假交易。该局经报请批准,于4 月2 日立案调查。

经查,2018 年1 月9 日,当事人以员工手机号158723×××××通过某网络云客服刷单平台(相关线索已移送处理)注册账号,并将其在××电商平台专营店的用户名和账号提供给该刷单平台,以支付每单12 元至16 元不等的费用,要求该刷单平台定期对其××电商平台专营店相关商品排名进行跟踪服务,一旦发现商品排名下降即开始炒信刷单。

在刷单前,当事人根据刷单量事先向某刷单平台指定账户预存一定金额款项,用于垫付货款、结算平台服务费和“刷手”佣金。该刷单平台收款后,组织线下“刷手”通过手机××电商平台 App 或者 PC 端,对当事人在××电商平台专营店的相关商品进行炒信刷单。

刷单流程为:“刷手”接任务,浏览××电商平台网站货比三家,进入指定店铺搜索目标商品,聊天、下单并支付货款,然后由某刷单平台退款、代为发货(空包快递),“刷手”收货并按照评价样本填写好评,该刷单平台确认“刷手”完成任务后给“刷手”发放佣金,完成刷单炒信任务。此过程大约需要一周时间。

截至案发,当事人共通过某刷单平台雇用线下“刷手”刷单1861 单,支付该平台佣金22, 898 元。通过刷单炒信,当事人在××电商平台专营店的销售额达19. 38 万元。

【裁判观点】武汉市工商局认为,该公司的行为系通过非法刷单平台虚构其网店商品的交易数量和用户评价,误导消费者对其专营店及相关商品产生错误认知,进行引人误解,欺骗、误导消费者的商业宣传,其行为违反了《反不正当竞争法》(2019 年修正)第8 条的规定。依据《反不正当竞争法》(2019 年修正)第20 条的规定,武汉市工商局责令当事人停止违法行为,并处罚款30 万元。

【律师评述】《反不正当竞争法》(2019 年修正)第8 条第1 款规定:“经营者不得对其商品的性能、功能、质量、销售状况、用户评价、曾获荣誉等作虚假或者引人误解的商业宣传,欺骗、误导消费者。”《广告法》(2021 年修正)第 28 条规定:“广告以虚假或者引人误解的内容欺骗、误导消费者的,构成虚假广告。广告有下列情形之一的,为虚假广告:……(二)商品的性能、功能、产地、用途、质量、规格、成分、价格、生产者、有效期限、销售状况、曾获荣誉等信息,或者服务的内容、提供者、形式、质量、价格、销售状况、曾获荣誉等信息,以及与商品或者服务有关的允诺等信息与实际情况不符,对购买行为有实质性影响的……”

有观点认为,从《反不正当竞争法》和《广告法》的相关规定来看,本案应定性为虚假广告行为,因为当事人的行为系“对商品的销售状况和用户评价作虚假和引人误解的商业宣传”,并没有帮助他人从事虚假宣传活动,所以当事人不构成不正当竞争行为。

办案机关认为当事人的行为构成不正当竞争行为。主要基于以下原因:其一,具有扰乱秩序和损害他人的后果要件。电商平台运营规则规定,网店商品的“交易数量”和购买者的“售后评价”直接影响网店及其商品的搜索排名。刷单炒信行为不仅排挤了同业竞争者,还严重破坏电商平台通过长期积累构建的信用评价体系,导致消费者不再相信电商平台的评价系统,电商平台的声誉与信誉也受到较大影响。其二,具有通过刷单和帮助虚假宣传的过程要件。虽然《反不正当竞争法》(2019 年修正)第 8 条第 2 款强调的不正当竞争主体是帮助者,而不是被帮助者。而实际上当事人是通过金钱购买刷单服务的方式,雇用他人帮助组织虚假交易,客观上实施了教唆帮助人行为,主观上希望通过他人的帮助来实现组织虚假交易和引人误解的商业宣传。《反不正当竞争法》(2019 年修正)第 8 条第 2 款所指的帮助进行误导性宣传的行为,是对该法第 8 条第 1 款所界定的误导性虚假宣传行为涵盖范围的延伸,用单独的条款予以明确,更能突出《反不正当竞争法》(2019 年修正)规制刷单等不正当竞争行为的立法态度。其三,符合《反不正当竞争法》(2019 年修正)误导性回归的本意。《反不正当竞争法》(2019 年修正)第 8 条第 1 款使用了“虚假或者引人误解的商业宣传”的概念,这是将“虚假和引人误解”两种行为作了并列,也是对《反不正当竞争法》(1993 年)第 5 条第 4 项和第 9 条的规定进行综合。《反不正当竞争法》(2019 年修正)更强调的是“引人误解”的后果要件。

本案当事人违反电商平台运营规则,通过组织虚假交易,以虚构的“销量和好评”欺瞒电商平台评价系统,骗取流量,提升店铺排名,在非法排挤同业竞争对手的同时,对消费者的购买决策行为产生实质性误导。该案的执法符合《反不正当竞争法》(2019 年修正)第 1 条“为了促进社会主义市场经济健康发展,鼓励和保护公平竞争,制止不正当竞争行为,保护经营者和消费者的合法权益”的立法宗旨,具有明确的现实指导意义。

刷单行为存在不同的实现形式和目的,所以依据其种类不同,对其定性也应有所区分。如在短时间内提高店铺销量则属于虚构交易的行为,通过恶意刷单,有指向性地针对某一竞争店铺进行刷单的,属于诋毁商誉的行为;不法经营者雇用刷手为自己的店铺和商品进行好评,提高自己商铺的信用等级和商品好评率,以此达到宣传目的,属于虚假宣传行为。依据我国《反不正当竞争法》(2019 年修正)第 8 条之规定,无论是经营者通过虚假宣传的方式误导消费者,还是借助虚假交易的方式来误导消费者,都属于不正当竞争行为,而刷单行为存在的不同表现方式,恰恰被涵盖于此项规定中,即通过虚构交易来提高货物销量,提升店铺的竞争力,同时帮助完成虚假评价的行为。所以,网络刷单行为既包含虚构交易的行为,也包含制造虚假评价的行为,即无论哪种形式的刷单行为都具有不正当竞争性,属于不正当竞争行为。

三、刷单行为的刑法规制

案例二十一 李某某涉嫌非法经营罪案〔1〕

【案号】杭州市余杭区人民法院(2016)浙 0110 刑初 726 号

【案情简介】李某某于 2013 年创建零距网商联盟网站(http://www.5sbb.com,前身为迅爆军团),该网站不具有获得增值电信业务许可的条件。李某某利用该网站和 YY 语音聊天工具建立了“刷单炒信”平台,招揽淘宝卖家注册为

〔1〕 该判决已生效。

会员，收取每位会员300～500元保证金和40～50元平台管理维护费、体验费，制定“刷单炒信”规则和流程，组织会员通过该平台发布或接受“刷单炒信”任务。接受任务的会员通过YY语音平台联系发布任务的会员，与其在淘宝网上进行虚假交易并给予虚假好评，以此赚取“任务点”使自己同样能够采取悬赏的方式来吸引其他会员为自己“刷单炒信”，以提升自己淘宝店铺的销量和信誉，欺骗真正买家基于虚假好评而与刷信商家进行交易、实现获利。零距网商联盟网站组织新会员培训，要求刷单者交易时在相关商品页面浏览一定时间并通过淘宝网的旺旺聊天工具就商品情况、价格等进行交流，安排专人向会员提供虚假发货服务，更换支付方式返还款项，要求会员必须达到在线时长、完成刷单量等任务。在“刷单炒信”过程中，零距网商联盟网站每单收取10%的“任务点”提成，并出售给没有时间赚取“任务点”的会员，获取经济利益。2013年2月至2014年6月，李某某收取平台管理维护费、体验费和“任务点”购买费至少30万元人民币，另收取保证金50多万元。

杭州市余杭区人民检察院提起公诉，控告李某某违反国家规定，以营利为目的，明知是虚假信息，通过网络有偿提供发布信息等服务，扰乱市场秩序，情节特别严重，构成非法经营罪。2016年8月3日，杭州市余杭区人民法院第一次开庭审理了此案。随后，李某某因涉嫌侵犯公民个人信息罪而被刑事拘留和逮捕，并于2017年5月16日由江西省宜春市袁州区人民法院以(2017)赣0902刑初136号刑事判决书认定构成侵犯公民个人信息罪，判处有期徒刑9个月，并处罚金人民币2万元。其后，杭州市余杭区人民法院于2017年6月20日第二次开庭审理李某某非法经营一案，并当庭宣判。

【裁判观点】法院认为，全国人民代表大会常务委员会《关于维护互联网安全的决定》(2009年修正)系全国人民代表大会常务委员会通过的决定，《互联网信息服务管理办法》系国务院颁布的行政法规，依法均属于《刑法》第96条规定的“国家规定”的范畴。被告人李某某创建并经营的零距网商联盟网站以收取平台维护管理费、体验费、销售任务点等方式牟利，属于提供经营性互联网信息服务，根据《互联网信息服务管理办法》的相关规定，应当取得互联网信息服务增值电信业务经营许可证。

本案中炒信行为即发布虚假好评的行为虽系在淘宝网上最终完成,但被告人李某某创建炒信平台,为炒信双方搭建联系渠道,并组织淘宝卖家通过该平台发布、传播炒信信息,引导部分淘宝卖家在淘宝网上对商品、服务作虚假宣传,并以此牟利,其主观上明显具备在淘宝网上发布虚假信息的故意,且系犯意的提出、引发者,客观上由平台会员即淘宝卖家实施完成发布虚假信息,其行为符合全国人民代表大会常务委员会《关于维护互联网安全的决定》(2009 年修正)第 3 条中规定的“利用互联网销售伪劣产品或者对商品、服务作虚假宣传”,构成犯罪的,依照刑法有关规定追究刑事责任。

网络交易亦属市场交易,被告人李某某的行为扰乱了市场秩序。最高人民法院、最高人民检察院《关于办理利用信息网络实施诽谤等刑事案件适用法律若干问题的解释》第 7 条规定,违反国家规定,以营利为目的,通过信息网络有偿提供删除信息服务,或者明知是虚假信息,通过信息网络有偿提供发布信息等服务,扰乱市场秩序,达到相应数额标准的,以非法经营罪定罪处罚,其中个人非法经营数额在 25 万元以上的,属于《刑法》第 225 条规定的“情节特别严重”。

被告人李某某系采用组织他人通过其创建并经营管理的炒信平台炒信来获取非法利益,任务点的获取、流通是其非法经营的基础和方式,被告人李某某帮忙联系销售任务点的目的是维护炒信平台的经营运作,不论任务点实际是否系其所有,其均对销售任务点牟利具有故意,均应计入其非法经营的数额。

【裁判结论】法院依照《刑法》第 52 条,第 53 条第 1 款,第 69 条第 1 款、第 3 款、第 225 条第 4 项,最高人民法院、最高人民检察院《关于办理利用信息网络实施诽谤等刑事案件适用法律若干问题的解释》第 7 条和最高人民法院《关于适用财产刑若干问题的规定》第 1 条、第 2 条第 1 款之规定,判决被告人李某某构成非法经营罪,判处有期徒刑 5 年 6 个月,并处罚金人民币 90 万元;连同原判有期徒刑 9 个月,并处罚金人民币 2 万元,予以并罚,决定执行有期徒刑 5 年 9 个月,并处罚金人民币 92 万元。

【律师评述】作为刷单炒信的第一案,本案在裁判之后,引起了社会各界的广泛关注,同时也对本案是否构成非法经营罪产生广泛争议。下文笔者从非法经营罪的具体构成要件对李某某的行为展开分析。

“零距网商联盟”是刷单炒信平台，李某某创建网站的目的即是营利，该网站属于经营性网站。另外，李某创建的刷单网站是给会员提供刷单的平台，会员在该平台上获取各种刷单信息，因此，李某某创建的网站提供的是经营性网络信息服务。在我国，对经营性信息网络服务实行的是准入制度，根据《互联网信息服务管理办法》(2011 年修订)第 4 条的规定，只有取得相关许可证的主体才可以利用互联网提供经营性信息服务行为。李某某在没有获得经营许可证的情况下，不具备经营主体资格而进入市场从事经营性行为，侵犯了国家为规范市场活动而建立的市场准入秩序。因此，李某某的行为侵犯了非法经营罪的客体。

根据《互联网信息服务管理办法》(2011 年修订)的相关规定，从事互联网经营性服务，必须依法取得互联网信息服务增值电信业务经营许可证，而李某某在未取得相关经营许可证的情况下，从事该项业务，违反了《互联网信息服务管理办法》。李某某主观上具有在淘宝网上发布虚假信息的故意，并通过组织会员进行刷单，客观上由平台会员实施完成发布虚假信息，并具有牟利的目的，因此，李某某的行为符合全国人民代表大会常务委员会《关于维护互联网安全的决定》第 3 条。《互联网信息服务管理办法》属于行政法规，全国人民代表大会常务委员会《关于维护互联网安全的决定》属于全国人民代表大会常务委员会制定的决定。因此，李某某的行为违反了国家规定。

李某某的行为不属于《刑法》第 225 条前三项非法经营行为之列，因此需要分析其行为是否属于第四项兜底条款规定的“其他非法经营行为”。李某某创建的刷单平台，违反了《互联网信息服务管理办法》，没有获得相关经营许可证，不具备经营主体资格的而从事经营性行为，属于非法经营行为。刷单炒信行为，给买卖双方正常的经营和消费活动带来了不利影响，特别是左右了消费者的正常判断，扰乱了网络市场的公平竞争秩序和市场交易秩序；李某某未获得经营许可证即利用互联网实施经营性行为，还侵犯了市场准入秩序。综上所述，李某某的行为属于非法经营行为。

在考量非法经营罪的情节严重时采用“综合标准说”的观点，应以犯罪数额作为非法经营罪的情节严重的主要标准，再综合考虑其他因素。李某某共计获取50余万元的巨额收益,属于犯罪数额巨大。从2013年2月到2014年6月的这段时间里,李某某创立的刷单网站吸纳了1500多名会员,拥有56,000多个炒作小号,在多个电商平台上造成的虚假交易高达3万多笔,同时产生的虚假评价也有18万多条。总之,李某某的非法经营行为波及范围广,影响力大,严重扰乱了正常的网络交易秩序,并且还扰乱了网络购物系统的诚信体系。李某某的非法经营行为符合非法经营罪中“情节严重”的情形。

李某某在主观上具有犯罪故意,其对自己的非法经营行为会产生危害社会的结果是明知的,而且对危害结果持积极追求的心态。并且,李某某在主观上具有牟利目的,符合非法经营罪的主观要件。综上所述,李某某的行为构成非法经营罪。

第六章　法律屏障保护直播著作权

第一节　直播著作权的保护

随着经济的发展,网络技术越发成熟,在技术层面已经满足全民参与和互动的要求。与此同时,依托强大的网络传播力,网络的衍生价值成倍增长,从而催生很多娱乐互联网平台。自2016年起,"虎牙""斗鱼"等几百家直播平台如雨后春笋般出现,在综艺、游戏、体育等诸多领域中产生了很多内容,也打造了大批网红主播,给直播平台带来了丰厚的收益。短视频、网络直播等新的内容与传播方式,带来的是对现有知识产权制度的冲击,在著作权领域更为明显。新问题不断涌现,侵权方式也更趋隐蔽化与多样化,这都给当前的著作权法律制度带来了不小的挑战。

中国网络信息中心发布的第46次《中国互联网络发展状况统计报告》显示,截至2020年6月,我国网络直播用户规模达5.62亿,占网民整体的59.8%,较2020年3月增长248万。其中,电商直播用户规模为3.09亿,游戏直播用户规模为2.69亿,真人秀直播用户规模为1.86亿,体育直播用户规模为1.93亿。[1]

在"无讼案例"平台以"直播""知识产权与竞争纠纷"为关键词进行搜索,得出2011~2020年直播行业涉知识产权纠纷案件的主要类型、高发区域及裁判年份如图6-1、图6-2、图6-3所示,可以看出,直播行业知识产权纠纷主要集中在商标争议、侵权及混淆行为,以北京和广东为高发地区,2018年和2019年是案件的集中爆发期,2020年有所下降。

---

[1] 中国互联网络信息中心(CNNIC):第46次《中国互联网络发展状况统计报告》,载中国网信网2020年10月10日,http://www.cac.gov.cn/2020-09/29/c_1602939909285141.htm。

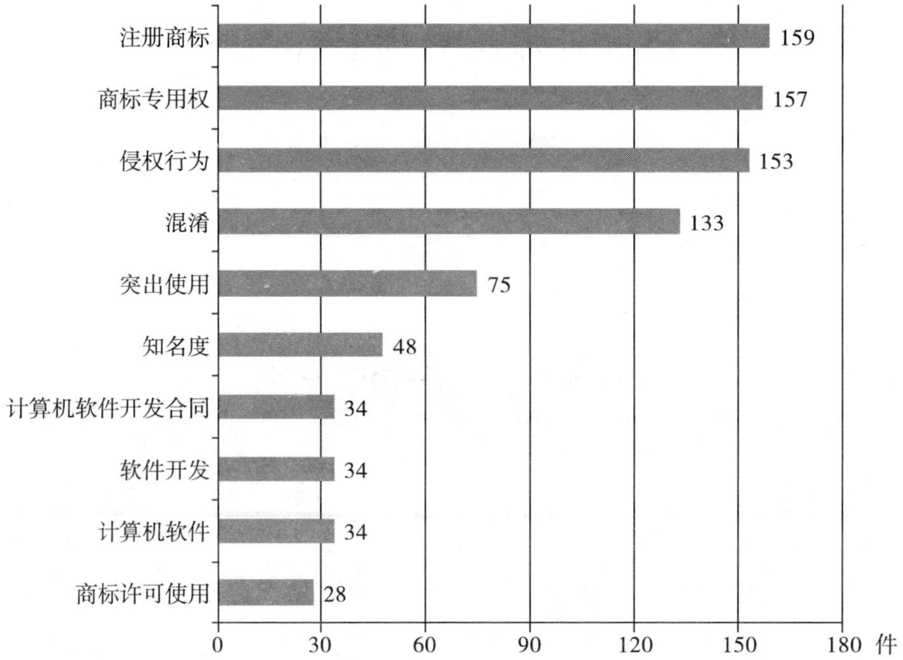

图6-1　直播行业知识产权纠纷主要类型

资料来源:无讼网。

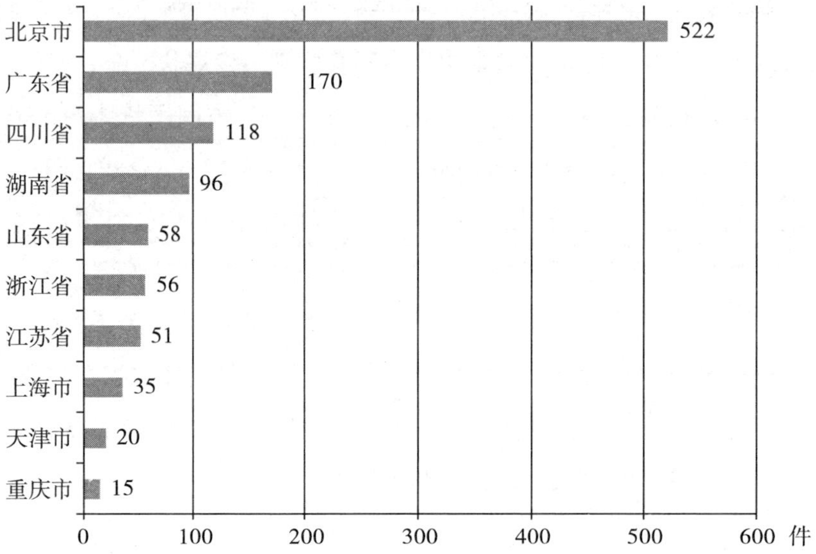

图6-2　直播行业知识产权纠纷高发区域

资料来源:无讼网。

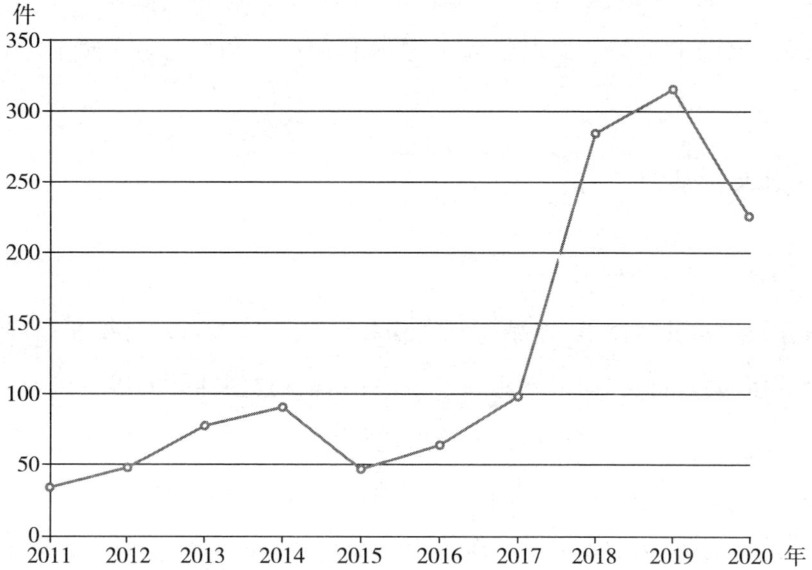

图 6－3　直播行业知识产权纠纷裁判年份

资料来源：无讼网。

网络直播侵权涉及的法律法规包括《著作权法》《民法典》《反不正当竞争法》《电子商务法》《广告法》《产品质量法》《消费者权益保护法》等，涉及侵权的领域包括广告、产品质量、著作权、名誉权、隐私权、不正当竞争等方面。笔者着重从著作权保护的角度来探讨网络直播侵权问题。

网络直播的侵权高发有很多因素。一是网络平台上人员庞杂，主要内容都是主播个人上传，主播的水平参差不齐，知识产权意识不够强，平台的审核工作量庞大，虽然一些网络平台采取了反侵权盗版等诸多措施，但维权过程仍旧艰难。其中，爱奇艺等平台有着一套比较成熟的维权模式，在版权管理方面，采取“人工审核＋系统辅助”的方式；在盗版监测方面，对网络直播平台、网盘等进行全方位监控，但即使这样，其仍旧要面对瞬时播放带来的不小挑战。二是取证难度大，维权成本高，需要权利人投入更高的人力、物力成本，尤其是在界定“侵权”与“合理使用”之间界限的时候，网络直播平台受制于多种因素，也很难进行准确判断。三是权利人与网络直播平台博弈的背后是利益之争，网络直播平台的付费能力、付费意愿与权利人的要求之间存在矛盾，有些权利人提出的高额版权使用费,也严重影响了网络直播平台向权利人付费的积极性。

有关于著作权的法律要点分析,一般从作品认定和免责事由两个主要方面进行。

一、作品的认定

(一)法律中作品的定义

著作权保护的客体是"作品"。《著作权法》(2020 年修正)第 3 条规定,本法所称的作品,是指文学、艺术和科学领域内具有独创性并能以一定形式表现的智力成果,包括:(1)文字作品;(2)口述作品;(3)音乐、戏剧、曲艺、舞蹈、杂技艺术作品;(4)美术、建筑作品;(5)摄影作品;(6)视听作品;(7)工程设计图、产品设计图、地图、示意图等图形作品和模型作品;(8)计算机软件;(9)符合作品特征的其他智力成果。

(二)司法判例中作品的认定

要成为《著作权法》保护的作品,应满足以下三个要件:一是属于"文学、艺术和科学领域"的具体表达;二是具有独创性;三是能以有形形式复制。

司法实践中,对作品的可复制性争议不大,很好判断,而其中的难点和重点是对作品独创性的判断,短视频作品是否符合独创性,在实务中还需要法官结合具体的情况进行个案斟酌。目前的通识是,对于生活中常见的片花剪辑、延时摄影视频、图解电影等法院大多认为其符合作品的独创性的要求,被判定为作品的概率非常大。

但对于使用公共领域素材制作的短视频,还有一定的争议。比如在北京某科技有限公司与某网络有限公司侵害著作权及不正当竞争纠纷一案中,[1]对于某网络有限公司主张《爱奇艺早班机》节目(以下简称《早》节目)中的栏目内容有第三方来源的抗辩。法院认为,作为娱乐报道类节目,《早》节目中使用相关的第三方素材不可避免,鉴于某网络有限公司明确表示无证据证明第三方节

[1] 参见北京市海淀区人民法院民事判决书,(2017)京 0108 民初 51550 号。该判决已生效。

目内容与《早》节目一致，并认可《早》节目中有北京某科技有限公司原创内容，且节目内容的选择和编排体现了独创性，将《早》节目中的具体涉案栏目内容认定为具有独创性的作品进行保护并无不妥。

另一个典型的案例就是北京某科技有限公司与广州某网络科技有限公司侵害著作权纠纷案。[1] 审理该案的法院认为：

(1)涉案视频集合了音乐、表演者的表演，以及特效制作等内容，不属于对表演的机械录制，不是抽象范畴的内容，也不是基本素材或公有领域的信息，亦不属于表达方式有限的情形，故是作者思想和情感的表达。(2)关于涉案视频是否具有独创性，根据《著作权法》的相关规定，法院认为此种独创性是最低限度的创造性，虽涉案视频存在对原曲视频的模仿因素，但涉案视频的舞蹈动作幅度和变化速度快于原曲视频，其与音乐配合，产生了更为谐趣的表现力。另外，涉案视频除音乐和表演者自身的演唱和舞蹈动作之外，使用特效搭建了表演场景、制作了与歌词中出现的水果相对应的动画，并设计了表演者动作重影、千手观音式动作、地裂式退出等效果，整体而言较原曲视频更为丰富和本土化，体现出了承载作者个性的安排和设计，故具有区别于原曲视频表达的独创性。且对于演绎他人作品形成的新作品，即便作者未获原作者授权或许可而系侵权作品，亦不影响其主张对该侵权演绎作品的著作权。(3)另外，涉案视频以数字化视频的形式在快手 App 上发布，亦说明其可被固定并以有形形式复制，故涉案视频构成作品。

对于广州某网络科技有限公司提出的涉案视频时间很短故不构成作品的辩称，法院认为，虽然时间长短的确可能限制作者的表达空间，但表达空间受限并不等于表达形式非常有限而成为思想范畴的产物；相反地，在数十秒的时间内亦可以创作出体现一定主题，且结合文字、音乐、场景、特效等多种元素的内容表达。此外，短视频具有适合在移动和短时休闲状态下观看，以及生产流程简单、制作门槛低、参与性强等特点，且其中不乏内容新颖和积极的视频，这使其迅速成为受欢迎程度较高的新传播形式。而鼓励作品的创作和传播，促进文

---

〔1〕 参见北京市海淀区人民法院民事判决书，(2017)京 0108 民初 49079 号。该判决已生效。

化事业的发展和繁荣,是著作权法的立法追求之一,在短视频产业已渐成规模的当下,法律规范应当对市场及其中的商业逻辑有所回应,尤其不应为“作品”设限,人为提高作品构成要件的门槛。

可见,在当前的司法实践中,一般对涉案标的是否是“作品”的判断标准明确,争议不大,且较为宽松,以便对相关的权利进行更为广泛地保护。最高人民法院《关于全面加强知识产权司法保护的意见》第2条第4点也特别强调:“加强著作权和相关权利保护。根据不同作品的特点,妥善把握作品独创性判断标准。妥善处理信息网络技术发展与著作权、相关权利保护的关系,统筹兼顾创作者、传播者、商业经营者和社会公众的利益,协调好激励创作、促进产业发展、保障基本文化权益之间的关系,促进文化创新和业态发展……”

需要注意的是,目前,对电竞赛事直播作品是否属于《著作权法》保护范围尚存争议,如在比较有影响的上海某公司诉广州某网络平台DOTA2赛事著作权侵权案中,[1]虽然广州某网络平台实际有侵犯上海某公司的出租权、署名权以及火猫直播的发行权、广播权和信息网络传播权的行为,但因为该案比赛画面最终被法院认定为不属于著作权法规定的作品,故终审裁决以案涉行为违反《反不正当竞争法》为由,裁定广州某网络平台构成不正当竞争,但这也使被侵权方的权利得不到全面的保护。

二、对“合理使用”的认定

(一)概念辨别

在侵害著作权相关的纠纷中,非常重要的一个概念就是“合理使用”。

根据《著作权法》的规定,如果是“合理使用”,即使在没有通知权利人且不付费的情况下,使用别人已经发表的作品,亦不构成侵权。《著作权法实施条例》(2013年修订)第21条规定:“依照著作权法有关规定,使用可以不经著作权人许可的已经发表的作品的,不得影响该作品的正常使用,也不得不合理地

[1] 上海知识产权法院:《上海知识产权法院民事判决书(2015)沪知民终字第641号》,载北大法宝网2020年9月3日,https://www.pkulaw.com。

损害著作权人的合法利益。”

《著作权法》(2020年修正)第24条具体列举了12种“合理使用”的行为,而与网络直播能沾边的“合理使用”,有以下三种:(1)为介绍、评论某一作品或者说明某一问题,在作品中适当引用他人已经发表的作品;(2)为学校课堂教学或者科学研究,翻译、改编、汇编、播放或者少量复制已经发表的作品,供教学或者科研人员使用,但不得出版发行(不包括各种辅导班等以营利为目的的教学);(3)免费表演已经发表的作品,该表演未向公众收取费用,也未向表演者支付报酬,且不以营利为目的。

需要注意的是,“合理使用”应建立在非营利性的基础上,但目前多家网络直播平台的打赏模式,明显带有营利性。因此,在此情况下使用他人作品的行为,很难被归为“合理使用”范围。

(二)司法实务层面分析

对于合理使用的实务判断,我们可以结合一个实务案例进行说明,深圳市某科技公司与某网络技术公司著作权权属、侵权纠纷一案。[1]

本案原告某网络技术公司为涉案剧集信息网络传播权的权利人,其发现被告深圳市某科技公司在其开发运营的“图解电影”平台上的剧集栏目中提供涉案剧集的连续图集,基本涵盖了涉案剧集的主要画面和全部情节,构成侵害某网络技术公司的信息网络传播权,故提起诉讼,请求法院判令被告赔偿经济损失及合理开支50万元。本案中的一个争议焦点就是被控侵权行为是否构成合理使用。

法院主要从三个方面判断该行为是否为合理使用:

(1)是否属于适当引用的问题。合理引用的判断标准并非取决于引用比例,而应取决于介绍、评论或者说明的合理需要。根据查明的事实可见,提供涉案图片集的目的并非介绍或评论,而是在当今“快餐文化”的背景下,通过300多张图片集的连续放映,迎合用户在短时间内获悉剧情、主要画面内容的需求。

(2)是否影响该作品的正常使用。本案中,涉案图片集分散地从整部作品

[1] 北京知识产权法院民事判决书,(2020)京73民终187号。该判决已生效。

中采集图片,加之文字解说对动态剧情的描述,能够实质呈现整部剧集的具体表达,包括具体情节、主要画面、主要台词等,公众可通过浏览上述图片集快捷地获悉涉案剧集的关键画面、主要情节,提供图片集的行为对涉案剧集起到了实质性替代作用,影响了作品的正常使用。

(3)是否不合理地损害著作权人合法权益。从涉案图片集提供的主要功能来看,其并非向公众提供保留剧情悬念的推介、宣传信息,而是涵盖了涉案剧集的主要剧情和关键画面,在一般情况下,难以起到激发观众进一步观影兴趣的作用,不具备符合权利人利益需求的宣传效果,损害了权利人的合法权益。

作为全国首例涉及将影视作品制作成网络图片集方式侵权的案件,该案例为我们很好地明确了影视市场商业化开发和合理使用的边界,为我们诠释了司法实践中合理使用的判断要件,即是否超过适当引用的必要限度、是否影响涉案剧集的正常使用以及是否损害到权利人的合法权益。

三、直播侵权免责事由

直播侵权的免责事由有很多相关的法律、法规及司法解释的规定。《民法典》第1195条规定,在接到被侵权人通知后,网络服务提供者及时采取删除、屏蔽、断开链接等必要措施的,则可以免责。

《信息网络传播权保护条例》(2013年修订)第22条明确列举了直播平台的免责事由主要为:(1)不知道也没有合理的理由应当知道服务对象提供的作品、表演、录音录像制品侵权;(2)未从服务对象提供作品、表演、录音录像制品中直接获得经济利益;(3)在接到权利人的通知书后,根据本条例规定删除权利人认为侵权的作品、表演、录音录像制品。

此外,司法解释方面,最高人民法院《关于审理侵害信息网络传播权民事纠纷案件适用法律若干问题的规定》第8条第2款和第3款规定,网络服务提供者未对网络用户侵害信息网络传播权的行为主动进行审查的,人民法院不应据此认定其具有过错。网络服务提供者能够证明已采取合理、有效的技术措施,仍难以发现网络用户侵害信息网络传播权行为的,人民法院应当认定其不具有过错。

根据《信息网络传播权保护条例》(2013年修订)第14条和第22条的规

定,适用"通知—删除"规则的服务商为搜索、链接服务提供者和信息存储空间服务提供者。

因此,在司法实践中,首先要判断服务商的类型再进行法律适用:对于适用"通知—删除"规则的服务提供者,仅被动地履行"通知—删除"义务已非免责充分条件;而对于不适用"通知—删除"规则的服务提供者,也不意味着不负有任何义务。这些规则,在(2018)浙0192民初7184号民事判决书和(2017)京73民终1194号民事判决书中均有所体现。

浙江省高级人民法院发布的《浙江省高级人民法院民三庭涉电商平台知识产权案件审理指南》第3条详细规定了"通知—移除"规则。包括通知和反通知的内容、形式。第4条则对电商平台的过错中"知道"及"应当知道"的主观要件进行了详细的约定。该指南第21条和第22条规定,"知道"是指电商平台经营者实际知晓侵权行为存在的主观状态。电商平台经营者收到权利人合格通知的,应认定其知道侵权行为的存在。权利人未发送通知或通知不合格的,人民法院不应仅据此就认定电商平台经营者主观上不知道,收到行政部门通知、消费者投诉等事实也可以证明其知道侵权行为的存在。"应当知道"是指电商平台经营者对于侵权行为的存在,应注意或能注意却未注意的主观状态。在认定电商平台经营者是否应当知道时,人民法院应着重考量其在保护他人知识产权方面的合理注意义务,如果电商平台经营者未履行或怠于履行在其预见能力和预见范围内的合理注意义务的,应当认定其构成"应当知道"。

四、避风港原则

前述免责事由其实已经涉及避风港原则的很多方面,但因为这个原则非常重要,笔者在这部分将进行更为详尽的论述。避风港原则最早来自美国1998年制定的《数字千年版权法案》(DMCA法案),适用于著作权领域。后来由于网络中介服务商没有能力进行事先内容审查,一般事先对侵权信息的存在不知情,所以采取"通知+移除"规则,这是对网络中介服务商间接侵权责任的限制。大意即网络服务提供者使用信息定位工具,包括目录、索引、超文本链接、在线存储网站,如果由于其链接、存储的相关内容涉嫌侵权,在其能够证明自己并无恶意,并且及时删除侵权链接或者内容的情况下,网络服务提供者不承担赔偿责任。我国《民法典》规定了"避风港原则",又扩大了所适用的权益范围,对于权利人、网络用户、网络服务提供者的行为指引作出了更加体系化的规定。对该原则的适用可以举一个简单的例子加以说明:

A 公司系某商标权利人,该商标在国内具有较高的知名度和美誉度。B 公司未经授权,擅自在其主办的招商加盟网站发布 A 公司及其品牌的加盟信息,且存在多处虚假内容。联系方式为 B 公司。A 公司发现 B 公司侵权后,向法院起诉 B 公司,收到诉讼材料后,B 公司已经第一时间进行删除处理。其行为是否可以援用网络服务的提供者的通知删除规则从而免除侵权责任?

法院认为,B 公司作为加盟招商网站的经营者,从网站页面内容显示,该信息非第三方用户发布而由其直接发布,因此,该行为不能援用网络服务的提供者的通知删除规则以免除侵权责任。而且,即便加盟信息为第三方用户发布,B 公司应通过必要的资质审核、在显著位置免责申明等方式,保证其发布的信息的真实可靠,防止对用户产生误导。B 公司设置的在线及电话加盟联系方式均为 B 公司电话及客服,该行为容易让信息浏览用户误认 B 公司获得 A 公司授权代理加盟事务,使该网站浏览信息的意向加盟 A 公司品牌的客户无法直接联系 A 公司。因此,B 公司明知未经 A 公司授权许可,也未核实信息真实性擅自发布加盟信息,且未向用户提供 A 公司联系方式,其行为存在谋取不正当利益的主观故意。

五、浮水印技术应用的法律属性

案例二十二 微播公司与某在线公司、某网讯公司著作权侵权纠纷案[1]

【案号】北京互联网法院(2018)京 0491 民初 1 号

【案情简介】原告微播公司是抖音平台的运营者,某在线公司、某网讯公司

[1] 该判决已生效。

分别系伙拍小视频手机软件 Android 系统、iOS 系统的开发者。在汶川特大地震十周年之际,2018 年 5 月 12 日,抖音平台用户“黑脸 V”(抖音号 145651081,系谢某注册)响应党媒平台和人民网的倡议,使用给定素材,制作并在抖音平台上发布“5・12,我想对你说”短视频(以下简称“我想对你说”短视频)。谢某对“我想对你说”短视频的创作进行了说明:该短视频由其独立创作,用以响应党媒活动,缅怀汶川地震;人物形象使用黑脸系列视频中一贯的蒙面帽衫男子形象,拍摄时采用绿幕拍摄、抠像、软件制作特效等手法;并确认该短视频中的手势舞及伴音来自党媒平台及人民网示范视频,背景图片是从网络中下载。另,微播公司从谢某处获得“我想对你说”短视频的信息网络传播权等权利。其他抖音平台用户分享了“我想对你说”短视频,播放页面上均有“抖音”和“ID:145651081”字样的水印。伙拍小视频手机软件上传播了“我想对你说”短视频,但未显示水印。二被告未经原告许可,擅自将该短视频在伙拍小视频上传播并提供下载服务,其行为侵犯了原告享有的信息网络传播权。同时,被控侵权短视频上未显示抖音和用户 ID 的水印,二被告存在破坏原告相关技术措施的故意。故请求法院判令二被告在本案判决生效之日起三日内,在百度网网站首页(www. baidu. com)及伙拍小视频客户端首页显著位置连续二十四小时刊登声明,消除影响;二被告赔偿原告经济损失 100 万元及合理支出 5 万元。

【裁判观点】浮水印并非《著作权法》意义上的技术措施,不具有阻止对著作权法中的特定客体实施特定行为的功能。水印更具备表明某种身份的属性。其中,制作者用户 ID 号表示了制作者的信息,更宜被认定为权利管理信息;“抖音”字样,表示了传播者的信息。被控侵权短视频系案外人上传,消除水印的行为人不是二被告。因此,原告关于二被告因破坏技术措施,进而侵害其信息网络传播权的主张不能成立,故不予支持。

技术应用与版权保护是两项重要制度——技术措施和权利管理信息。厘清两项制度,需要区别几个概念:技术措施与权利管理信息不属于著作权法上的权利,采取技术手段并非构成版权法上的技术措施,单纯的权利管理信息不是版权法上的技术措施,权利管理信息与署名不同。实际上,技术是手段,重要的是行为的法律特征,浮水印应用的法律属性是什么,应当看这项技术应用在具体案件中是如何使用的。推进技术应用的规范化工作,是充分保障当事人权利救济和解决法院认定难等实践问题的出路之一。为此,北京互联网法院专门就此问题向相关版权管理部门发送了司法建议:一是鼓励平台企业运用技术保护著作权,构筑“法律法规+行政执法+行业自律+技术运用”的立体综合的版权保护体系;二是明确相关技术的使用规范,规则制定应清晰明了、简单易行。上述司法建议得到了政府相关部门的重视。该部门在回函中表示赞同北京互联网法院的意见,并将在日后执法与立法建议中切实予以体现。随后征求意见的《信息网络传播权保护指导意见(修改稿)》在第15条规定:“网络服务提供者应当在其平台网页上设置明显的水印标志,以标示作品使用者身份和相关权利信息,为行政和司法机关识别、确认作品来源提供依据。鼓励权利人在其作品上运用水印和数字指纹等技术标示权利管理电子信息,以便监测作品的使用和传播情况。”第16条规定:“鼓励版权专业组织或者行业协会统一制作嵌入水印和数字指纹的版权认证码,并相应建立当期重点保护作品库。”

【律师评述】在直播著作权的相关司法实践中,案涉的作品是否构成著作权法上的“作品”,属于何种“作品”,如何加以保护,以及免责事由是否能进行适用,一直是争议的焦点问题,相关的理论也在被司法实践不断地进行完善。

第二节 直播中的音乐著作权侵权纠纷

直播相关的著作权纠纷在司法实践中具体包括哪些类型,又是如何进行认定及责任承担的呢?笔者将结合具体案例进行详细的论证和分析。

一、网络直播平台音乐著作权侵权问题

花椒直播、映客直播、YY直播、斗鱼直播等平台都有专门的音乐板块,在直播平台中,有的主播是直接翻唱或弹唱相关歌曲,有的主播则是将相关歌曲作为背景音乐使用。音乐的使用在提升直播品质的情况下,也需要在《著作权法》合规下,考虑到著作权人、平台、主播之间的利益平衡。

案例二十三　音著协与斗鱼公司音乐著作权侵权纠纷案

【案号】北京知识产权法院(2019)京73民终1384号

【案情简介】2018年2月14日,网络主播冯某在斗鱼公司经营的斗鱼直播平台编号为71017的直播间进行在线直播,其间,冯某播放了歌曲《恋人心》,时长约1分10秒(歌曲全部时长为3分28秒);歌曲在播放时显示词曲作者为张某。播放该歌曲前,主播冯某与观看直播的用户互动说:"一起安静听歌";在时长为1分10秒播放歌曲《恋人心》的过程中,主播冯某不时与观看直播的用户进行解说互动,感谢用户赠送礼物打赏,并哼唱了该歌曲歌词中的"长江水"三个字。直播结束后,此次直播视频被主播制作并保存在斗鱼直播平台上,观众可以通过登录斗鱼直播平台随时随地进行播放观看和分享。庭审中,中国音乐著作权协会(以下简称音著协)明确,本案所诉的侵权行为并不是主播在直播中的行为,而是直播后该次直播视频被上传到斗鱼直播平台供人观看分享的行为,斗鱼公司作为视频的权利人,直接侵害了音著协享有的信息网络传播权,应当承担侵权责任。

2018年4月2日,音著协委托北京市某律师事务所向斗鱼公司发送《关于贵公司所涉侵犯著作权事件的函》,称鉴于斗鱼公司未征得许可并未支付著作权使用费而使用音乐作品的行为已构成对著作权人合法权益的侵犯,通知斗鱼公司于2018年4月12日前与音著协指定联系人洽商著作权许可使用事宜。2018年4月9日,斗鱼公司向音著协回函,要求音著协提供涉嫌被侵权的音乐作品权属文件及涉嫌侵权的主播名称、主播房间号、具体网页链接地址文件,以便于斗鱼公司判断处理。但音著协未予回复。

北京市信德公证处于2018年5月8日出具(2018)京信德内民证字第02704号《公证书》。公证处工作人员使用屏幕录像软件对公证过程进行录制,刻录所得光盘作为《公证书》附件。根据《公证书》附件光盘所载视频,公证处工作人员登录斗鱼公司经营的斗鱼直播平台,点击进入主播"冯某"主页面,点击"直播回看",选择"2018-02-1421点场"进入相关页面后,前述歌曲《恋人心》播放的具体情形均载于其中。此外,根据《公证书》附件光盘所载视频,本次公证包含了《恋人心》等共25首歌曲在斗鱼直播平台的被使用情况。

在音著协提起本案诉讼前,斗鱼公司因与音著协在北京市东城区人民法院的另案诉讼而收到了同样作为证据提交的上述《公证书》,斗鱼公司遂于2018年7月9日在斗鱼直播平台上删除了包含播放歌曲《恋人心》内容在内的主播冯某"2018-02-1421点场"直播视频文件。

为证明张某为歌曲《恋人心》的词曲作者,音著协提交了网易云音乐及QQ音乐播放软件中歌曲《恋人心》的网络截图,上述截图均显示歌曲《恋人心》的词曲作者为张某。音著协还提交了其与张某于2010年8月23日签订的《音乐著作权合同》,合同中约定:张某同意将其拥有著作权的音乐作品(现有和今后将有的所有音乐作品)的表演权、复制权、发行权、广播权及信息网络环境下的表演权、复制权(亦称信息网络传播权)以信托方式授权音著协进行集体管理,以便上述权利在其存续期间及在本合同有效期内完全由音著协行使;张某在签署本合同后,不得自己行使或委托第三人代其行使在本合同有效期内约定由音著协行使的权利;为有效管理张某授予音著协的权利,音著协有权以自己的名义向侵权使用者提起诉讼;本合同自签订之日起生效,有效期为3年。至期满前60日张某未以书面形式提出异议,本合同自动续展3年。之后亦照此办理。

音著协与斗鱼公司一致认可网络主播冯某与斗鱼公司签订有《斗鱼直播协议》。根据该协议约定,主播根据斗鱼公司注册要求及规则,在斗鱼公司合法经营的斗鱼直播平台上申请成为斗鱼公司的直播服务提供方,为斗鱼公司平台用户提供在线解说视频内容的直播服务,直播方在斗鱼公司平台提供服务期间均应视为协议期内。斗鱼公司不事先审核前述被上载的、由直播方参与、编辑、制作的视频内容,也不主动对该等视频进行任何编辑、整理、修改、加工。直播方与斗鱼公司不构成任何劳动法律层面的雇佣、劳动、劳务关系,斗鱼公司无须向直播方支付社会保险金和福利。直播方在斗鱼公司平台提供直播服务期间产生的所有成果(包括但不限于解说视频、音频,及与本协议事项相关的任何文字、视频、音频等,以下统称"直播方成果")的全部知识产权(包括但不限于著作权、商标权等及相关一切衍生权利)、所有权及相关权益,由斗鱼公司享有。

协议期内及协议期满后，斗鱼公司可以任何方式使用直播方成果并享有相应的收益，未经斗鱼公司事先书面同意，直播方不得自行或提供、授权给任何第三方以任何方式使用(包括但不限于在视频平台、直播平台、游戏网站等其他任何平台发布)及获得任何收益；直播方开展协议项下解说直播事项或在平台上发布的所有信息、资讯、言论、内容等均不得含有任何违反中华人民共和国有关法律、法规及规定的内容，包括但不限于危害国家安全、淫秽色情、虚假、违法、诽谤(商业诽谤)、非法恐吓或非法骚扰、侵犯他人知识产权、人身权、商业秘密或其他合法权益以及有违公序良俗的内容或指向这些内容的链接；任何由于声明不实或违反声明承诺事项导致他方向斗鱼公司提起诉讼、索赔及导致斗鱼公司声誉受损之后果，直播方将承担斗鱼公司因此产生的全部直接及间接费用、损失及赔偿，其中包括斗鱼公司为诉讼支付的有关费用及律师费；以直播方为平台用户提供解说直播服务为前提，用户可对直播方进行赠送虚拟礼物的消费，直播方可根据斗鱼公司的结算要求及规则申请结算相应的服务费用(若有)。斗鱼公司就直播方收到的每笔虚拟礼物以数量为计价单位，且以一定的比例为价值基准进行兑换结算，作为支付给直播方的服务费用。斗鱼公司确认，在直播当时、在线点播观看视频及不观看视频时，平台用户都可以选定主播房间号进行打赏。对于打赏收益，斗鱼公司与主播之间按比例进行分配。

根据音著协官方网站载明的《网络传播权业务类的收费标准》，在互联网上使用音著协管理的音乐作品，采取基本费用加收入分成的方法收取使用费。基本费用为每上载一首歌曲，每年支付人民币 200 元。收入分成为：仅提供在线播放服务的，按广告收入的 5% 支付使用费；供在线播放及下载服务的，按广告收入的 5% 和下载收费的 10% 支付使用费。其中，广告收费仅指音乐页面的广告收费，并非扣除成本后的实际收益，而是指包括成本在内的制作及发布广告的总收费。如果没有广告可以不考虑广告收费，即认为该项费用为零。用户成功下载歌曲而交纳的费用，其单次收费即为运营商在其网页上明示给用户的收费标准。

【裁判观点】该案存在三个争议焦点：第一，音著协是否有权提起本案诉讼；第二，本案所诉侵权行为的主体是否为斗鱼公司；第三，如果斗鱼公司的行为构成侵权,应当如何承担侵权责任。

1. 音著协的诉讼主体资格

音著协成立于1992年12月17日,是由国家版权局和中国音乐家协会共同发起成立的目前中国唯一的音乐著作权集体管理组织,是专门维护作曲者、作词者和其他音乐著作权人合法权益的非营利性机构。根据《著作权法》(2020年修正)第7条和第8条的规定,音著协获得词曲作者著作权人授权后,履行著作权集体管理职能。音著协有权向国内的音乐作品使用者发放音乐作品著作权有偿许可,并且可以以自己的名义向侵权使用者提起诉讼。

在该案中,张某是《恋人心》的词曲作者。虽然音著协于2010年8月23日与张某签订了《音乐著作权合同》,并约定有效期3年,但如果张某至期满前60日未以书面形式提出异议,则合同自动续展。音著协向法庭提交了合同原件且两次出具书面《说明》,确认与张某签订的《音乐著作权合同》仍在有效期内。与此同时斗鱼公司没有提出相反证据推翻音著协的主张。因此,音著协与张某签订的《音乐著作权合同》仍在履行期内。

根据《音乐著作权合同》约定,张某是将其所有音乐作品的著作权以信托的方式授权音著协进行集体管理,音著协有权以自己的名义向侵权使用者提起诉讼。因《恋人心》系张某委托音著协管理的音乐作品之一,故音著协有权为维护《恋人心》歌曲的著作权不受侵害而提起本次诉讼。

2. 斗鱼直播平台是否为被诉侵权行为的主体

斗鱼直播平台上存放的涉案视频中存在未经权利人许可播放《恋人心》歌曲的内容,公众能够在个人选定的时间和地点通过登录斗鱼直播平台进行浏览、观看、分享。显然,这种行为涉及最高人民法院《关于审理侵害信息网络传播权民事纠纷案件适用法律若干问题的规定》第3条规定的侵害信息网络传播权行为。

首先,斗鱼平台主播不应是本案被诉侵权行为的侵权主体。根据斗鱼公司提交的《斗鱼直播协议》,主播虽然与直播平台之间不存在劳动或劳务关系,但双方约定主播在直播期间产生的所有成果均由斗鱼公司享有全部知识产权、所有权和相关权益,这里面的“所有成果”当然包括涉案视频在内的上传并存放于斗鱼直播平台的视频。虽然主播是视频的制作者和上传者，但因为主播并不享有对这些视频的知识产权和所有权，所以根据权利义务相一致的原则，其不应对视频中存在的侵权内容承担侵权责任。而相应地，既然斗鱼公司是这些成果的权利人，享有相关权益，其自然应对因该成果产生的法律后果承担相应责任。斗鱼公司认为其是受让的主播作品的知识产权，并不是涉案视频的直接制作者，所以不应担责。但从其与主播之间的协议约定上看，主播实质上是在为斗鱼公司创作作品，作品一旦完成，权利就属于斗鱼公司。不存在主播首先享有作品的知识产权再进行转让的过程。至于斗鱼公司在对外承担相应侵权责任后，如何追究主播的责任，属于斗鱼公司与主播之间的内部关系，其可以按照双方的约定另行主张。

其次，斗鱼公司并不是通常意义上的网络服务提供者。一般情况下，网络服务提供者如果仅提供的是自动接入、自动传输、信息存储空间、搜索、链接、文件分享技术等网络服务，当网络用户利用网络服务实施侵权行为的，按照《民法典》第1195条的规定，在接到被侵权人通知后，网络服务提供者及时采取删除、屏蔽、断开链接等必要措施后，则可以免责。而斗鱼公司所有的斗鱼直播平台不同，凡在斗鱼直播平台上进行直播的主播均要与斗鱼公司签订《斗鱼直播协议》，在协议中详细约定双方的权利义务、服务费用结算以及直播方应承担的违约责任，最重要的是约定了斗鱼公司虽不参与创作，但直播方成果的权利属于斗鱼公司，这说明斗鱼公司不仅是网络服务的提供者，还是平台上音视频产品的所有者和提供者，并享有这些成果所带来的收益，在这种情况下，虽然其在获悉涉案视频存在侵权内容后及时删除了相关视频，但也不能就此免责。

最后，海量的注册用户及直播的即时性和随意性亦不能成为斗鱼公司的免责理由。既然斗鱼公司与每一位在平台上注册的直播方约定直播方在直播期间的所有成果的全部知识产权及相关权益均由斗鱼公司享有，那么其当然应对直播成果的合法性负有更高的注意义务和审核义务。况且，海量用户的存在还会带来巨大的影响和收益，斗鱼公司不应一方面享受利益，另一方面又以直播注册用户数量庞大及直播难以监管而逃避审核、放弃监管，放任侵权行为的发生，拒绝承担与其所享有的权利相匹配的义务。因此，斗鱼公司不能援引最高人民法院《关于审理侵害信息网络传播权民事纠纷案件适用法律若干问题的规定》第8条第2款、第3款之规定免责。

综合以上三点,斗鱼公司应对其平台上的涉案视频承担相应的侵权责任。

3. 斗鱼公司应当如何承担侵权责任

根据《民法典》的规定,在已认定斗鱼公司存在侵权行为的情况下,斗鱼公司应承担停止侵害、赔偿损失等民事责任。因此,在涉案视频仍存放于斗鱼直播平台上时,音著协要求斗鱼公司在其斗鱼直播平台停止使用涉案歌曲《恋人心》,属于正当诉请。但鉴于斗鱼公司在2018年7月9日即已经将涉案视频删除,这一事实双方当事人也已确认,故在侵权行为已经终止、侵权事实已不存在的情况下,音著协的该项诉请已没有事实根据,故对于该项请求法院不予支持。

关于音著协要求斗鱼公司赔偿涉案歌曲著作权使用费3万元的请求,因根据《著作权法》的规定,赔偿标准应当按照权利人的实际损失和侵权人的违法所得进行确定。赔偿数额还应当包括权利人为制止侵权行为所支付的合理开支。本案中,音著协未对其因歌曲《恋人心》被侵权所遭受的实际损失和斗鱼直播平台上播放这一歌曲而获益的情况进行举证,因此,法院只能根据本案中的具体侵权情节来确定赔偿数额。

根据音著协网站上公布的《网络传播权业务类的收费标准》,如果经音著协许可后合法上载一首歌曲,每年收费200元。本案中,主播是在直播期间播放的歌曲《恋人心》,且歌曲仅被播放了1分10秒,在播放歌曲期间主播还在一直与观众进行直播对话,播放页面上没有广告。此外,斗鱼公司在知悉音著协因涉案视频提起诉讼之后,及时删除了该视频,没有造成影响的继续扩大。故综合以上因素,法院酌情确定斗鱼公司因使用《恋人心》歌曲应赔偿音著协2000元经济损失。对于音著协主张损失赔偿的过高部分,法院不予支持。

关于音著协要求斗鱼公司赔偿其为本案支出的合理费用即律师费8000元和公证费4600元的请求。根据最高人民法院《关于审理著作权民事纠纷案件适用法律若干问题的解释》的规定,制止侵权行为所支付的合理开支,包括权利人或者委托代理人对侵权行为进行调查、取证的合理费用。本案中,为固定侵权事实,音著协委托北京市信德公证处进行了公证,支出公证费4600元,但考虑到相应《公证书》是对25首歌曲的涉嫌侵权事实进行的公证,涉及本案的侵权事实仅是其中之一,因此音著协要求斗鱼公司全额赔偿4600元公证费的请求缺乏合理性,法院酌情确定本案公证费合理开支为200元。关于律师费,同样根据最高人民法院《关于审理著作权民事纠纷案件适用法律若干问题的解释》的规定,人民法院根据当事人的诉讼请求和具体案情,可以将符合国家有关部门规定的律师费用计算在赔偿范围内。但根据北京市有关部门现有规定,北京市律师诉讼代理服务收费已取消政府指导价,实行市场调节价。北京市律师收费标准已经没有国家统一规定的标准进行参照,因此,法院亦将考虑本案的实际情况,酌情确定斗鱼公司应赔偿音著协的律师费合理开支为3000元。

【裁判结论】法院判决:被告武汉斗鱼网络科技有限公司赔偿原告中国音乐著作权协会经济损失2000元;被告武汉斗鱼网络科技有限公司赔偿原告中国音乐著作权协会因诉讼支出的合理费用3200元;驳回原告中国音乐著作权协会的其他诉讼请求。

【律师评述】在网络直播中,很多主播通常将翻唱别人演唱的歌曲作为展示才艺的主要手段,借此拥有了很多的粉丝。主播的收入主要来源是礼物和打赏等。翻唱作为主播相对容易上手的内容生产方式,是很多主播的首选直播方式。

翻唱在让主播变现更容易的同时,也极易侵犯音乐作品著作权人的利益。《著作权法》(2020年修正)第10条第1款第9项规定:"(九)表演权,即公开表演作品,以及用各种手段公开播送作品的表演的权利。"作者享有表演权的模式有以下三种:现场表演、向远方公众传播表演以及机械表演。显然,主播的表演属于向远方传播作品表演的行为。主播想要表演他人的作品,需要事先获得相关许可,并支付费用,即直播应该获得作者的授权并支付报酬。未经授权的主播表演行为,侵犯了作者的表演权。

关于主播的表演是否侵犯作者的信息网络传播权存在争议。根据《著作权法》(2020年修正)第10条第1款第12项规定:"(十二)信息网络传播权,即以有线或者无线方式向公众提供作品,使公众可以在其个人选定的时间和地点获得作品的权利。"信息网络传播权的核心就是作品被上传至互联网服务器中,观众可以随时获得。就直播翻唱音乐作品而言,不涉及回放、录屏上传至网站等行为,直播具有即时性和互动性,直播更多表现为"单向性",直播的开始和结束都取决于主播的控制,观众更多是被动地观看,不能快进或快退等。因此,主播未经授权使用音乐,不构成对著作权人信息网络传播权的侵犯。[1] 但是,录屏功能的发展完善导致主播或者观众会将直播中的内容录屏并上传至网站中。此时,直播内容就已成为视频作品,观众可以随时随地选择观看,这无疑侵犯了音乐作品著作权人的信息网络传播权。

有的主播不局限于翻唱别人的音乐作品,还会在原有音乐作品的基础上进行改编,从而创作出具有独创性的新作品。相较于翻唱而言,改编音乐作品对主播提出了更高的要求,如音乐素养。有的主播改编音乐作品是为了展示音乐才华,提升直播内容的质量;但是有的主播则是出于恶搞、哗众取宠等原因进行改编。[2] 未经授权改编音乐作品,将会侵犯著作权人的改编权,恶搞音乐作品还可能侵犯著作权人的人格权或名誉权。

除了主播翻唱或改编音乐作品,有的主播会在直播中将音乐作为背景来烘托气氛。才艺表演固然重要,但是适时播放具有共鸣的音乐,可以此调动观众的情绪,刺激观众的角色认同,从而让观众更加喜欢直播内容。主播未经授权使用音乐作品,也侵犯了作者的著作权。

二、网络直播中音乐侵权的免责事由

在音著协诉斗鱼直播一案中,其中一个争议焦点就是斗鱼平台的免责事由,即直播中的音乐是否属于合理使用,海量的注册用户及直播的即时性和随意性能否成为斗鱼公司的免责理由。对此,《信息网络传播权保护条例》(2013年修订)第22条明确列举了直播平台的免责事由。

主播未经授权使用音乐作品的行为,能否被归入"合理使用"范畴值得特别说明。有的学者认为,在网络直播中使用音乐的行为,符合《著作权法》(2020

---

〔1〕 赵世兰、张荧子暄:《网络直播中的音乐版权问题研究》,载《音乐传播》2018年第3期。

〔2〕 崔恒永、程雯:《秀场直播中的音乐侵权问题研究》,载《现代出版》2017年第6期。

年修正）第24条“合理使用”条件，即“免费表演已经发表的作品，该表演未向公众收取费用，也未向表演者支付报酬”。判断行为是否属于“合理使用”，不应仅通过法条的表面含义判定，需要根据“合理使用”的核心特征进行分析。合理使用的规定旨在促进有利于公共利益内容的传播，推进社会的整体进步，即基于公共利益考量而对著作权人的权利进行限制。我国《著作权法》列举的“合理使用”方式，都属于促进社会进步且对著作权危害不大的情形。[1]

目前，从《伯尔尼公约》中得出的“三步检验法”已经成为检验著作权合理使用原则的标准，即：（1）判断某行为是否已经构成著作权法意义上的侵权；（2）该行为不应当与权利人的正常使用相冲突；（3）该行为没有不合理地损害权利人的正当权益。主播在直播中演唱或播放音乐的行为，往往伴随观众的打赏互动。根据主播与平台签订的协议，直播内容产生的知识产权、所有权均归平台，打赏收益则由主播与平台按比例分成。因此，直播的营利性表明不符合“合理使用”的条件。

但是，如果主播对原作品的使用达到“转换性使用”层面，则很有可能符合“合理使用”。“转换性使用”是指基于讽刺或者创新等目的，将已有作品加工成了新的作品，因其丰富了社会文化而可以被“合理使用”所涵括。早年间备受大家关注的《一个馒头引发的血案》就对电影《无极》等素材进行剪辑，形成了一个新故事。虽然《一个馒头引发的血案》使用了《无极》的片段，但是剧情、对白、剪辑等都完全不同于《无极》电影，已然形成一个全新的作品。二者不具有替代关系，也不会影响《无极》的市场价值。因此，《一个馒头引发的血案》很有可能因为符合“转换性使用”而属于“合理使用”。

根据主播与平台签订的协议，斗鱼公司在享有知识产权及相关权益的同时，理应对直播成果的合法性负担更高的注意义务和审核义务。根据权利义务相统一原则，案涉平台不能一边享受直播内容带来的巨大收益，一边以“即时性、随意性”逃避其法律义务。因此，直播平台公司不能以注册用户多、直播的

---

〔1〕林美辰、姚天辰：《网络直播中音乐使用的侵权行为分析——以音著协诉斗鱼直播案为例》，载《产业与科技论坛》2020年第19期。

即时性和随意性作为其免责事由。

三、网络直播中音乐侵权的责任承担

在直播中使用音乐的侵权案件中,由于直播平台、主播、直播的经纪公司之间的不同法律关系,侵权主体的责任分配有所不同。

如果主播没有跟直播平台签约,主播的直播行为就是其个人行为,直播的时间、地点和内容等均由主播自行选择,不受直播平台的限制。但是直播平台仍需对直播内容进行审核和监督。如果直播内容侵犯音乐作品著作权人的权利,权利人难以直接找到主播本人。但是由于直播平台为主播提供了空间,根据《民法典》中的"避风港原则",直播平台对侵权行为不参与且不知情时,应免于承担责任,但是适用"避风港原则"时,直播平台应该立即采取相应措施,控制侵权行为的扩散。对于因控制扩散不利造成的进一步损害,直播平台应承担连带责任。

直播平台与主播签约一般有两种模式。其一,直播平台与主播签订劳动合同,主播凭借自己的直播行为,获取平台支付的劳动报酬。另外,主播可以根据观众打赏及礼物等进行分成。其二,主播平台与主播系合作关系。在实践中,直播平台经常会与有一定特长的且已经具有一定人气的网红,采取独家直播模式进行合作。直播平台与主播通过协议约定双方权利义务,直播平台根据直播内容、粉丝打赏、礼物销售等与主播进行分成,并向主播支付约定的报酬。无论直播平台与主播的签约关系是劳务合同还是合作关系,对于主播在直播平台侵犯音乐作品著作权的行为,双方应当共同承担侵权责任;如果双方对此有约定时,按照约定内容分配侵权责任;如果没有进行约定,则由直播平台承担主要侵权责任。

如果直播平台与主播的经纪公司建立合作关系,则涉及主播平台、主播经纪公司与主播三方主体。由于主播隶属于经纪公司,按照经纪公司的要求完成工作,并为经纪公司带来收入。主播在直播平台进行的直播内容,一般由三方主体协商决定。如果主播在直播中侵犯音乐作品著作权,则按照直播平台与经纪公司双方约定的权利义务分配责任承担。一般情况下,直播平台承担主要责任。如果责任约定不明,则根据经营中的利益分配确定相应的责任。

综上所述,无论直播平台与主播是何种法律关系,只要直播中涉及音乐作品侵权,直播平台都可能面临直接或间接的侵权责任。《互联网直播服务管理规定》第7条第2款规定:"互联网直播服务提供者应当建立直播内容审核平台,根据互联网直播的内容类别、用户规模等实施分级分类管理,对图文、视频、音频等直播内容加注或播报平台标识信息,对互联网新闻信息直播及其互动内容实施先审后发管理。"因此,直播平台应该加强对直播内容的审核,尤其是对于著作权的合规审查。

第三节　直播中的游戏著作权侵权纠纷

以广州某计算机公司与广州某网络公司侵害著作权及不正当竞争纠纷案〔1〕为例,该案的争议焦点中关于著作权保护的部分较为典型,值得我们细细推敲和借鉴。

本案中,原告主张涉案游戏连续动态画面不满足"独创性"和"可复制性"要件,不构成作品,不应获得著作权法保护;游戏主播在直播过程中投入巨大智力劳动,游戏直播画面构成具有独创性的新作品,游戏开发者对游戏直播画面并无创作意图,应当认定游戏主播而非游戏开发者是新作品的权利人。而被告则主张,涉案游戏运行过程中呈现的连续动态画面构成类电作品,未经许可直播涉案游戏连续动态画面的行为侵犯其依法享有的著作权。

1. 涉案游戏连续动态画面是否构成作品及类电作品

要判定其是否构成类电作品前提是判断其是否构成《著作权法》上的作品。法院首先援引了《著作权法实施条例》(2013年修订)第2条规定,"著作权法所称作品是指文学、艺术和科学领域内具有独创性并能以某种有形形式复制的智力成果"。认为涉案游戏整体画面属于文学、艺术领域具有独创性并能以有形

〔1〕 参见广东省高级人民法院民事判决书,(2018)粤民终137号。

形式复制的智力成果,能够作为作品获得《著作权法》的保护。

2. 涉案游戏连续动态画面(整体画面)是否构成类电作品

法院适用《伯尔尼公约》第 2 条第 1 款,将涉案游戏连续动态画面认定为类电作品。文学艺术作品包括"以类似摄制电影的方法表现的作品",指出类电作品的保护着眼于创作的内容,而非制作工艺。只要某种可复制的独创性表达,以类似摄制电影的方法表现并满足"由一系列有伴音或者无伴音的画面组成"的要件,可认定为类电作品。并进一步分析认为,将涉案游戏整体画面认定为类电作品,符合我国《著作权法》框架下游戏产品整体化保护的实际需求。

3. 关于被诉游戏直播画面的著作权性质及权利归属

法院首先厘清了演绎作品著作权与原作品著作权之间的逻辑关系。根据《著作权法》的相关规定,在已有作品基础上进行演绎创作须经原作品著作权人的许可,且行使著作权时不得侵犯原作品的著作权。游戏直播画面是否构成新的作品与游戏直播行为是否侵犯他人著作权没有必然关联。若未经游戏著作权人许可使用游戏整体画面进行直播,即使直播行为产生了新的作品,也可能构成著作权侵权。

本案被诉游戏直播行为难以产生新的独创性表达或者构成新的作品。从前述公证的华多公司主播人员直播涉案游戏整体画面行为来看,被诉游戏直播画面以涉案游戏整体画面为主,以主播口头解说为辅。游戏主播玩游戏的过程并非著作权法意义上的创作,难以形成具有独创性的表达从而构成新的作品。

4. 被诉游戏直播行为是否属于我国著作权法规定的著作权利的调整范围

游戏直播不属于侵犯著作权人展览权、放映权、表演权、广播权和信息网络传播权的行为。但游戏直播作为一种公开传播作品的行为,属于"应当由著作权人享有的其他权利"。因此被诉游戏直播的行为属于我国《著作权法》的调整范围。

5. 被诉游戏直播行为是否属于对涉案游戏连续动态画面(整体画面)的合理使用

被诉游戏直播基于商业营利目的,使用涉案游戏的独创性表达,使用部分的比例超出合理限度,对涉案游戏潜在市场产生不利影响,与游戏著作权人自已开展游戏直播或者发放游戏直播许可的作品正常使用方式相互竞争而产生冲突，使得权利人无法充分有效行使著作权利从而获得经济利益，实质上不合理地损害其合法利益，不能认定为合理使用行为。

6. 侵权需承担赔偿责任

知识产权侵权损害赔偿的精细化裁判有赖于各方相关证据的充分披露，但是在相关证据不足以精确计算实际损失或侵权获利，同时有证据表明权利人实际损失或侵权人侵权获利明显超过法定赔偿上限时，可依法行使自由裁量权，依托涉案知识产权的市场价值，结合市场规律、行业特点、经验常识等因素对计算赔偿所需的必要数据进行合理推断，在此基础上依法酌定赔偿数额。

类似的还有暴雪、网易起诉4399手游抄袭案[1]，在上海市浦东新区人民法院的判决中，首次将射击类游戏认定为类电作品，并认定被告的两款游戏构成对《守望先锋》游戏整体画面类电作品著作权的侵权。

当然，同样是与游戏相关，对电竞赛事进行直播的行为不属于著作权规制的范围，法院在判定此类侵权纠纷案件的时候，是严格依据著作权客体的特征和定义，同时从《著作权法》的立法目的出发予以综合的权衡和判断，但对电竞赛事直播作品的权利保护并不完整，这个需要后期在立法和司法实践中进一步完善。

第四节　直播中的网剧侵权纠纷

因认为北京某科技有限公司在其运营的某直播平台上提供网剧《秘果》点播的行为涉嫌侵权，爱奇艺将其诉至法院。《秘果》是由爱奇艺自制的青春校园网络剧，在爱奇艺视频网站独家播出，仅爱奇艺付费会员享有点播全集的服务，并未授权第三方播放该作品。[2]

---

[1] 上海知识产权法院民事判决书，(2017)沪0115民初77945号，已生效。

[2] 北京知识产权法院民事判决书，(2018)京73民终1591号，已生效。

法院认为,被告公司的平台用户将涉案视频中的6集通过直播视频完整提供,其视频名称有该剧名称和“VIP”“网剧”字样,且上传时间在该剧热播期。虽然通过摄像头直播的视频画面质量较低,但因该剧的播放形式系爱奇艺公司针对付费的VIP用户给予全程播放的权利,对其他用户延迟放送,造成部分用户需求,故仍有用户通过该视频观看了涉案视频的部分内容,平台亦显示了数量。该直播及回放行为侵犯了爱奇艺公司对该剧享有的信息网络传播权,减少了爱奇艺公司网站获得注册用户的机会,给被告公司平台带来流量。虽然被告公司可能难以在众多直播内容中注意到涉案视频,但爱奇艺公司已在该剧上线之前向被告公司发送预警函,发现4月16日上传的涉案视频后自20日开始多次向被告公司平台公示的投诉邮箱发函,而被告公司在5月8日才给予删除,而该剧当时正在热播期,故可认为已经超过了通知删除应给予的缓期。被告公司作为网络服务提供者,接到通知后未及时采取必要措施,其行为构成帮助侵权,对损害的扩大部分应与提供内容的网络用户承担连带责任。被告公司承担责任后可依据其与平台用户的约定,向直接侵权者进行追偿。

《秘果》案非常典型地体现了网剧侵权中平台的注意义务以及“通知—删除”规则的适用。类似地,很多热门网剧播出时,一些网络直播平台的主播立即通过手机录制的形式进行直播,一边播放一边解说,还有的主播直接将涉案网剧的画面导入直播间,这种瞬时播放不仅给权利人的权利造成侵害,同时网络平台若没有及时履行审核义务或者在接到通知后未及时采取必要措施,极易与网络用户一起构成帮助侵权,承担连带责任。

类似的还有北京某科技有限公司侵害作品信息网络传播权纠纷案,[1]法院在说理时候引据了《侵权责任法》(已废止)第36条第3款[2]规定,网络服务提供者知道网络用户利用其网络服务侵害他人民事权益,未采取必要措施的,与该网络用户承担连带责任。法院认为,网络服务提供者构成帮助侵权至少满足以下两个条件:一是知道网络用户利用其网络服务侵害他人民事权益;二是

〔1〕 北京知识产权法院民事判决书,(2019)京73民终1012号。

〔2〕 对应《民法典》第1197条。

未采取必要的措施。2016 年 7 月 15 日国家版权局发布的第五批重点作品预警名单中已明确列明了涉案视频，被告公司对此应当知晓。对于重点预警作品，被告公司负有较高的注意义务，在现有技术条件下应尽可能阻止此类视频上传至网络，对于无法阻止、已经上传的，要及时发现、甄别，并立即采取断开链接、删除侵权内容等必要措施。而被告公司从涉案视频上传至删除前后持续约 3 个月，其注意标准明显低于一般网络服务提供者通常的注意标准，其采取必要措施的时间也明显超出合理范围。因此，法院认定被告公司存在过错，虽然被告公司抗辩为个人用户上传，但法院综合涉案剧曾由国家版权局发布预警通知、侵权信息明显等因素，判决被告的行为存在主观过错，构成帮助侵权，应承担侵权的法律责任。

第五节　直播解说中的侵权风险

很多自媒体博主们喜欢通过剪辑视频对影视剧素材进行重组和诠释，不管是在 B 站，还是在其他的短视频平台如抖音等，影视解说题材的视频都具有巨大的市场和流量，这种解读节目在一定程度上存在侵权的风险，与版权保护是背道而驰的。如前面笔者列举的深圳市某科技有限公司与某网络技术公司著作权权属、侵权纠纷案，就是因“图解电影”平台未经许可提供了热播网剧《三生三世十里桃花》的连续图集，基本涵盖了剧集的主要画面和全部情节，影响了作品的正常使用，侵害了版权方的网络传播权。

另一个典型案例就是前些年的谷阿莫被诉侵权案。2017 年 4 月 24 日，著名系列视频“谷阿莫说故事”制作人谷阿莫被我国台湾地区三家公司、平台以侵犯著作权为由诉至当地法院，同年，其又被迪士尼等五家电影公司起诉侵权，案件历时 2 年多后，仍在调解阶段。

对于以谷阿莫为代表的各类主播的模仿讽刺作品是否能构成合理使用，江

旻哲曾经在《法制与社会》上撰文进行探讨[1],提出模仿讽刺作品构成合理使用的要件:

(1)转换性,又可称相对独创性。其是指通过对原作增加新的美学内容、新的视角、新的理念,使原作在被使用过程中具有了新的价值、功能或性质。

(2)非商业性。模仿讽刺作品之作者不能将其运用于商业活动。

(3)引用适当性。此适当性应该解释为对于模仿讽刺作品之适当,而非原作之适当。引用部分除了不能在地位上盖过评论部分外,其也不能超过唤醒和评论两阶段目的所设定的上限。

(4)无害性,指不影响该作品的正常使用以及著作权人其他合法利益。

(5)形式完整性。依我国合理使用制度法律规定,使用他人作品必须指明原作品和原著作权人。这在网络二次创作中易被忽视,以对电影的模仿讽刺为例,制作者可以在视频开头加上制片公司的画面和原片片名画面,或在最后进行说明。

综合以上几点,笔者认为,谷阿莫之模仿讽刺作品转换性较低,引用内容不太适当,未指明原作者名称,部分具有明显的商业性,恐难以构成合理使用。

第六节　直播中延时摄影作品侵权纠纷

在周某某与屠某某著作权侵权纠纷案中[2],周某某系以北京地标性建筑为背景,将5000多张照片经过后期修图制作、编辑加工,形成3分43秒视频《延时北京》。后首次公开发表在优酷官网,生成视频链接后,在实名认证的新浪微博文章中引用了该视频播放链接。

在对延时摄影作品的定性方面,法院认为,延时摄影是一种将时间压缩的拍摄技术,其拍摄的是一组照片或视频,后期通过照片串联或是视频抽帧,把几

[1] 江旻哲:《对模仿讽刺作品构成合理使用之判断标准反思——从谷阿莫被诉侵犯著作权案说起》,载《法制与社会》2017年第18期。

[2] 北京知识产权法院民事判决书,(2019)京0491民初8606号,已生效。

分钟、几小时甚至是几天、几年的过程压缩在一个较短的时间内，以视频的方式播放。延时摄影通常应用在拍摄城市风光、自然风景、天文现象、城市生活、建筑制造、生物演变等题材上。本案中，周某某以北京城市地标性建筑为背景，拍摄5000余张照片，之后利用照片素材通过电脑软件制作成涉案视频，在保留摄影作品高画质的同时，赋予静止的照片以动态，形成具有美感的连续画面，并且制作者在素材选取、主题内容的表达上具有独创性，故涉案视频属于我国《著作权法》第3条第6项规定的“以类似摄制电影的方法创作的作品”。

在应当承担何种责任的方面，法院认为，署名权是指表明作者身份，在作品上署名的权利。本案中，屠某某通过涉案店铺向公众出售包含涉案视频的文件，未表明作者身份，侵犯了周某某对涉案视频享有的署名权。信息网络传播权是指以有线或者无线方式向公众提供作品，使公众可以在其个人选定的时间和地点获得作品的权利。本案中，屠某某通过涉案店铺向公众出售包含涉案视频的文件，购买人付款后通过百度网盘或邮箱获得包含涉案视频的文件，可以在其个人选定的时间和地点获得涉案视频，屠某某侵犯了周某某对涉案视频享有的信息网络传播权。

这个典型案例基本上确认了对延时摄影作品的定性和裁判规则，对后续类似案件具有很强的指导意义。

随着网络直播平台的发展，与之有关的知识产权风险也愈演愈烈，尤其是新的问题层出，给行业的发展和维权带来较大的挑战。虽然从大多数案例可以看出，知识产权纠纷主要发生在网络直播平台和权利人之间，但直接的侵权人通常是主播及其背后的MCN机构，一旦被判定侵权，网络直播平台必然要采取各种限制措施，势必会影响到主播及其背后MCN机构的商业利益和商业信誉。因此，MCN机构要着重提高主播的知识产权保护意识，而网络直播平台可以通过设置悬浮框、用户协议等多种提示方式，告知主播应当履行的责任和义务，厘清自己的责任，并建立规范的知识产权管理部门与风险预警部门，防范知识产权侵权法律风险。

附录　相关法律法规制度

（一）法律法规司法解释

1. 中华人民共和国电子商务法

（2018年8月31日第十三届全国人民代表大会常务委员会
第五次会议通过　2018年8月31日公布
中华人民共和国主席令第7号　自2019年1月1日起施行）

第一章　总　　则

第一条　为了保障电子商务各方主体的合法权益，规范电子商务行为，维护市场秩序，促进电子商务持续健康发展，制定本法。

第二条　中华人民共和国境内的电子商务活动，适用本法。

本法所称电子商务，是指通过互联网等信息网络销售商品或者提供服务的经营活动。

法律、行政法规对销售商品或者提供服务有规定的，适用其规定。金融类产品和服务，利用信息网络提供新闻信息、音视频节目、出版以及文化产品等内容方面的服务，不适用本法。

第三条　国家鼓励发展电子商务新业态，创新商业模式，促进电子商务技术研发和推广应用，推进电子商务诚信体系建设，营造有利于电子商务创新发展的市场环境，充分发挥电子商务在推动高质量发展、满足人民日益增长的美好生活需要、构建开放型经济方面的重要作用。

第四条　国家平等对待线上线下商务活动，促进线上线下融合发展，各级人民政府和有关部门不得采取歧视性的政策措施，不得滥用行政权力排除、限制市场竞争。

第五条　电子商务经营者从事经营活动，应当遵循自愿、平等、公平、诚信的原则，遵守法律和商业道德，公平参与市场竞争，履行消费者权益保护、环境保护、知识产权保护、网络安全与个人信息保护等方面的义务，承担产品和服务质量责任，接受政府和社会的监督。

第六条　国务院有关部门按照职责分工负责电子商务发展促进、监督管理等工作。县级以上地方各级人民政府可以根据本行政区域的实际情况，确定本行政区域内电子商务的部门职责划分。

第七条　国家建立符合电子商务特点的协同管理体系，推动形成有关部门、电子商务行业组织、电子商务经营者、消费者等共同参与的电子商务市场治理体系。

第八条　电子商务行业组织按照本组织章程开展行业自律，建立健全行业规范，推动行业诚信建设，监督、引导本行业经营者公平参与市场竞争。

第二章　电子商务经营者

第一节　一般规定

第九条　本法所称电子商务经营者，是指通过互联网等信息网络从事销售商品或者提供服务的经营活动的自然人、法人和非法人组织，包括电子商务平台经营者、平台内经营者以及通过自建网站、其他网络服务销售商品或者提供服务的电子商务经营者。

本法所称电子商务平台经营者，是指在电子商务中为交易双方或者多方提供网络经营场所、交易撮合、信息发布等服务，供交易双方或者多方独立开展交易活动的法人或者非法人组织。

本法所称平台内经营者，是指通过电子商务平台销售商品或者提供服务的电子商务经营者。

第十条　电子商务经营者应当依法办理市场主体登记。但是，个人销售自产农副产品、家庭手工业产品,个人利用自己的技能从事依法无须取得许可的便民劳务活动和零星小额交易活动,以及依照法律、行政法规不需要进行登记的除外。

第十一条 电子商务经营者应当依法履行纳税义务,并依法享受税收优惠。

依照前条规定不需要办理市场主体登记的电子商务经营者在首次纳税义务发生后,应当依照税收征收管理法律、行政法规的规定申请办理税务登记,并如实申报纳税。

第十二条 电子商务经营者从事经营活动,依法需要取得相关行政许可的,应当依法取得行政许可。

第十三条 电子商务经营者销售的商品或者提供的服务应当符合保障人身、财产安全的要求和环境保护要求,不得销售或者提供法律、行政法规禁止交易的商品或者服务。

第十四条 电子商务经营者销售商品或者提供服务应当依法出具纸质发票或者电子发票等购货凭证或者服务单据。电子发票与纸质发票具有同等法律效力。

第十五条 电子商务经营者应当在其首页显著位置,持续公示营业执照信息、与其经营业务有关的行政许可信息、属于依照本法第十条规定的不需要办理市场主体登记情形等信息,或者上述信息的链接标识。

前款规定的信息发生变更的,电子商务经营者应当及时更新公示信息。

第十六条 电子商务经营者自行终止从事电子商务的,应当提前三十日在首页显著位置持续公示有关信息。

第十七条 电子商务经营者应当全面、真实、准确、及时地披露商品或者服务信息,保障消费者的知情权和选择权。电子商务经营者不得以虚构交易、编造用户评价等方式进行虚假或者引人误解的商业宣传,欺骗、误导消费者。

第十八条 电子商务经营者根据消费者的兴趣爱好、消费习惯等特征向其提供商品或者服务的搜索结果的,应当同时向该消费者提供不针对其个人特征的选项,尊重和平等保护消费者合法权益。

电子商务经营者向消费者发送广告的，应当遵守《中华人民共和国广告法》的有关规定。

第十九条　电子商务经营者搭售商品或者服务，应当以显著方式提请消费者注意，不得将搭售商品或者服务作为默认同意的选项。

第二十条　电子商务经营者应当按照承诺或者与消费者约定的方式、时限向消费者交付商品或者服务，并承担商品运输中的风险和责任。但是，消费者另行选择快递物流服务提供者的除外。

第二十一条　电子商务经营者按照约定向消费者收取押金的，应当明示押金退还的方式、程序，不得对押金退还设置不合理条件。消费者申请退还押金，符合押金退还条件的，电子商务经营者应当及时退还。

第二十二条　电子商务经营者因其技术优势、用户数量、对相关行业的控制能力以及其他经营者对该电子商务经营者在交易上的依赖程度等因素而具有市场支配地位的，不得滥用市场支配地位，排除、限制竞争。

第二十三条　电子商务经营者收集、使用其用户的个人信息，应当遵守法律、行政法规有关个人信息保护的规定。

第二十四条　电子商务经营者应当明示用户信息查询、更正、删除以及用户注销的方式、程序，不得对用户信息查询、更正、删除以及用户注销设置不合理条件。

电子商务经营者收到用户信息查询或者更正、删除的申请的，应当在核实身份后及时提供查询或者更正、删除用户信息。用户注销的，电子商务经营者应当立即删除该用户的信息；依照法律、行政法规的规定或者双方约定保存的，依照其规定。

第二十五条　有关主管部门依照法律、行政法规的规定要求电子商务经营者提供有关电子商务数据信息的，电子商务经营者应当提供。有关主管部门应当采取必要措施保护电子商务经营者提供的数据信息的安全，并对其中的个人信息、隐私和商业秘密严格保密，不得泄露、出售或者非法向他人提供。

第二十六条　电子商务经营者从事跨境电子商务，应当遵守进出口监督管理的法律、行政法规和国家有关规定。

第二节 电子商务平台经营者

第二十七条 电子商务平台经营者应当要求申请进入平台销售商品或者提供服务的经营者提交其身份、地址、联系方式、行政许可等真实信息,进行核验、登记,建立登记档案,并定期核验更新。

电子商务平台经营者为进入平台销售商品或者提供服务的非经营用户提供服务,应当遵守本节有关规定。

第二十八条 电子商务平台经营者应当按照规定向市场监督管理部门报送平台内经营者的身份信息,提示未办理市场主体登记的经营者依法办理登记,并配合市场监督管理部门,针对电子商务的特点,为应当办理市场主体登记的经营者办理登记提供便利。

电子商务平台经营者应当依照税收征收管理法律、行政法规的规定,向税务部门报送平台内经营者的身份信息和与纳税有关的信息,并应当提示依照本法第十条规定不需要办理市场主体登记的电子商务经营者依照本法第十一条第二款的规定办理税务登记。

第二十九条 电子商务平台经营者发现平台内的商品或者服务信息存在违反本法第十二条、第十三条规定情形的,应当依法采取必要的处置措施,并向有关主管部门报告。

第三十条 电子商务平台经营者应当采取技术措施和其他必要措施保证其网络安全、稳定运行,防范网络违法犯罪活动,有效应对网络安全事件,保障电子商务交易安全。

电子商务平台经营者应当制定网络安全事件应急预案,发生网络安全事件时,应当立即启动应急预案,采取相应的补救措施,并向有关主管部门报告。

第三十一条 电子商务平台经营者应当记录、保存平台上发布的商品和服务信息、交易信息,并确保信息的完整性、保密性、可用性。商品和服务信息、交易信息保存时间自交易完成之日起不少于三年;法律、行政法规另有规定的,依照其规定。

第三十二条 电子商务平台经营者应当遵循公开、公平、公正的原则,制定平台服务协议和交易规则，明确进入和退出平台、商品和服务质量保障、消费者权益保护、个人信息保护等方面的权利和义务。

第三十三条　电子商务平台经营者应当在其首页显著位置持续公示平台服务协议和交易规则信息或者上述信息的链接标识，并保证经营者和消费者能够便利、完整地阅览和下载。

第三十四条　电子商务平台经营者修改平台服务协议和交易规则，应当在其首页显著位置公开征求意见，采取合理措施确保有关各方能够及时充分表达意见。修改内容应当至少在实施前七日予以公示。

平台内经营者不接受修改内容，要求退出平台的，电子商务平台经营者不得阻止，并按照修改前的服务协议和交易规则承担相关责任。

第三十五条　电子商务平台经营者不得利用服务协议、交易规则以及技术等手段，对平台内经营者在平台内的交易、交易价格以及与其他经营者的交易等进行不合理限制或者附加不合理条件，或者向平台内经营者收取不合理费用。

第三十六条　电子商务平台经营者依据平台服务协议和交易规则对平台内经营者违反法律、法规的行为实施警示、暂停或者终止服务等措施的，应当及时公示。

第三十七条　电子商务平台经营者在其平台上开展自营业务的，应当以显著方式区分标记自营业务和平台内经营者开展的业务，不得误导消费者。

电子商务平台经营者对其标记为自营的业务依法承担商品销售者或者服务提供者的民事责任。

第三十八条　电子商务平台经营者知道或者应当知道平台内经营者销售的商品或者提供的服务不符合保障人身、财产安全的要求，或者有其他侵害消费者合法权益行为，未采取必要措施的，依法与该平台内经营者承担连带责任。

对关系消费者生命健康的商品或者服务，电子商务平台经营者对平台内经营者的资质资格未尽到审核义务，或者对消费者未尽到安全保障义务，造成消费者损害的，依法承担相应的责任。

第三十九条　电子商务平台经营者应当建立健全信用评价制度，公示信用评价规则,为消费者提供对平台内销售的商品或者提供的服务进行评价的途径。

电子商务平台经营者不得删除消费者对其平台内销售的商品或者提供的服务的评价。

第四十条 电子商务平台经营者应当根据商品或者服务的价格、销量、信用等以多种方式向消费者显示商品或者服务的搜索结果;对于竞价排名的商品或者服务,应当显著标明“广告”。

第四十一条 电子商务平台经营者应当建立知识产权保护规则,与知识产权权利人加强合作,依法保护知识产权。

第四十二条 知识产权权利人认为其知识产权受到侵害的,有权通知电子商务平台经营者采取删除、屏蔽、断开链接、终止交易和服务等必要措施。通知应当包括构成侵权的初步证据。

电子商务平台经营者接到通知后,应当及时采取必要措施,并将该通知转送平台内经营者;未及时采取必要措施的,对损害的扩大部分与平台内经营者承担连带责任。

因通知错误造成平台内经营者损害的,依法承担民事责任。恶意发出错误通知,造成平台内经营者损失的,加倍承担赔偿责任。

第四十三条 平台内经营者接到转送的通知后,可以向电子商务平台经营者提交不存在侵权行为的声明。声明应当包括不存在侵权行为的初步证据。

电子商务平台经营者接到声明后,应当将该声明转送发出通知的知识产权权利人,并告知其可以向有关主管部门投诉或者向人民法院起诉。电子商务平台经营者在转送声明到达知识产权权利人后十五日内,未收到权利人已经投诉或者起诉通知的,应当及时终止所采取的措施。

第四十四条 电子商务平台经营者应当及时公示收到的本法第四十二条、第四十三条规定的通知、声明及处理结果。

第四十五条 电子商务平台经营者知道或者应当知道平台内经营者侵犯知识产权的,应当采取删除、屏蔽、断开链接、终止交易和服务等必要措施;未采取必要措施的,与侵权人承担连带责任。

第四十六条 除本法第九条第二款规定的服务外，电子商务平台经营者可以按照平台服务协议和交易规则，为经营者之间的电子商务提供仓储、物流、支付结算、交收等服务。电子商务平台经营者为经营者之间的电子商务提供服务，应当遵守法律、行政法规和国家有关规定，不得采取集中竞价、做市商等集中交易方式进行交易，不得进行标准化合约交易。

第三章 电子商务合同的订立与履行

第四十七条 电子商务当事人订立和履行合同，适用本章和《中华人民共和国民法总则》《中华人民共和国合同法》《中华人民共和国电子签名法》等法律的规定。

第四十八条 电子商务当事人使用自动信息系统订立或者履行合同的行为对使用该系统的当事人具有法律效力。

在电子商务中推定当事人具有相应的民事行为能力。但是，有相反证据足以推翻的除外。

第四十九条 电子商务经营者发布的商品或者服务信息符合要约条件的，用户选择该商品或者服务并提交订单成功，合同成立。当事人另有约定的，从其约定。

电子商务经营者不得以格式条款等方式约定消费者支付价款后合同不成立；格式条款等含有该内容的，其内容无效。

第五十条 电子商务经营者应当清晰、全面、明确地告知用户订立合同的步骤、注意事项、下载方法等事项，并保证用户能够便利、完整地阅览和下载。

电子商务经营者应当保证用户在提交订单前可以更正输入错误。

第五十一条 合同标的为交付商品并采用快递物流方式交付的，收货人签收时间为交付时间。合同标的为提供服务的，生成的电子凭证或者实物凭证中载明的时间为交付时间；前述凭证没有载明时间或者载明时间与实际提供服务时间不一致的，实际提供服务的时间为交付时间。

合同标的为采用在线传输方式交付的，合同标的进入对方当事人指定的特定系统并且能够检索识别的时间为交付时间。

合同当事人对交付方式、交付时间另有约定的,从其约定。

第五十二条 电子商务当事人可以约定采用快递物流方式交付商品。

快递物流服务提供者为电子商务提供快递物流服务,应当遵守法律、行政法规,并应当符合承诺的服务规范和时限。快递物流服务提供者在交付商品时,应当提示收货人当面查验;交由他人代收的,应当经收货人同意。

快递物流服务提供者应当按照规定使用环保包装材料,实现包装材料的减量化和再利用。

快递物流服务提供者在提供快递物流服务的同时,可以接受电子商务经营者的委托提供代收货款服务。

第五十三条 电子商务当事人可以约定采用电子支付方式支付价款。

电子支付服务提供者为电子商务提供电子支付服务,应当遵守国家规定,告知用户电子支付服务的功能、使用方法、注意事项、相关风险和收费标准等事项,不得附加不合理交易条件。电子支付服务提供者应当确保电子支付指令的完整性、一致性、可跟踪稽核和不可篡改。

电子支付服务提供者应当向用户免费提供对账服务以及最近三年的交易记录。

第五十四条 电子支付服务提供者提供电子支付服务不符合国家有关支付安全管理要求,造成用户损失的,应当承担赔偿责任。

第五十五条 用户在发出支付指令前,应当核对支付指令所包含的金额、收款人等完整信息。

支付指令发生错误的,电子支付服务提供者应当及时查找原因,并采取相关措施予以纠正。造成用户损失的,电子支付服务提供者应当承担赔偿责任,但能够证明支付错误非自身原因造成的除外。

第五十六条 电子支付服务提供者完成电子支付后,应当及时准确地向用户提供符合约定方式的确认支付的信息。

第五十七条 用户应当妥善保管交易密码、电子签名数据等安全工具。用户发现安全工具遗失、被盗用或者未经授权的支付的,应当及时通知电子支付服务提供者。

未经授权的支付造成的损失，由电子支付服务提供者承担；电子支付服务提供者能够证明未经授权的支付是因用户的过错造成的，不承担责任。

电子支付服务提供者发现支付指令未经授权，或者收到用户支付指令未经授权的通知时，应当立即采取措施防止损失扩大。电子支付服务提供者未及时采取措施导致损失扩大的，对损失扩大部分承担责任。

第四章　电子商务争议解决

第五十八条　国家鼓励电子商务平台经营者建立有利于电子商务发展和消费者权益保护的商品、服务质量担保机制。

电子商务平台经营者与平台内经营者协议设立消费者权益保证金的，双方应当就消费者权益保证金的提取数额、管理、使用和退还办法等作出明确约定。

消费者要求电子商务平台经营者承担先行赔偿责任以及电子商务平台经营者赔偿后向平台内经营者的追偿，适用《中华人民共和国消费者权益保护法》的有关规定。

第五十九条　电子商务经营者应当建立便捷、有效的投诉、举报机制，公开投诉、举报方式等信息，及时受理并处理投诉、举报。

第六十条　电子商务争议可以通过协商和解，请求消费者组织、行业协会或者其他依法成立的调解组织调解，向有关部门投诉，提请仲裁，或者提起诉讼等方式解决。

第六十一条　消费者在电子商务平台购买商品或者接受服务，与平台内经营者发生争议时，电子商务平台经营者应当积极协助消费者维护合法权益。

第六十二条　在电子商务争议处理中，电子商务经营者应当提供原始合同和交易记录。因电子商务经营者丢失、伪造、篡改、销毁、隐匿或者拒绝提供前述资料，致使人民法院、仲裁机构或者有关机关无法查明事实的，电子商务经营者应当承担相应的法律责任。

第六十三条　电子商务平台经营者可以建立争议在线解决机制，制定并公示争议解决规则，根据自愿原则，公平、公正地解决当事人的争议。

第五章　电子商务促进

第六十四条　国务院和省、自治区、直辖市人民政府应当将电子商务发展纳入国民经济和社会发展规划,制定科学合理的产业政策,促进电子商务创新发展。

第六十五条　国务院和县级以上地方人民政府及其有关部门应当采取措施,支持、推动绿色包装、仓储、运输,促进电子商务绿色发展。

第六十六条　国家推动电子商务基础设施和物流网络建设,完善电子商务统计制度,加强电子商务标准体系建设。

第六十七条　国家推动电子商务在国民经济各个领域的应用,支持电子商务与各产业融合发展。

第六十八条　国家促进农业生产、加工、流通等环节的互联网技术应用,鼓励各类社会资源加强合作,促进农村电子商务发展,发挥电子商务在精准扶贫中的作用。

第六十九条　国家维护电子商务交易安全,保护电子商务用户信息,鼓励电子商务数据开发应用,保障电子商务数据依法有序自由流动。

国家采取措施推动建立公共数据共享机制,促进电子商务经营者依法利用公共数据。

第七十条　国家支持依法设立的信用评价机构开展电子商务信用评价,向社会提供电子商务信用评价服务。

第七十一条　国家促进跨境电子商务发展,建立健全适应跨境电子商务特点的海关、税收、进出境检验检疫、支付结算等管理制度,提高跨境电子商务各环节便利化水平,支持跨境电子商务平台经营者等为跨境电子商务提供仓储物流、报关、报检等服务。

国家支持小型微型企业从事跨境电子商务。

第七十二条　国家进出口管理部门应当推进跨境电子商务海关申报、纳税、检验检疫等环节的综合服务和监管体系建设,优化监管流程,推动实现信息共享、监管互认、执法互助,提高跨境电子商务服务和监管效率。跨境电子商务经营者可以凭电子单证向国家进出口管理部门办理有关手续。

第七十三条　国家推动建立与不同国家、地区之间跨境电子商务的交流合作，参与电子商务国际规则的制定，促进电子签名、电子身份等国际互认。

国家推动建立与不同国家、地区之间的跨境电子商务争议解决机制。

第六章　法律责任

第七十四条　电子商务经营者销售商品或者提供服务，不履行合同义务或者履行合同义务不符合约定，或者造成他人损害的，依法承担民事责任。

第七十五条　电子商务经营者违反本法第十二条、第十三条规定，未取得相关行政许可从事经营活动，或者销售、提供法律、行政法规禁止交易的商品、服务，或者不履行本法第二十五条规定的信息提供义务，电子商务平台经营者违反本法第四十六条规定，采取集中交易方式进行交易，或者进行标准化合约交易的，依照有关法律、行政法规的规定处罚。

第七十六条　电子商务经营者违反本法规定，有下列行为之一的，由市场监督管理部门责令限期改正，可以处一万元以下的罚款，对其中的电子商务平台经营者，依照本法第八十一条第一款的规定处罚：

（一）未在首页显著位置公示营业执照信息、行政许可信息、属于不需要办理市场主体登记情形等信息，或者上述信息的链接标识的；

（二）未在首页显著位置持续公示终止电子商务的有关信息的；

（三）未明示用户信息查询、更正、删除以及用户注销的方式、程序，或者对用户信息查询、更正、删除以及用户注销设置不合理条件的。

电子商务平台经营者对违反前款规定的平台内经营者未采取必要措施的，由市场监督管理部门责令限期改正，可以处二万元以上十万元以下的罚款。

第七十七条　电子商务经营者违反本法第十八条第一款规定提供搜索结果，或者违反本法第十九条规定搭售商品、服务的，由市场监督管理部门责令限期改正，没收违法所得，可以并处五万元以上二十万元以下的罚款；情节严重的，并处二十万元以上五十万元以下的罚款。

第七十八条　电子商务经营者违反本法第二十一条规定，未向消费者明示押金退还的方式、程序,对押金退还设置不合理条件,或者不及时退还押金的,由有关主管部门责令限期改正,可以处五万元以上二十万元以下的罚款;情节严重的,处二十万元以上五十万元以下的罚款。

第七十九条 电子商务经营者违反法律、行政法规有关个人信息保护的规定,或者不履行本法第三十条和有关法律、行政法规规定的网络安全保障义务的,依照《中华人民共和国网络安全法》等法律、行政法规的规定处罚。

第八十条 电子商务平台经营者有下列行为之一的,由有关主管部门责令限期改正;逾期不改正的,处二万元以上十万元以下的罚款;情节严重的,责令停业整顿,并处十万元以上五十万元以下的罚款:

(一)不履行本法第二十七条规定的核验、登记义务的;

(二)不按照本法第二十八条规定向市场监督管理部门、税务部门报送有关信息的;

(三)不按照本法第二十九条规定对违法情形采取必要的处置措施,或者未向有关主管部门报告的;

(四)不履行本法第三十一条规定的商品和服务信息、交易信息保存义务的。

法律、行政法规对前款规定的违法行为的处罚另有规定的,依照其规定。

第八十一条 电子商务平台经营者违反本法规定,有下列行为之一的,由市场监督管理部门责令限期改正,可以处二万元以上十万元以下的罚款;情节严重的,处十万元以上五十万元以下的罚款:

(一)未在首页显著位置持续公示平台服务协议、交易规则信息或者上述信息的链接标识的;

(二)修改交易规则未在首页显著位置公开征求意见,未按照规定的时间提前公示修改内容,或者阻止平台内经营者退出的;

(三)未以显著方式区分标记自营业务和平台内经营者开展的业务的;

(四)未为消费者提供对平台内销售的商品或者提供的服务进行评价的途径,或者擅自删除消费者的评价的。

电子商务平台经营者违反本法第四十条规定,对竞价排名的商品或者服务未显著标明“广告”的，依照《中华人民共和国广告法》的规定处罚。

第八十二条　电子商务平台经营者违反本法第三十五条规定，对平台内经营者在平台内的交易、交易价格或者与其他经营者的交易等进行不合理限制或者附加不合理条件，或者向平台内经营者收取不合理费用的，由市场监督管理部门责令限期改正，可以处五万元以上五十万元以下的罚款；情节严重的，处五十万元以上二百万元以下的罚款。

第八十三条　电子商务平台经营者违反本法第三十八条规定，对平台内经营者侵害消费者合法权益行为未采取必要措施，或者对平台内经营者未尽到资质资格审核义务，或者对消费者未尽到安全保障义务的，由市场监督管理部门责令限期改正，可以处五万元以上五十万元以下的罚款；情节严重的，责令停业整顿，并处五十万元以上二百万元以下的罚款。

第八十四条　电子商务平台经营者违反本法第四十二条、第四十五条规定，对平台内经营者实施侵犯知识产权行为未依法采取必要措施的，由有关知识产权行政部门责令限期改正；逾期不改正的，处五万元以上五十万元以下的罚款；情节严重的，处五十万元以上二百万元以下的罚款。

第八十五条　电子商务经营者违反本法规定，销售的商品或者提供的服务不符合保障人身、财产安全的要求，实施虚假或者引人误解的商业宣传等不正当竞争行为，滥用市场支配地位，或者实施侵犯知识产权、侵害消费者权益等行为的，依照有关法律的规定处罚。

第八十六条　电子商务经营者有本法规定的违法行为的，依照有关法律、行政法规的规定记入信用档案，并予以公示。

第八十七条　依法负有电子商务监督管理职责的部门的工作人员，玩忽职守、滥用职权、徇私舞弊，或者泄露、出售或者非法向他人提供在履行职责中所知悉的个人信息、隐私和商业秘密的，依法追究法律责任。

第八十八条　违反本法规定，构成违反治安管理行为的，依法给予治安管理处罚；构成犯罪的，依法追究刑事责任。

第七章　附　　则

第八十九条　本法自 2019 年 1 月 1 日起施行。

2. 互联网信息服务管理办法(2011年修订)

(2000年9月25日中华人民共和国国务院令第292号公布
根据2011年1月8日国务院令第588号《国务院关于废止
和修改部分行政法规的决定》修订)

第一条 为了规范互联网信息服务活动,促进互联网信息服务健康有序发展,制定本办法。

第二条 在中华人民共和国境内从事互联网信息服务活动,必须遵守本办法。

本办法所称互联网信息服务,是指通过互联网向上网用户提供信息的服务活动。

第三条 互联网信息服务分为经营性和非经营性两类。

经营性互联网信息服务,是指通过互联网向上网用户有偿提供信息或者网页制作等服务活动。

非经营性互联网信息服务,是指通过互联网向上网用户无偿提供具有公开性、共享性信息的服务活动。

第四条 国家对经营性互联网信息服务实行许可制度;对非经营性互联网信息服务实行备案制度。

未取得许可或者未履行备案手续的,不得从事互联网信息服务。

第五条 从事新闻、出版、教育、医疗保健、药品和医疗器械等互联网信息服务,依照法律、行政法规以及国家有关规定须经有关主管部门审核同意的,在申请经营许可或者履行备案手续前,应当依法经有关主管部门审核同意。

第六条 从事经营性互联网信息服务,除应当符合《中华人民共和国电信条例》规定的要求外,还应当具备下列条件:

(一)有业务发展计划及相关技术方案;

（二）有健全的网络与信息安全保障措施，包括网站安全保障措施、信息安全保密管理制度、用户信息安全管理制度；

（三）服务项目属于本办法第五条规定范围的，已取得有关主管部门同意的文件。

第七条　从事经营性互联网信息服务，应当向省、自治区、直辖市电信管理机构或者国务院信息产业主管部门申请办理互联网信息服务增值电信业务经营许可证（以下简称经营许可证）。

省、自治区、直辖市电信管理机构或者国务院信息产业主管部门应当自收到申请之日起60日内审查完毕，作出批准或者不予批准的决定。予以批准的，颁发经营许可证；不予批准的，应当书面通知申请人并说明理由。

申请人取得经营许可证后，应当持经营许可证向企业登记机关办理登记手续。

第八条　从事非经营性互联网信息服务，应当向省、自治区、直辖市电信管理机构或者国务院信息产业主管部门办理备案手续。办理备案时，应当提交下列材料：

（一）主办单位和网站负责人的基本情况；

（二）网站网址和服务项目；

（三）服务项目属于本办法第五条规定范围的，已取得有关主管部门的同意文件。

省、自治区、直辖市电信管理机构对备案材料齐全的，应当予以备案并编号。

第九条　从事互联网信息服务，拟开办电子公告服务的，应当在申请经营性互联网信息服务许可或者办理非经营性互联网信息服务备案时，按照国家有关规定提出专项申请或者专项备案。

第十条　省、自治区、直辖市电信管理机构和国务院信息产业主管部门应当公布取得经营许可证或者已履行备案手续的互联网信息服务提供者名单。

第十一条　互联网信息服务提供者应当按照经许可或者备案的项目提供服务，不得超出经许可或者备案的项目提供服务。

非经营性互联网信息服务提供者不得从事有偿服务。

互联网信息服务提供者变更服务项目、网站网址等事项的，应当提前30日向原审核、发证或者备案机关办理变更手续。

第十二条 互联网信息服务提供者应当在其网站主页的显著位置标明其经营许可证编号或者备案编号。

第十三条 互联网信息服务提供者应当向上网用户提供良好的服务，并保证所提供的信息内容合法。

第十四条 从事新闻、出版以及电子公告等服务项目的互联网信息服务提供者，应当记录提供的信息内容及其发布时间、互联网地址或者域名；互联网接入服务提供者应当记录上网用户的上网时间、用户账号、互联网地址或者域名、主叫电话号码等信息。

互联网信息服务提供者和互联网接入服务提供者的记录备份应当保存60日，并在国家有关机关依法查询时，予以提供。

第十五条 互联网信息服务提供者不得制作、复制、发布、传播含有下列内容的信息：

（一）反对宪法所确定的基本原则的；

（二）危害国家安全，泄露国家秘密，颠覆国家政权，破坏国家统一的；

（三）损害国家荣誉和利益的；

（四）煽动民族仇恨、民族歧视，破坏民族团结的；

（五）破坏国家宗教政策，宣扬邪教和封建迷信的；

（六）散布谣言，扰乱社会秩序，破坏社会稳定的；

（七）散布淫秽、色情、赌博、暴力、凶杀、恐怖或者教唆犯罪的；

（八）侮辱或者诽谤他人，侵害他人合法权益的；

（九）含有法律、行政法规禁止的其他内容的。

第十六条 互联网信息服务提供者发现其网站传输的信息明显属于本办法第十五条所列内容之一的，应当立即停止传输，保存有关记录，并向国家有关机关报告。

第十七条 经营性互联网信息服务提供者申请在境内境外上市或者同外

商合资、合作,应当事先经国务院信息产业主管部门审查同意;其中,外商投资的比例应当符合有关法律、行政法规的规定。

第十八条　国务院信息产业主管部门和省、自治区、直辖市电信管理机构,依法对互联网信息服务实施监督管理。

新闻、出版、教育、卫生、药品监督管理、工商行政管理和公安、国家安全等有关主管部门,在各自职责范围内依法对互联网信息内容实施监督管理。

第十九条　违反本办法的规定,未取得经营许可证,擅自从事经营性互联网信息服务,或者超出许可的项目提供服务的,由省、自治区、直辖市电信管理机构责令限期改正,有违法所得的,没收违法所得,处违法所得 3 倍以上 5 倍以下的罚款;没有违法所得或者违法所得不足 5 万元的,处 10 万元以上 100 万元以下的罚款;情节严重的,责令关闭网站。

违反本办法的规定,未履行备案手续,擅自从事非经营性互联网信息服务,或者超出备案的项目提供服务的,由省、自治区、直辖市电信管理机构责令限期改正;拒不改正的,责令关闭网站。

第二十条　制作、复制、发布、传播本办法第十五条所列内容之一的信息,构成犯罪的,依法追究刑事责任;尚不构成犯罪的,由公安机关、国家安全机关依照《中华人民共和国治安管理处罚法》、《计算机信息网络国际联网安全保护管理办法》等有关法律、行政法规的规定予以处罚;对经营性互联网信息服务提供者,并由发证机关责令停业整顿直至吊销经营许可证,通知企业登记机关;对非经营性互联网信息服务提供者,并由备案机关责令暂时关闭网站直至关闭网站。

第二十一条　未履行本办法第十四条规定的义务的,由省、自治区、直辖市电信管理机构责令改正;情节严重的,责令停业整顿或者暂时关闭网站。

第二十二条　违反本办法的规定,未在其网站主页上标明其经营许可证编号或者备案编号的,由省、自治区、直辖市电信管理机构责令改正,处 5000 元以上 5 万元以下的罚款。

第二十三条　违反本办法第十六条规定的义务的,由省、自治区、直辖市电信管理机构责令改正;情节严重的,对经营性互联网信息服务提供者,并由发证机关吊销经营许可证,对非经营性互联网信息服务提供者,并由备案机关责令关闭网站。

第二十四条 互联网信息服务提供者在其业务活动中,违反其他法律、法规的,由新闻、出版、教育、卫生、药品监督管理和工商行政管理等有关主管部门依照有关法律、法规的规定处罚。

第二十五条 电信管理机构和其他有关主管部门及其工作人员,玩忽职守、滥用职权、徇私舞弊,疏于对互联网信息服务的监督管理,造成严重后果,构成犯罪的,依法追究刑事责任;尚不构成犯罪的,对直接负责的主管人员和其他直接责任人员依法给予降级、撤职直至开除的行政处分。

第二十六条 在本办法公布前从事互联网信息服务的,应当自本办法公布之日起60日内依照本办法的有关规定补办有关手续。

第二十七条 本办法自公布之日起施行。

3. 中央网信办秘书局关于进一步加强"饭圈"乱象治理的通知

(2021年8月25日公布实施)

各省、自治区、直辖市党委网信办,新疆生产建设兵团党委网信办:

"清朗·'饭圈'乱象整治"专项行动开展以来,各地落实有关工作要求,围绕明星榜单、热门话题、粉丝社群、互动评论等重点环节,深入整治"饭圈"乱象问题,取得了一定成效。为进一步加大治理力度,压紧压实网站平台主体责任,切实突破重点难点问题,不断巩固和扩大专项行动成果,重拳出击解决"饭圈"乱象问题,现就有关工作措施通知如下。

1. 取消明星艺人榜单。取消所有涉明星艺人个人或组合的排行榜单,严禁新增或变相上线个人榜单及相关产品或功能。仅可保留音乐作品、影视作品等排行,但不得出现明星艺人姓名等个人标识。

2. 优化调整排行规则。在音乐作品、影视作品等排行中，降低签到、点赞、评论等指标权重，增加作品导向及专业性评价等指标权重。不得设置诱导粉丝打榜的相关功能，不得设置付费签到功能或通过充值会员等方式增加签到次数，引导粉丝更多关注文化产品质量，降低追星热度。

3. 严管明星经纪公司。强化网站平台对明星经纪公司（工作室）网上行为的管理责任，制定相关网上运营规范，对账号注册认证、内容发布、商业推广、危机公关、粉丝管理等网上行为作出明确规定。强化明星经纪公司（工作室）对粉丝群体的引导责任，对引发粉丝互撕、拉踩引战的明星及其经纪公司（工作室）、粉丝团，对其账号采取限流、禁言、关闭等措施，同时，全平台减少直至取消相关明星的各类信息发布。

4. 规范粉丝群体账号。加强对明星粉丝团、后援会等账号的管理，要求粉丝团、后援会账号必须经明星经纪公司（工作室）授权或认证，并由其负责日常维护和监督。未经授权的个人或组织一律不得注册明星粉丝团账号。

5. 严禁呈现互撕信息。切实履行管理责任，及时发现清理"饭圈"粉丝互撕谩骂、拉踩引战、造谣攻击等各类有害信息，从严处置违法违规账号，有效防止舆情升温发酵。对发现不及时、管理不到位的网站平台从重处罚。

6. 清理违规群组板块。持续解散以打投、应援、集资、控评、八卦、爆料等为主题的粉丝社区、群组，关闭易导致粉丝聚集、交流打榜经验、讨论明星绯闻、互相做任务刷数据的板块、频道等，阻断对粉丝群体产生不良诱导甚至鼓励滋事的渠道。

7. 不得诱导粉丝消费。制定细化规则，对明星艺人专辑或其他作品、产品等，在销售环节不得显示粉丝个人购买量、贡献值等数据，不得对粉丝个人购买产品的数量或金额进行排行，不得设置任务解锁、定制福利、限时 PK 等刺激粉丝消费的营销活动。

8. 强化节目设置管理。加强对网络综艺节目网上行为管理，不得设置"花钱买投票"功能，严禁引导、鼓励网民采取购物、充会员等物质化手段为选手投票。

9. 严控未成年人参与。进一步采取措施，严禁未成年人打赏，严禁未成年人应援消费,不得由未成年人担任相关群主或管理者,限制未成年人投票打榜,明确明星粉丝团、后援会等线上活动不得影响未成年人正常学习、休息,不得组织未成年人开展各种线上集会等。

10. 规范应援集资行为。及时发现、清理各类违规应援集资信息;对问题集中、履责不力、诱导未成年人参与应援集资的网站平台,依法依规处置处罚;持续排查处置提供投票打榜、应援集资的境外网站。

各地要进一步提高政治站位,切实增强责任感、使命感、紧迫感,从维护网上政治安全和意识形态安全、营造清朗网络空间的高度认识和推进“饭圈”乱象治理工作。要第一时间部署落实,进一步分解措施,制定细化实施方案,督促属地网站平台切实抓好落实。

4. 最高人民法院关于审理侵害信息网络传播权民事纠纷案件适用法律若干问题的规定(2020 年修正)

[2012 年 11 月 26 日由最高人民法院审判委员会第 1561 次会议通过
根据 2020 年 12 月 23 日最高人民法院审判委员会第 1823 次会议通过的《最高人民法院关于修改〈最高人民法院关于审理侵犯专利权纠纷案件应用法律若干问题的解释(二)〉等十八件知识产权类司法解释的决定》修正]

为正确审理侵害信息网络传播权民事纠纷案件,依法保护信息网络传播权,促进信息网络产业健康发展,维护公共利益,根据《中华人民共和国民法典》《中华人民共和国著作权法》《中华人民共和国民事诉讼法》等有关法律规定,结合审判实际,制定本规定。

第一条 人民法院审理侵害信息网络传播权民事纠纷案件,在依法行使裁量权时,应当兼顾权利人、网络服务提供者和社会公众的利益。

第二条 本规定所称信息网络,包括以计算机、电视机、固定电话机、移动电话机等电子设备为终端的计算机互联网、广播电视网、固定通信网、移动通信网等信息网络,以及向公众开放的局域网络。

第三条　网络用户、网络服务提供者未经许可,通过信息网络提供权利人享有信息网络传播权的作品、表演、录音录像制品,除法律、行政法规另有规定外,人民法院应当认定其构成侵害信息网络传播权行为。

通过上传到网络服务器、设置共享文件或者利用文件分享软件等方式,将作品、表演、录音录像制品置于信息网络中,使公众能够在个人选定的时间和地点以下载、浏览或者其他方式获得的,人民法院应当认定其实施了前款规定的提供行为。

第四条　有证据证明网络服务提供者与他人以分工合作等方式共同提供作品、表演、录音录像制品,构成共同侵权行为的,人民法院应当判令其承担连带责任。网络服务提供者能够证明其仅提供自动接入、自动传输、信息存储空间、搜索、链接、文件分享技术等网络服务,主张其不构成共同侵权行为的,人民法院应予支持。

第五条　网络服务提供者以提供网页快照、缩略图等方式实质替代其他网络服务提供者向公众提供相关作品的,人民法院应当认定其构成提供行为。

前款规定的提供行为不影响相关作品的正常使用,且未不合理损害权利人对该作品的合法权益,网络服务提供者主张其未侵害信息网络传播权的,人民法院应予支持。

第六条　原告有初步证据证明网络服务提供者提供了相关作品、表演、录音录像制品,但网络服务提供者能够证明其仅提供网络服务,且无过错的,人民法院不应认定为构成侵权。

第七条　网络服务提供者在提供网络服务时教唆或者帮助网络用户实施侵害信息网络传播权行为的,人民法院应当判令其承担侵权责任。

网络服务提供者以言语、推介技术支持、奖励积分等方式诱导、鼓励网络用户实施侵害信息网络传播权行为的,人民法院应当认定其构成教唆侵权行为。

网络服务提供者明知或者应知网络用户利用网络服务侵害信息网络传播权,未采取删除、屏蔽、断开链接等必要措施,或者提供技术支持等帮助行为的,人民法院应当认定其构成帮助侵权行为。

第八条 人民法院应当根据网络服务提供者的过错,确定其是否承担教唆、帮助侵权责任。网络服务提供者的过错包括对于网络用户侵害信息网络传播权行为的明知或者应知。

网络服务提供者未对网络用户侵害信息网络传播权的行为主动进行审查的,人民法院不应据此认定其具有过错。

网络服务提供者能够证明已采取合理、有效的技术措施,仍难以发现网络用户侵害信息网络传播权行为的,人民法院应当认定其不具有过错。

第九条 人民法院应当根据网络用户侵害信息网络传播权的具体事实是否明显,综合考虑以下因素,认定网络服务提供者是否构成应知:

(一)基于网络服务提供者提供服务的性质、方式及其引发侵权的可能性大小,应当具备的管理信息的能力;

(二)传播的作品、表演、录音录像制品的类型、知名度及侵权信息的明显程度;

(三)网络服务提供者是否主动对作品、表演、录音录像制品进行了选择、编辑、修改、推荐等;

(四)网络服务提供者是否积极采取了预防侵权的合理措施;

(五)网络服务提供者是否设置便捷程序接收侵权通知并及时对侵权通知作出合理的反应;

(六)网络服务提供者是否针对同一网络用户的重复侵权行为采取了相应的合理措施;

(七)其他相关因素。

第十条 网络服务提供者在提供网络服务时,对热播影视作品等以设置榜单、目录、索引、描述性段落、内容简介等方式进行推荐,且公众可以在其网页上直接以下载、浏览或者其他方式获得的,人民法院可以认定其应知网络用户侵害信息网络传播权。

第十一条 网络服务提供者从网络用户提供的作品、表演、录音录像制品中直接获得经济利益的,人民法院应当认定其对该网络用户侵害信息网络传播权的行为负有较高的注意义务。

网络服务提供者针对特定作品、表演、录音录像制品投放广告获取收益，或者获取与其传播的作品、表演、录音录像制品存在其他特定联系的经济利益，应当认定为前款规定的直接获得经济利益。网络服务提供者因提供网络服务而收取一般性广告费、服务费等，不属于本款规定的情形。

第十二条　有下列情形之一的，人民法院可以根据案件具体情况，认定提供信息存储空间服务的网络服务提供者应知网络用户侵害信息网络传播权：

（一）将热播影视作品等置于首页或者其他主要页面等能够为网络服务提供者明显感知的位置的；

（二）对热播影视作品等的主题、内容主动进行选择、编辑、整理、推荐，或者为其设立专门的排行榜的；

（三）其他可以明显感知相关作品、表演、录音录像制品为未经许可提供，仍未采取合理措施的情形。

第十三条　网络服务提供者接到权利人以书信、传真、电子邮件等方式提交的通知及构成侵权的初步证据，未及时根据初步证据和服务类型采取必要措施的，人民法院应当认定其明知相关侵害信息网络传播权行为。

第十四条　人民法院认定网络服务提供者转送通知、采取必要措施是否及时，应当根据权利人提交通知的形式，通知的准确程度，采取措施的难易程度，网络服务的性质，所涉作品、表演、录音录像制品的类型、知名度、数量等因素综合判断。

第十五条　侵害信息网络传播权民事纠纷案件由侵权行为地或者被告住所地人民法院管辖。侵权行为地包括实施被诉侵权行为的网络服务器、计算机终端等设备所在地。侵权行为地和被告住所地均难以确定或者在境外的，原告发现侵权内容的计算机终端等设备所在地可以视为侵权行为地。

第十六条　本规定施行之日起，《最高人民法院关于审理涉及计算机网络著作权纠纷案件适用法律若干问题的解释》（法释〔2006〕11 号）同时废止。

本规定施行之后尚未终审的侵害信息网络传播权民事纠纷案件，适用本规定。本规定施行前已经终审，当事人申请再审或者按照审判监督程序决定再审的，不适用本规定。

(二)部门规章及规范性文件

5. 网络信息内容生态治理规定

(2019 年 12 月 15 日国家互联网信息办公室室务会议审议通过
2019 年 12 月 15 日公布　国家互联网信息办公室令第 5 号
自 2020 年 3 月 1 日起施行)

第一章　总　　则

第一条　为了营造良好网络生态,保障公民、法人和其他组织的合法权益,维护国家安全和公共利益,根据《中华人民共和国国家安全法》《中华人民共和国网络安全法》《互联网信息服务管理办法》等法律、行政法规,制定本规定。

第二条　中华人民共和国境内的网络信息内容生态治理活动,适用本规定。

本规定所称网络信息内容生态治理,是指政府、企业、社会、网民等主体,以培育和践行社会主义核心价值观为根本,以网络信息内容为主要治理对象,以建立健全网络综合治理体系、营造清朗的网络空间、建设良好的网络生态为目标,开展的弘扬正能量、处置违法和不良信息等相关活动。

第三条　国家网信部门负责统筹协调全国网络信息内容生态治理和相关监督管理工作,各有关主管部门依据各自职责做好网络信息内容生态治理工作。

地方网信部门负责统筹协调本行政区域内网络信息内容生态治理和相关监督管理工作,地方各有关主管部门依据各自职责做好本行政区域内网络信息内容生态治理工作。

第二章 网络信息内容生产者

第四条 网络信息内容生产者应当遵守法律法规,遵循公序良俗,不得损害国家利益、公共利益和他人合法权益。

第五条 鼓励网络信息内容生产者制作、复制、发布含有下列内容的信息:

(一)宣传习近平新时代中国特色社会主义思想,全面准确生动解读中国特色社会主义道路、理论、制度、文化的;

(二)宣传党的理论路线方针政策和中央重大决策部署的;

(三)展示经济社会发展亮点,反映人民群众伟大奋斗和火热生活的;

(四)弘扬社会主义核心价值观,宣传优秀道德文化和时代精神,充分展现中华民族昂扬向上精神风貌的;

(五)有效回应社会关切,解疑释惑,析事明理,有助于引导群众形成共识的;

(六)有助于提高中华文化国际影响力,向世界展现真实立体全面的中国的;

(七)其他讲品位讲格调讲责任、讴歌真善美、促进团结稳定等的内容。

第六条 网络信息内容生产者不得制作、复制、发布含有下列内容的违法信息:

(一)反对宪法所确定的基本原则的;

(二)危害国家安全,泄露国家秘密,颠覆国家政权,破坏国家统一的;

(三)损害国家荣誉和利益的;

(四)歪曲、丑化、亵渎、否定英雄烈士事迹和精神,以侮辱、诽谤或者其他方式侵害英雄烈士的姓名、肖像、名誉、荣誉的;

(五)宣扬恐怖主义、极端主义或者煽动实施恐怖活动、极端主义活动的;

(六)煽动民族仇恨、民族歧视,破坏民族团结的;

(七)破坏国家宗教政策,宣扬邪教和封建迷信的;

(八)散布谣言,扰乱经济秩序和社会秩序的;

(九)散布淫秽、色情、赌博、暴力、凶杀、恐怖或者教唆犯罪的;

(十)侮辱或者诽谤他人,侵害他人名誉、隐私和其他合法权益的;

(十一)法律、行政法规禁止的其他内容。

第七条 网络信息内容生产者应当采取措施,防范和抵制制作、复制、发布含有下列内容的不良信息:

(一)使用夸张标题,内容与标题严重不符的;

(二)炒作绯闻、丑闻、劣迹等的;

(三)不当评述自然灾害、重大事故等灾难的;

(四)带有性暗示、性挑逗等易使人产生性联想的;

(五)展现血腥、惊悚、残忍等致人身心不适的;

(六)煽动人群歧视、地域歧视等的;

(七)宣扬低俗、庸俗、媚俗内容的;

(八)可能引发未成年人模仿不安全行为和违反社会公德行为、诱导未成年人不良嗜好等的;

(九)其他对网络生态造成不良影响的内容。

第三章 网络信息内容服务平台

第八条 网络信息内容服务平台应当履行信息内容管理主体责任,加强本平台网络信息内容生态治理,培育积极健康、向上向善的网络文化。

第九条 网络信息内容服务平台应当建立网络信息内容生态治理机制,制定本平台网络信息内容生态治理细则,健全用户注册、账号管理、信息发布审核、跟帖评论审核、版面页面生态管理、实时巡查、应急处置和网络谣言、黑色产业链信息处置等制度。

网络信息内容服务平台应当设立网络信息内容生态治理负责人,配备与业务范围和服务规模相适应的专业人员,加强培训考核,提升从业人员素质。

第十条 网络信息内容服务平台不得传播本规定第六条规定的信息,应当防范和抵制传播本规定第七条规定的信息。

网络信息内容服务平台应当加强信息内容的管理,发现本规定第六条、第七条规定的信息的,应当依法立即采取处置措施,保存有关记录,并向有关主管部门报告。

第十一条 鼓励网络信息内容服务平台坚持主流价值导向,优化信息推荐机制,加强版面页面生态管理,在下列重点环节(包括服务类型、位置版块等)积极呈现本规定第五条规定的信息:

(一)互联网新闻信息服务首页首屏、弹窗和重要新闻信息内容页面等;

(二)互联网用户公众账号信息服务精选、热搜等;

(三)博客、微博客信息服务热门推荐、榜单类、弹窗及基于地理位置的信息服务板块等;

(四)互联网信息搜索服务热搜词、热搜图及默认搜索等;

(五)互联网论坛社区服务首页首屏、榜单类、弹窗等;

(六)互联网音视频服务首页首屏、发现、精选、榜单类、弹窗等;

(七)互联网网址导航服务、浏览器服务、输入法服务首页首屏、榜单类、皮肤、联想词、弹窗等;

(八)数字阅读、网络游戏、网络动漫服务首页首屏、精选、榜单类、弹窗等;

(九)生活服务、知识服务平台首页首屏、热门推荐、弹窗等;

(十)电子商务平台首页首屏、推荐区等;

(十一)移动应用商店、移动智能终端预置应用软件和内置信息内容服务首屏、推荐区等;

(十二)专门以未成年人为服务对象的网络信息内容专栏、专区和产品等;

(十三)其他处于产品或者服务醒目位置、易引起网络信息内容服务使用者关注的重点环节。

网络信息内容服务平台不得在以上重点环节呈现本规定第七条规定的信息。

第十二条 网络信息内容服务平台采用个性化算法推荐技术推送信息的,应当设置符合本规定第十条、第十一条规定要求的推荐模型,建立健全人工干预和用户自主选择机制。

第十三条 鼓励网络信息内容服务平台开发适合未成年人使用的模式,提供适合未成年人使用的网络产品和服务,便利未成年人获取有益身心健康的信息。

第十四条 网络信息内容服务平台应当加强对本平台设置的广告位和在本平台展示的广告内容的审核巡查,对发布违法广告的,应当依法予以处理。

第十五条 网络信息内容服务平台应当制定并公开管理规则和平台公约,完善用户协议,明确用户相关权利义务,并依法依约履行相应管理职责。

网络信息内容服务平台应当建立用户账号信用管理制度,根据用户账号的信用情况提供相应服务。

第十六条 网络信息内容服务平台应当在显著位置设置便捷的投诉举报入口,公布投诉举报方式,及时受理处置公众投诉举报并反馈处理结果。

第十七条 网络信息内容服务平台应当编制网络信息内容生态治理工作年度报告,年度报告应当包括网络信息内容生态治理工作情况、网络信息内容生态治理负责人履职情况、社会评价情况等内容。

第四章 网络信息内容服务使用者

第十八条 网络信息内容服务使用者应当文明健康使用网络,按照法律法规的要求和用户协议约定,切实履行相应义务,在以发帖、回复、留言、弹幕等形式参与网络活动时,文明互动,理性表达,不得发布本规定第六条规定的信息,防范和抵制本规定第七条规定的信息。

第十九条 网络群组、论坛社区版块建立者和管理者应当履行群组、版块管理责任,依据法律法规、用户协议和平台公约等,规范群组、版块内信息发布等行为。

第二十条 鼓励网络信息内容服务使用者积极参与网络信息内容生态治理,通过投诉、举报等方式对网上违法和不良信息进行监督,共同维护良好网络生态。

第二十一条 网络信息内容服务使用者和网络信息内容生产者、网络信息内容服务平台不得利用网络和相关信息技术实施侮辱、诽谤、威胁、散布谣言以及侵犯他人隐私等违法行为,损害他人合法权益。

第二十二条 网络信息内容服务使用者和网络信息内容生产者、网络信息内容服务平台不得通过发布、删除信息以及其他干预信息呈现的手段侵害他人合法权益或者谋取非法利益。

第二十三条　网络信息内容服务使用者和网络信息内容生产者、网络信息内容服务平台不得利用深度学习、虚拟现实等新技术新应用从事法律、行政法规禁止的活动。

第二十四条　网络信息内容服务使用者和网络信息内容生产者、网络信息内容服务平台不得通过人工方式或者技术手段实施流量造假、流量劫持以及虚假注册账号、非法交易账号、操纵用户账号等行为，破坏网络生态秩序。

第二十五条　网络信息内容服务使用者和网络信息内容生产者、网络信息内容服务平台不得利用党旗、党徽、国旗、国徽、国歌等代表党和国家形象的标识及内容，或者借国家重大活动、重大纪念日和国家机关及其工作人员名义等，违法违规开展网络商业营销活动。

第五章　网络行业组织

第二十六条　鼓励行业组织发挥服务指导和桥梁纽带作用，引导会员单位增强社会责任感，唱响主旋律，弘扬正能量，反对违法信息，防范和抵制不良信息。

第二十七条　鼓励行业组织建立完善行业自律机制，制定网络信息内容生态治理行业规范和自律公约，建立内容审核标准细则，指导会员单位建立健全服务规范、依法提供网络信息内容服务、接受社会监督。

第二十八条　鼓励行业组织开展网络信息内容生态治理教育培训和宣传引导工作，提升会员单位、从业人员治理能力，增强全社会共同参与网络信息内容生态治理意识。

第二十九条　鼓励行业组织推动行业信用评价体系建设，依据章程建立行业评议等评价奖惩机制，加大对会员单位的激励和惩戒力度，强化会员单位的守信意识。

第六章　监 督 管 理

第三十条　各级网信部门会同有关主管部门，建立健全信息共享、会商通报、联合执法、案件督办、信息公开等工作机制,协同开展网络信息内容生态治理工作。

第三十一条 各级网信部门对网络信息内容服务平台履行信息内容管理主体责任情况开展监督检查,对存在问题的平台开展专项督查。

网络信息内容服务平台对网信部门和有关主管部门依法实施的监督检查,应当予以配合。

第三十二条 各级网信部门建立网络信息内容服务平台违法违规行为台账管理制度,并依法依规进行相应处理。

第三十三条 各级网信部门建立政府、企业、社会、网民等主体共同参与的监督评价机制,定期对本行政区域内网络信息内容服务平台生态治理情况进行评估。

第七章 法律责任

第三十四条 网络信息内容生产者违反本规定第六条规定的,网络信息内容服务平台应当依法依约采取警示整改、限制功能、暂停更新、关闭账号等处置措施,及时消除违法信息内容,保存记录并向有关主管部门报告。

第三十五条 网络信息内容服务平台违反本规定第十条、第三十一条第二款规定的,由网信等有关主管部门依据职责,按照《中华人民共和国网络安全法》《互联网信息服务管理办法》等法律、行政法规的规定予以处理。

第三十六条 网络信息内容服务平台违反本规定第十一条第二款规定的,由设区的市级以上网信部门依据职责进行约谈,给予警告,责令限期改正;拒不改正或者情节严重的,责令暂停信息更新,按照有关法律、行政法规的规定予以处理。

第三十七条 网络信息内容服务平台违反本规定第九条、第十二条、第十五条、第十六条、第十七条规定的,由设区的市级以上网信部门依据职责进行约谈,给予警告,责令限期改正;拒不改正或者情节严重的,责令暂停信息更新,按照有关法律、行政法规的规定予以处理。

第三十八条 违反本规定第十四条、第十八条、第十九条、第二十一条、第二十二条、第二十三条、第二十四条、第二十五条规定的，由网信等有关主管部门依据职责，按照有关法律、行政法规的规定予以处理。

第三十九条　网信部门根据法律、行政法规和国家有关规定，会同有关主管部门建立健全网络信息内容服务严重失信联合惩戒机制，对严重违反本规定的网络信息内容服务平台、网络信息内容生产者和网络信息内容使用者依法依规实施限制从事网络信息服务、网上行为限制、行业禁入等惩戒措施。

第四十条　违反本规定，给他人造成损害的，依法承担民事责任；构成犯罪的，依法追究刑事责任；尚不构成犯罪的，由有关主管部门依照有关法律、行政法规的规定予以处罚。

第八章　附　　则

第四十一条　本规定所称网络信息内容生产者，是指制作、复制、发布网络信息内容的组织或者个人。

本规定所称网络信息内容服务平台，是指提供网络信息内容传播服务的网络信息服务提供者。

本规定所称网络信息内容服务使用者，是指使用网络信息内容服务的组织或者个人。

第四十二条　本规定自 2020 年 3 月 1 日起施行。

6. 国家广播电视总局关于加强网络秀场直播和电商直播管理的通知

（国家广播电视总局 2020 年 11 月 12 日公布　广电发〔2020〕78 号
自 2020 年 11 月 12 日起施行）

各省、自治区、直辖市广播电视局，新疆生产建设兵团文化体育广电和旅游局：

近年来，网络秀场直播、电商直播节目大量涌现，成为互联网经济中非常活跃的现象和网络视听节目建设管理工作需要重视的问题。为加强对网络秀场直播和电商直播的引导规范,强化导向和价值引领,营造行业健康生态,防范遏制低俗庸俗媚俗等不良风气滋生蔓延,现就有关要求通知如下:

一、网络秀场直播平台、电商直播平台要坚持社会效益优先的正确方向,积极传播正能量,展现真善美,着力塑造健康的精神情趣,促进网络视听空间清朗。要积极研究推动网络视听节目直播服务内容和形式创新,针对受众特点和年龄分层,播出推荐追求劳动创造、展示有益才艺和健康生活情趣等价值观积极的直播节目。以价值观为导向打造精品直播间版块或集群,让有品位、有意义、有意思、有温度的直播节目占据好位置,获得好流量。要切实采取有力措施不为违法失德艺人提供公开出镜发声机会,防范遏制炫富拜金、低俗媚俗等不良风气在直播领域滋生蔓延,冲击社会主义核心价值观,污染网络视听生态。

二、开办网络秀场直播或电商直播的平台要切实落实主体责任,着力健全网络直播业务各项管理制度、责任制度、内容安全制度和人资物配备,积极参与行风建设和行业自律,共同推进网络秀场直播和电商直播活动规范有序健康发展。上述平台应于2020年11月30日前,将开办主体信息和业务开展情况等在"全国网络视听平台信息管理系统"登记备案。

三、开办网络秀场直播或电商直播的平台要落实管建同步的原则,把平台管理力量与直播间开办能力相匹配的要求精准落实到数到人。现阶段,相关平台的一线审核人员与在线直播间数量总体配比不得少于1∶50,要加大对审核人员的培训力度,并将通过培训的审核人员在"审核员信息管理系统"中进行登记。鼓励有能力的平台采取优于总体配比的要求加强审核能力建设,适应网上舆情变化对直播间和主播的监看审核力量进行动态调整强化。平台每季度应向省级广播电视主管部门报备直播间数量、主播数量和审核员数量。社会知名人士及境外人员开设直播间,平台应提前向广播电视主管部门报备。

四、网络秀场直播平台要对直播间节目内容和对应主播实行标签分类管理,按"音乐""舞蹈""唱歌""健身""游戏""旅游""美食""生活服务"等进行分类标注。根据不同内容的秀场直播节目特点,研究采取有针对性的扶优罚劣管理措施。各秀场直播间均须在直播页面标注节目类别和直播间号码。主播改变直播间节目类别,须经网站审核,未通过审核不得擅自变更。

五、网络秀场直播平台要建立直播间和主播的业务评分档案,细化节目质量评分和违规评分等级,并将评分与推荐推广挂钩。要做好主播尤其是头部主播政策法律法规和相关知识培训。对于多次出现问题的直播间和主播,应采取停止推荐、限制时长、排序沉底、限期整改等处理措施。对于问题性质严重、屡教不改的,关闭直播间,将相关主播纳入黑名单并向广播电视主管部门报告,不允许其更换"马甲"或更换平台后再度开播。

六、网络秀场直播平台要对网络主播和"打赏"用户实行实名制管理。未实名制注册的用户不能打赏,未成年用户不能打赏。要通过实名验证、人脸识别、人工审核等措施,确保实名制要求落到实处,封禁未成年用户的打赏功能。平台应对用户每次、每日、每月最高打赏金额进行限制。在用户每日或每月累计"打赏"达到限额一半时,平台应有消费提醒,经短信验证等方式确认后,才能进行下一步消费,达到"打赏"每日或每月限额,应暂停相关用户的"打赏"功能。平台应对"打赏"设置延时到账期,如主播出现违法行为,平台应将"打赏"返还用户。平台不得采取鼓励用户非理性"打赏"的运营策略。对发现相关主播及其经纪代理通过传播低俗内容、有组织炒作、雇佣水军刷礼物等手段,暗示、诱惑或者鼓励用户大额"打赏",或引诱未成年用户以虚假身份信息"打赏"的,平台须对主播及其经纪代理进行处理,列入关注名单,并向广播电视主管部门书面报告。

七、网络电商直播平台须严格按照网络视听节目服务管理的相关规定开展视听内容服务,不得超出电子商务范围违规制作、播出与商品售卖无关的评述类等视听节目。以直播间、直播演出、直播综艺及其他直播节目形式举办电商节、电商日、促销日等主题电商活动,应按照网络视听节目直播服务管理的有关规定,提前 14 个工作日将活动嘉宾、主播、内容、设置等信息报广播电视主管部门备案。鼓励网络电商直播平台通过组织主题电商活动助力经济发展、民生改善、脱贫攻坚、产业升级和供需对接。

八、网络电商直播平台要对开设直播带货的商家和个人进行相关资质审查和实名认证,完整保存审查和认证记录,不得为无资质、无实名、冒名登记的商家或个人开通直播带货服务。平台须对相关信息的真实性定期进行复核,发现问题及时纠正。要对头部直播间、头部主播及账号、高流量或高成交的直播带货活动进行重点管理,加强合规性检查。要探索建立科学分类分级的实时动态管理机制,设置奖惩退禁办法,提高甄别和打击数据造假的能力,为维护诚信市场环境发挥积极作用。

九、开办网络秀场直播和电商直播的平台要积极探索利用大数据、人工智能等新技术服务于鼓励倡导的直播节目,让算法支撑优质视听内容的推送,对违规不良内容实现精准预警和及时阻断。对点击量高、成交量虚高、“打赏”金额大、业务类别容易出问题的直播间,要建立人机结合的重点监看审核机制,跟踪节目动态,分析舆情和原因,及时采取措施,防止导向偏差和问题。

请各级广播电视主管部门组织辖区内开展秀场直播、电商直播业务的平台进行登记备案工作,按照本通知要求对已开展的秀场直播、电商直播业务进行全面梳理和分析研判。对初步筛查不符合要求的直播内容进行清理整顿;按要求督导相关平台建立直播内容分级分类管理和审核制度,完善直播间、主播、审核员数量的结构报备、打赏控制等管理机制;对整体不符合开办直播业务条件和能力的平台,应通报有关部门,组织联合关停其直播业务。此专项工作自即日起至年底集中开展,11 月 30 日前将登记核查情况和规范治理的工作成效总结上报,重要情况随时报告。

7. 互联网用户公众账号信息服务管理规定(2021 年修订)

(国家互联网信息办公室 2021 年 1 月 22 日修订公布)

第一章　总　　则

第一条　为了规范互联网用户公众账号信息服务,维护国家安全和公共利益,保护公民、法人和其他组织的合法权益,根据《中华人民共和国网络安全法》《互联网信息服务管理办法》《网络信息内容生态治理规定》等法律法规和国家有关规定，制定本规定。

第二条　在中华人民共和国境内提供、从事互联网用户公众账号信息服务，应当遵守本规定。

第三条　国家网信部门负责全国互联网用户公众账号信息服务的监督管理执法工作。地方网信部门依据职责负责本行政区域内互联网用户公众账号信息服务的监督管理执法工作。

第四条　公众账号信息服务平台和公众账号生产运营者应当遵守法律法规，遵循公序良俗，履行社会责任，坚持正确舆论导向、价值取向，弘扬社会主义核心价值观，生产发布向上向善的优质信息内容，发展积极健康的网络文化，维护清朗网络空间。

鼓励各级党政机关、企事业单位和人民团体注册运营公众账号，生产发布高质量政务信息或者公共服务信息，满足公众信息需求，推动经济社会发展。

鼓励公众账号信息服务平台积极为党政机关、企事业单位和人民团体提升政务信息发布、公共服务和社会治理水平，提供充分必要的技术支持和安全保障。

第五条　公众账号信息服务平台提供互联网用户公众账号信息服务，应当取得国家法律、行政法规规定的相关资质。

公众账号信息服务平台和公众账号生产运营者向社会公众提供互联网新闻信息服务，应当取得互联网新闻信息服务许可。

第二章　公众账号信息服务平台

第六条　公众账号信息服务平台应当履行信息内容和公众账号管理主体责任，配备与业务规模相适应的管理人员和技术能力，设置内容安全负责人岗位，建立健全并严格落实账号注册、信息内容安全、生态治理、应急处置、网络安全、数据安全、个人信息保护、知识产权保护、信用评价等管理制度。

公众账号信息服务平台应当依据法律法规和国家有关规定，制定并公开信息内容生产、公众账号运营等管理规则、平台公约，与公众账号生产运营者签订服务协议，明确双方内容发布权限、账号管理责任等权利义务。

第七条 公众账号信息服务平台应当按照国家有关标准和规范,建立公众账号分类注册和分类生产制度,实施分类管理。

公众账号信息服务平台应当依据公众账号信息内容生产质量、信息传播能力、账号主体信用评价等指标,建立分级管理制度,实施分级管理。

公众账号信息服务平台应当将公众账号和内容生产与账号运营管理规则、平台公约、服务协议等向所在地省、自治区、直辖市网信部门备案;上线具有舆论属性或者社会动员能力的新技术新应用新功能,应当按照有关规定进行安全评估。

第八条 公众账号信息服务平台应当采取复合验证等措施,对申请注册公众账号的互联网用户进行基于移动电话号码、居民身份证号码或者统一社会信用代码等方式的真实身份信息认证,提高认证准确率。用户不提供真实身份信息的,或者冒用组织机构、他人真实身份信息进行虚假注册的,不得为其提供相关服务。

公众账号信息服务平台应当对互联网用户注册的公众账号名称、头像和简介等进行合法合规性核验,发现账号名称、头像和简介与注册主体真实身份信息不相符的,特别是擅自使用或者关联党政机关、企事业单位等组织机构或者社会知名人士名义的,应当暂停提供服务并通知用户限期改正,拒不改正的,应当终止提供服务;发现相关注册信息含有违法和不良信息的,应当依法及时处置。

公众账号信息服务平台应当禁止被依法依约关闭的公众账号以相同账号名称重新注册;对注册与其关联度高的账号名称,还应当对账号主体真实身份信息、服务资质等进行必要核验。

第九条 公众账号信息服务平台对申请注册从事经济、教育、医疗卫生、司法等领域信息内容生产的公众账号,应当要求用户在注册时提供其专业背景,以及依照法律、行政法规获得的职业资格或者服务资质等相关材料,并进行必要核验。

公众账号信息服务平台应当对核验通过后的公众账号加注专门标识,并根据用户的不同主体性质,公示内容生产类别、运营主体名称、注册运营地址、统一社会信用代码、联系方式等注册信息,方便社会监督查询。

公众账号信息服务平台应当建立动态核验巡查制度,适时核验生产运营者注册信息的真实性、有效性。

第十条 公众账号信息服务平台应当对同一主体在本平台注册公众账号的数量合理设定上限。对申请注册多个公众账号的用户,还应当对其主体性质、服务资质、业务范围、信用评价等进行必要核验。

公众账号信息服务平台对互联网用户注册后超过六个月不登录、不使用的公众账号,可以根据服务协议暂停或者终止提供服务。

公众账号信息服务平台应当健全技术手段,防范和处置互联网用户超限量注册、恶意注册、虚假注册等违规注册行为。

第十一条 公众账号信息服务平台应当依法依约禁止公众账号生产运营者违规转让公众账号。

公众账号生产运营者向其他用户转让公众账号使用权的,应当向平台提出申请。平台应当依据前款规定对受让方用户进行认证核验,并公示主体变更信息。平台发现生产运营者未经审核擅自转让公众账号的,应当及时暂停或者终止提供服务。

公众账号生产运营者自行停止账号运营,可以向平台申请暂停或者终止使用。平台应当按照服务协议暂停或者终止提供服务。

第十二条 公众账号信息服务平台应当建立公众账号监测评估机制,防范账号订阅数、用户关注度、内容点击率、转发评论量等数据造假行为。

公众账号信息服务平台应当规范公众账号推荐订阅关注机制,健全技术手段,及时发现、处置公众账号订阅关注数量的异常变动情况。未经互联网用户知情同意,不得以任何方式强制或者变相强制订阅关注其他用户公众账号。

第十三条 公众账号信息服务平台应当建立生产运营者信用等级管理体系,根据信用等级提供相应服务。

公众账号信息服务平台应当建立健全网络谣言等虚假信息预警、发现、溯源、甄别、辟谣、消除等处置机制,对制作发布虚假信息的公众账号生产运营者降低信用等级或者列入黑名单。

第十四条 公众账号信息服务平台与生产运营者开展内容供给与账号推广合作,应当规范管理电商销售、广告发布、知识付费、用户打赏等经营行为,不得发布虚假广告、进行夸大宣传、实施商业欺诈及商业诋毁等,防止违法违规运营。

公众账号信息服务平台应当加强对原创信息内容的著作权保护,防范盗版侵权行为。

平台不得利用优势地位干扰生产运营者合法合规运营、侵犯用户合法权益。

第三章 公众账号生产运营者

第十五条 公众账号生产运营者应当按照平台分类管理规则,在注册公众账号时如实填写用户主体性质、注册地、运营地、内容生产类别、联系方式等基本信息,组织机构用户还应当注明主要经营或者业务范围。

公众账号生产运营者应当遵守平台内容生产和账号运营管理规则、平台公约和服务协议,按照公众账号登记的内容生产类别,从事相关行业领域的信息内容生产发布。

第十六条 公众账号生产运营者应当履行信息内容生产和公众账号运营管理主体责任,依法依规从事信息内容生产和公众账号运营活动。

公众账号生产运营者应当建立健全选题策划、编辑制作、发布推广、互动评论等全过程信息内容安全审核机制,加强信息内容导向性、真实性、合法性审核,维护网络传播良好秩序。

公众账号生产运营者应当建立健全公众账号注册使用、运营推广等全过程安全管理机制,依法、文明、规范运营公众账号,以优质信息内容吸引公众关注订阅和互动分享,维护公众账号良好社会形象。

公众账号生产运营者与第三方机构开展公众账号运营、内容供给等合作,应与第三方机构签订书面协议,明确第三方机构信息安全管理义务并督促履行。

第十七条 公众账号生产运营者转载信息内容的,应当遵守著作权保护相关法律法规,依法标注著作权人和可追溯信息来源,尊重和保护著作权人的合法权益。

公众账号生产运营者应当对公众账号留言、跟帖、评论等互动环节进行管理。平台可以根据公众账号的主体性质、信用等级等,合理设置管理权限,提供相关技术支持。

第十八条　公众账号生产运营者不得有下列违法违规行为:

(一)不以真实身份信息注册,或者注册与自身真实身份信息不相符的公众账号名称、头像、简介等;

(二)恶意假冒、仿冒或者盗用组织机构及他人公众账号生产发布信息内容;

(三)未经许可或者超越许可范围提供互联网新闻信息采编发布等服务;

(四)操纵利用多个平台账号,批量发布雷同低质信息内容,生成虚假流量数据,制造虚假舆论热点;

(五)利用突发事件煽动极端情绪,或者实施网络暴力损害他人和组织机构名誉,干扰组织机构正常运营,影响社会和谐稳定;

(六)编造虚假信息,伪造原创属性,标注不实信息来源,歪曲事实真相,误导社会公众;

(七)以有偿发布、删除信息等手段,实施非法网络监督、营销诈骗、敲诈勒索,谋取非法利益;

(八)违规批量注册、囤积或者非法交易买卖公众账号;

(九)制作、复制、发布违法信息,或者未采取措施防范和抵制制作、复制、发布不良信息;

(十)法律、行政法规禁止的其他行为。

第四章　监督管理

第十九条　公众账号信息服务平台应当加强对本平台公众账号信息服务活动的监督管理,及时发现和处置违法违规信息或者行为。

公众账号信息服务平台应当对违反本规定及相关法律法规的公众账号,依法依约采取警示提醒、限制账号功能、暂停信息更新、停止广告发布、关闭注销账号、列入黑名单、禁止重新注册等处置措施,保存有关记录,并及时向网信等有关主管部门报告。

第二十条 公众账号信息服务平台和生产运营者应当自觉接受社会监督。

公众账号信息服务平台应当在显著位置设置便捷的投诉举报入口和申诉渠道,公布投诉举报和申诉方式,健全受理、甄别、处置、反馈等机制,明确处理流程和反馈时限,及时处理公众投诉举报和生产运营者申诉。

鼓励互联网行业组织开展公众评议,推动公众账号信息服务平台和生产运营者严格自律,建立多方参与的权威调解机制,公平合理解决行业纠纷,依法维护用户合法权益。

第二十一条 各级网信部门会同有关主管部门建立健全协作监管等工作机制,监督指导公众账号信息服务平台和生产运营者依法依规从事相关信息服务活动。

公众账号信息服务平台和生产运营者应当配合有关主管部门依法实施监督检查,并提供必要的技术支持和协助。

公众账号信息服务平台和生产运营者违反本规定的,由网信部门和有关主管部门在职责范围内依照相关法律法规处理。

第五章 附 则

第二十二条 本规定所称互联网用户公众账号,是指互联网用户在互联网站、应用程序等网络平台注册运营,面向社会公众生产发布文字、图片、音视频等信息内容的网络账号。

本规定所称公众账号信息服务平台,是指为互联网用户提供公众账号注册运营、信息内容发布与技术保障服务的网络信息服务提供者。

本规定所称公众账号生产运营者,是指注册运营公众账号从事内容生产发布的自然人、法人或者非法人组织。

第二十三条 本规定自2021年2月22日起施行。本规定施行之前颁布的有关规定与本规定不一致的,按照本规定执行。

8. 网络直播营销管理办法(试行)

(2021 年 4 月 16 日国家互联网信息办公室,公安部,商务部,
文化和旅游部,国家税务总局,国家市场监督管理总局,
国家广播电视总局发布　自 2021 年 5 月 25 日起实施)

第一章　总　则

第一条　为加强网络直播营销管理,维护国家安全和公共利益,保护公民、法人和其他组织的合法权益,促进网络直播营销健康有序发展,根据《中华人民共和国网络安全法》《中华人民共和国电子商务法》《中华人民共和国广告法》《中华人民共和国反不正当竞争法》《网络信息内容生态治理规定》等法律、行政法规和国家有关规定,制定本办法。

第二条　在中华人民共和国境内,通过互联网站、应用程序、小程序等,以视频直播、音频直播、图文直播或多种直播相结合等形式开展营销的商业活动,适用本办法。

本办法所称直播营销平台,是指在网络直播营销中提供直播服务的各类平台,包括互联网直播服务平台、互联网音视频服务平台、电子商务平台等。

本办法所称直播间运营者,是指在直播营销平台上注册账号或者通过自建网站等其他网络服务,开设直播间从事网络直播营销活动的个人、法人和其他组织。

本办法所称直播营销人员,是指在网络直播营销中直接向社会公众开展营销的个人。

本办法所称直播营销人员服务机构,是指为直播营销人员从事网络直播营销活动提供策划、运营、经纪、培训等的专门机构。

从事网络直播营销活动,属于《中华人民共和国电子商务法》规定的"电子商务平台经营者"或"平台内经营者"定义的市场主体,应当依法履行相应的责

任和义务。

第三条 从事网络直播营销活动,应当遵守法律法规,遵循公序良俗,遵守商业道德,坚持正确导向,弘扬社会主义核心价值观,营造良好网络生态。

第四条 国家网信部门和国务院公安、商务、文化和旅游、税务、市场监督管理、广播电视等有关主管部门建立健全线索移交、信息共享、会商研判、教育培训等工作机制,依据各自职责做好网络直播营销相关监督管理工作。

县级以上地方人民政府有关主管部门依据各自职责做好本行政区域内网络直播营销相关监督管理工作。

第二章 直播营销平台

第五条 直播营销平台应当依法依规履行备案手续,并按照有关规定开展安全评估。

从事网络直播营销活动,依法需要取得相关行政许可的,应当依法取得行政许可。

第六条 直播营销平台应当建立健全账号及直播营销功能注册注销、信息安全管理、营销行为规范、未成年人保护、消费者权益保护、个人信息保护、网络和数据安全管理等机制、措施。

直播营销平台应当配备与服务规模相适应的直播内容管理专业人员,具备维护互联网直播内容安全的技术能力,技术方案应符合国家相关标准。

第七条 直播营销平台应当依据相关法律法规和国家有关规定,制定并公开网络直播营销管理规则、平台公约。

直播营销平台应当与直播营销人员服务机构、直播间运营者签订协议,要求其规范直播营销人员招募、培训、管理流程,履行对直播营销内容、商品和服务的真实性、合法性审核义务。

直播营销平台应当制定直播营销商品和服务负面目录,列明法律法规规定的禁止生产销售、禁止网络交易、禁止商业推销宣传以及不适宜以直播形式营销的商品和服务类别。

第八条 直播营销平台应当对直播间运营者、直播营销人员进行基于身份证件信息、统一社会信用代码等真实身份信息认证,并依法依规向税务机关报送身份信息和其他涉税信息。直播营销平台应当采取必要措施保障处理的个人信息安全。

直播营销平台应当建立直播营销人员真实身份动态核验机制,在直播前核验所有直播营销人员身份信息,对与真实身份信息不符或按照国家有关规定不得从事网络直播发布的,不得为其提供直播发布服务。

第九条　直播营销平台应当加强网络直播营销信息内容管理,开展信息发布审核和实时巡查,发现违法和不良信息,应当立即采取处置措施,保存有关记录,并向有关主管部门报告。

直播营销平台应当加强直播间内链接、二维码等跳转服务的信息安全管理,防范信息安全风险。

第十条　直播营销平台应当建立健全风险识别模型,对涉嫌违法违规的高风险营销行为采取弹窗提示、违规警示、限制流量、暂停直播等措施。直播营销平台应当以显著方式警示用户平台外私下交易等行为的风险。

第十一条　直播营销平台提供付费导流等服务,对网络直播营销进行宣传、推广,构成商业广告的,应当履行广告发布者或者广告经营者的责任和义务。

直播营销平台不得为直播间运营者、直播营销人员虚假或者引人误解的商业宣传提供帮助、便利条件。

第十二条　直播营销平台应当建立健全未成年人保护机制,注重保护未成年人身心健康。网络直播营销中包含可能影响未成年人身心健康内容的,直播营销平台应当在信息展示前以显著方式作出提示。

第十三条　直播营销平台应当加强新技术新应用新功能上线和使用管理,对利用人工智能、数字视觉、虚拟现实、语音合成等技术展示的虚拟形象从事网络直播营销的,应当按照有关规定进行安全评估,并以显著方式予以标识。

第十四条　直播营销平台应当根据直播间运营者账号合规情况、关注和访问量、交易量和金额及其他指标维度,建立分级管理制度,根据级别确定服务范围及功能,对重点直播间运营者采取安排专人实时巡查、延长直播内容保存时间等措施。

直播营销平台应当对违反法律法规和服务协议的直播间运营者账号,视情采取警示提醒、限制功能、暂停发布、注销账号、禁止重新注册等处置措施,保存记录并向有关主管部门报告。

直播营销平台应当建立黑名单制度,将严重违法违规的直播营销人员及因违法失德造成恶劣社会影响的人员列入黑名单,并向有关主管部门报告。

第十五条 直播营销平台应当建立健全投诉、举报机制,明确处理流程和反馈期限,及时处理公众对于违法违规信息内容、营销行为投诉举报。

消费者通过直播间内链接、二维码等方式跳转到其他平台购买商品或者接受服务,发生争议时,相关直播营销平台应当积极协助消费者维护合法权益,提供必要的证据等支持。

第十六条 直播营销平台应当提示直播间运营者依法办理市场主体登记或税务登记,如实申报收入,依法履行纳税义务,并依法享受税收优惠。直播营销平台及直播营销人员服务机构应当依法履行代扣代缴义务。

第三章　直播间运营者和直播营销人员

第十七条 直播营销人员或者直播间运营者为自然人的,应当年满十六周岁;十六周岁以上的未成年人申请成为直播营销人员或者直播间运营者的,应当经监护人同意。

第十八条 直播间运营者、直播营销人员从事网络直播营销活动,应当遵守法律法规和国家有关规定,遵循社会公序良俗,真实、准确、全面地发布商品或服务信息,不得有下列行为:

(一)违反《网络信息内容生态治理规定》第六条、第七条规定的;

(二)发布虚假或者引人误解的信息,欺骗、误导用户;

(三)营销假冒伪劣、侵犯知识产权或不符合保障人身、财产安全要求的商品;

(四)虚构或者篡改交易、关注度、浏览量、点赞量等数据流量造假;

(五)知道或应当知道他人存在违法违规或高风险行为,仍为其推广、引流;

（六）骚扰、诋毁、谩骂及恐吓他人，侵害他人合法权益；

（七）传销、诈骗、赌博、贩卖违禁品及管制物品等；

（八）其他违反国家法律法规和有关规定的行为。

第十九条　直播间运营者、直播营销人员发布的直播内容构成商业广告的，应当履行广告发布者、广告经营者或者广告代言人的责任和义务。

第二十条　直播营销人员不得在涉及国家安全、公共安全、影响他人及社会正常生产生活秩序的场所从事网络直播营销活动。

直播间运营者、直播营销人员应当加强直播间管理，在下列重点环节的设置应当符合法律法规和国家有关规定，不得含有违法和不良信息，不得以暗示等方式误导用户：

（一）直播间运营者账号名称、头像、简介；

（二）直播间标题、封面；

（三）直播间布景、道具、商品展示；

（四）直播营销人员着装、形象；

（五）其他易引起用户关注的重点环节。

第二十一条　直播间运营者、直播营销人员应当依据平台服务协议做好语音和视频连线、评论、弹幕等互动内容的实时管理，不得以删除、屏蔽相关不利评价等方式欺骗、误导用户。

第二十二条　直播间运营者应当对商品和服务供应商的身份、地址、联系方式、行政许可、信用情况等信息进行核验，并留存相关记录备查。

第二十三条　直播间运营者、直播营销人员应当依法依规履行消费者权益保护责任和义务，不得故意拖延或者无正当理由拒绝消费者提出的合法合理要求。

第二十四条　直播间运营者、直播营销人员与直播营销人员服务机构合作开展商业合作的，应当与直播营销人员服务机构签订书面协议，明确信息安全管理、商品质量审核、消费者权益保护等义务并督促履行。

第二十五条　直播间运营者、直播营销人员使用其他人肖像作为虚拟形象从事网络直播营销活动的，应当征得肖像权人同意，不得利用信息技术手段伪造等方式侵害他人的肖像权。对自然人声音的保护,参照适用前述规定。

第四章　监督管理和法律责任

第二十六条　有关部门根据需要对直播营销平台履行主体责任情况开展监督检查,对存在问题的平台开展专项检查。

直播营销平台对有关部门依法实施的监督检查,应当予以配合,不得拒绝、阻挠。直播营销平台应当为有关部门依法调查、侦查活动提供技术支持和协助。

第二十七条　有关部门加强对行业协会商会的指导,鼓励建立完善行业标准,开展法律法规宣传,推动行业自律。

第二十八条　违反本办法,给他人造成损害的,依法承担民事责任;构成犯罪的,依法追究刑事责任;尚不构成犯罪的,由网信等有关主管部门依据各自职责依照有关法律法规予以处理。

第二十九条　有关部门对严重违反法律法规的直播营销市场主体名单实施信息共享,依法开展联合惩戒。

第五章　附　　则

第三十条　本办法自2021年5月25日起施行。

9. 文化和旅游部关于印发《网络表演经纪机构管理办法》的通知

(2021年8月30日公布　文旅市场发〔2021〕91号
自2021年8月30日起实施)

各省、自治区、直辖市文化和旅游厅(局),新疆生产建设兵团文化体育广电和旅游局:

为加强网络文化市场管理,规范网络表演秩序,坚持正确的价值导向,治理娱乐圈乱象，我部制定了《网络表演经纪机构管理办法》，现印发给你们，请认真贯彻执行。

根据演出经纪人员资格认定工作安排，《网络表演经纪机构管理办法》实施前已从事网络表演经纪活动的网络表演经纪机构，可在本办法实施后的 18 个月缓冲期内取得经营资质，缓冲期内无经营资质不视为违反本办法规定。

特此通知。

网络表演经纪机构管理办法

第一条　为规范网络表演经纪机构的经营行为，加强网络表演内容管理，促进网络表演行业健康有序发展，根据《营业性演出管理条例》《营业性演出管理条例实施细则》《互联网文化管理暂行规定》等有关规定，制定本办法。

第二条　本办法所称网络表演经纪机构，是指依法从事下列活动的经营单位：

（一）网络表演的组织、制作、营销等经营活动；

（二）网络表演者的签约、推广、代理等经纪活动。

第三条　网络表演经纪机构应当遵守宪法和有关法律、法规，坚持为人民服务、为社会主义服务的方向，以社会主义核心价值观为引领，不断丰富人民群众的文化生活。

第四条　网络表演经纪机构从事演出经纪活动，应当依法取得营业性演出许可证。

网络表演经纪机构申请办理营业性演出许可证，应当依照《营业性演出管理条例》第六条、第十条、第十一条，以及《营业性演出管理条例实施细则》第八条、第十条、第十三条、第十五条关于营业性演出许可证的申请条件、申请材料和外商投资等有关规定执行。

第五条　网络表演经营单位应当依法对本单位开展的网络表演经营活动承担主体责任，核验平台内网络表演经纪机构资质。

第六条　网络表演经纪机构为网络表演者提供网络表演经纪服务，应当通过面谈、视频通话等有效方式对网络表演者进行身份核实。网络表演经纪机构不得在明知网络表演者提供的身份信息与其真实身份不一致的情况下,为其提供网络表演经纪服务。

网络表演经纪机构为网络表演者提供网络表演经纪服务,应当签订协议,约定双方权利义务,维护网络表演者的合法权益。

第七条 网络表演经纪机构不得为未满十六周岁的未成年人提供网络表演经纪服务;为十六周岁以上的未成年人提供网络表演经纪服务的,应当对其身份信息进行认证,并经其监护人书面同意。在征询监护人意见时,应当向监护人解释有关网络表演者权利、义务、责任和违约条款并留存相关交流记录。

网络表演经纪机构提供网络表演经纪服务,不得损害未成年人身心健康,不得侵犯未成年人权益。

第八条 网络表演经纪机构应当加强对签约网络表演者的管理,定期开展政策法规和职业道德培训,讲解网络表演相关法律法规,明确禁止内容和行为,增强网络表演者守法意识,引导网络表演者形成良好的职业道德。

第九条 网络表演经纪机构不得组织、制作、营销含有《营业性演出管理条例》第二十五条、《网络表演经营活动管理办法》第六条禁止内容的网络表演。

第十条 网络表演经纪机构发现签约网络表演者所提供的网络表演含有违法违规内容,应当立即要求网络表演者停止网络表演活动,并及时通知相关网络表演经营单位。

第十一条 网络表演经纪机构不得以虚假消费、带头打赏等方式诱导用户在网络表演直播平台消费,不得以打赏排名、虚假宣传等方式进行炒作。

网络表演经纪机构应当加强对签约网络表演者的约束,要求其不得以语言刺激、不合理特殊对待、承诺返利、线下接触或交往,或者赠送包含违法内容的图片或视频等方式诱导用户在网络表演直播平台消费。

第十二条 网络表演经纪机构应当对签约网络表演者的违法违规处理结果、投诉举报处置情况等信息进行记录、保存,并根据不同情形,采取限制服务、停止合作、提请行业协会进行联合抵制等措施。

网络表演者借用、冒用他人身份证件签约的,网络表演经纪机构可提请行业协会进行联合抵制;情节严重的,由相关部门依法追究其法律责任。

第十三条　网络表演经纪机构应当配合文化和旅游行政部门进行监督检查,提供真实、准确、完整的网络表演经纪活动信息数据。

第十四条　网络表演经纪机构应当配备满足业务需要的网络表演经纪人员。网络表演经纪人员与所签约网络表演者人数比例原则上不低于1∶100。

网络表演经纪人员从事演出经纪活动,应当依法取得相应的资格证书。

第十五条　网络表演行业组织应当加强行业自律,制定行业标准和经营规范,开展行业培训,强化诚信教育,对列入失信名单的会员可采取公开谴责、取消会员资格、进行联合抵制等措施。

第十六条　网络表演经纪机构违反本办法第四条有关规定,由文化和旅游主管部门依照《营业性演出管理条例》第四十三条予以查处。

第十七条　网络表演经纪机构从事网络表演经纪活动以外的经纪活动,依照相关规定管理。

第十八条　本办法自发布之日起施行。

10. 国家广播电视总局办公厅关于进一步加强文艺节目及其人员管理的通知

(2021年9月2日公布　广电办发〔2021〕267号
自2021年9月2日起实施)

各省、自治区、直辖市广播电视局,新疆生产建设兵团文化体育广电和旅游局,中央广播电视总台办公厅、电影频道节目中心、中国教育电视台:

近年来,广播电视和网络视听文艺节目坚持讲品位讲格调讲责任、抵制低俗庸俗媚俗,不断推出优秀作品,满足人民群众精神文化需要。为进一步加强管理,从严整治艺人违法失德、“饭圈”乱象等问题,旗帜鲜明树立爱党爱国、崇德尚艺的行业风气,现就有关事项通知如下:

一、坚决抵制违法失德人员。广播电视机构和网络视听平台在节目演员和嘉宾选用上要严格把关,坚持把政治素养、道德品行、艺术水准、社会评价作为选用标准。政治立场不正确、与党和国家离心离德的人员坚决不用;违反法律法规、冲击社会公平正义底线的人员坚决不用;违背公序良俗、言行失德失范的人员坚决不用。

二、坚决反对唯流量论。广播电视机构和网络视听平台不得播出偶像养成类节目,不得播出明星子女参加的综艺娱乐及真人秀节目。选秀类节目要严格控制投票环节设置,不得设置场外投票、打榜、助力等环节和通道,严禁引导、鼓励粉丝以购物、充会员等物质化手段变相花钱投票,坚决抵制不良"饭圈"文化。

三、坚决抵制泛娱乐化。坚定文化自信,大力弘扬中华优秀传统文化、革命文化、社会主义先进文化。树立节目正确审美导向,严格把握演员和嘉宾选用、表演风格、服饰妆容等,坚决杜绝"娘炮"等畸形审美。坚决抵制炒作炫富享乐、绯闻隐私、负面热点、低俗"网红"、无底线审丑等泛娱乐化倾向。

四、坚决抵制高价片酬。严格执行演员和嘉宾片酬规定,严格片酬管理告知承诺制度。倡导鼓励演员和嘉宾担当社会责任,参与公益性节目。严肃惩戒片酬违规、"阴阳合同"、偷逃税行为。

五、切实加强从业人员管理。严格执行主持人持证上岗,规范主持人参加社会活动和网络信息发布。加强从业人员政治素质培养,深入开展马克思主义新闻观、文艺观教育,始终坚定人民立场、坚守人民情怀。完善职业道德规范,加强职业道德建设,自觉抵制名利诱惑,不得利用职业身份和个人知名度谋取不当利益,自觉接受社会监督,做社会公德的示范者、正能量的建设者。

六、开展专业权威文艺评论。坚持正确政治方向、舆论导向、价值取向,弘扬真善美、批驳假恶丑,充分发挥价值引导、精神引领、审美启迪作用。把社会效益、社会价值放在首位,把思想精深、艺术精湛、制作精良统一起来,严肃客观评价节目。科学看待收视率、点击率等量化指标,加大"中国视听大数据"推广应用力度。

七、充分发挥行业组织作用。广播电视、网络视听行业协会等社会组织要进一步完善行业规范和自律公约,积极开展道德评议。加强思想政治、职业道德等教育培训，建立常态化培训机制，优化教学内容，强化案例教学，以案说法、以案示法。对行业不良现象、反面典型旗帜鲜明发声批评，坚决反对圈子文化和行业陋习，正本清源，维护行业良好风气。

八、切实履行管理职责。广播电视行政部门要提高政治站位，认真落实意识形态工作责任制，进一步压紧压实属地管理责任、主管主办责任和主体责任，把好文艺节目导向关、内容关、人员关、片酬关、宣传关。要重视倾听人民群众呼声，积极回应人民群众关切，对违法失德、造星炒星、泛娱乐化、“流量至上”等坚决说“不”，让主旋律和正能量充盈广播电视和网络视听空间。

11. 文化和旅游部关于规范演出经纪行为加强演员管理促进演出市场健康有序发展的通知

（2021年9月29日发布　文旅市场发〔2021〕101号
自2021年9月29日起实施）

各省、自治区、直辖市文化和旅游厅（局），新疆生产建设兵团文化体育广电和旅游局：

演出经纪机构是演出市场重要主体，对优化演出资源配置、丰富演出产品供给、促进演出市场繁荣发展发挥了重要作用。但也要看到，一段时间以来文娱领域出现的艺人违法失德、“饭圈”乱象等问题，败坏行业形象，损害社会风气，对演出市场造成较大冲击，扰乱了市场秩序，人民群众反映强烈。为进一步规范演出经纪行为，切实加强演员管理，促进演出市场健康有序发展，现就有关事项通知如下。

一、严格演出资质管理

（一）从事演员签约、推广、代理等演出经纪活动的演员经纪公司、工作室，应当严格按照《营业性演出管理条例》及其实施细则关于设立演出经纪机构的规定，向文化和旅游行政部门申请取得营业性演出许可证。

（二）严格执行演出经纪人员资格认定制度，从事演员签约、推广、代理等演出经纪活动的从业人员，应当通过演出经纪人员资格认定考试，取得演出经纪人员资格证书，持证上岗。

（三）未经批准擅自从事演员签约、推广、代理等业务的经营单位，由文化和旅游行政部门依照《营业性演出管理条例》第四十三条的规定予以处罚。

（四）演出经纪人员在从业活动中为含有《营业性演出管理条例》第二十五条禁止内容的演出提供经纪服务，或者纵容所经纪演员违法失德行为并造成恶劣社会影响的，由文化和旅游行政部门撤销其资格证书并予以公告。

二、规范演员从业行为

（五）演员应当自觉践行社会主义核心价值观，主动承担起举旗帜、聚民心、育新人、兴文化、展形象的使命任务，讲品位、讲格调、讲责任，不断提高思想品德修养、职业道德素养和人文艺术涵养，争做德艺双馨的文艺工作者。

（六）演员经纪公司、工作室应当维护演员合法权益，承担演员管理责任，将政治素养、道德品行作为演员选用和培养的重要标准，定期组织教育培训，增强演员守法意识和道德修养。建立演员自律自查工作制度，查找演员从业行为存在的问题及风险点，督促演员及时改正。

（七）演员经纪从业人员应当加强对演员的教育、提醒，积极引导演员时刻敬畏法律红线，严守道德底线，提升职业操守，积极营造崇德尚艺、见贤思齐的良好风气。

（八）从事未成年人签约、推广、代理等演出经纪活动的演员经纪公司、工作室，应当按照《中华人民共和国未成年人保护法》《中华人民共和国教育法》《中华人民共和国义务教育法》《中华人民共和国劳动法》有关规定，依法保障其接受并完成规定年限的义务教育的权利。严禁以招募“演艺练习生”等名义，向未成年人灌输所谓“出名要趁早”等错误观念，误导未成年人价值观，侵害未成年人合法权益。

三、加强演出活动监管

（九）各级文化和旅游行政部门应当依照《营业性演出管理条例》等法规规定，切实加强演出活动的内容管理，坚决抵制违背社会主义核心价值观、危害社会公德或者民族优秀文化传统、违反公序良俗、畸形审美等行为，树立正确审美导向。

（十）演出经纪机构举办营业性演出活动，应当安排专职演出经纪人员承担演出活动的协调联络等工作，配合文化和旅游行政部门做好行业监管，履行依法纳税以及代扣代缴有关税费义务。举办涉外营业性演出活动，还应配合外事、公安等部门落实外籍人员日常管理工作。

（十一）演出活动不得使用造成恶劣社会影响的违法失德演员；不得使用含有《营业性演出管理条例》第二十五条禁止内容的图形、画面、音视频和文字等进行演出宣传、售票和演出场地布置等活动；不得组织演员假唱，不得为假唱提供条件。有未成年人参与的演出，应当经过未成年人父母或者其他监护人同意。

（十二）演员擅自变更演出内容或所表演内容、表演行为违反《营业性演出管理条例》第二十五条规定的，由文化和旅游行政部门依照《营业性演出管理条例》第四十四条、第四十六条规定，对演出举办单位以及该演员所签约演出经纪机构予以处罚。使用含有《营业性演出管理条例》第二十五条禁止内容的图形、画面、音视频和文字等进行演出宣传、售票和演出场地布置等活动的，由文化和旅游行政部门依照《营业性演出管理条例》第四十六条的规定，对演出举办单位予以处罚。以假唱欺骗观众或者为演员假唱提供条件的，由文化和旅游行政部门依照《营业性演出管理条例》第四十七条规定，对演出举办单位和演员予以处罚。

四、做好粉丝正面引导

（十三）演员经纪公司、工作室应当加强对粉丝应援行为的正面引导，做好对授权粉丝团、后援会网络账号的内容监督。对扰乱网络公共秩序和社会秩序的粉丝群体,应当督促演员主动发声,积极引导。

(十四)演出举办单位应当做好演出现场管理,维护演出现场秩序,不得设置场外应援、礼物应援、打榜投票等诱导粉丝消费的营销活动。不得组织未成年人参与应援集会等活动,不得组织未成年人进行正常观看演出之外的应援消费。

五、共建良好演出生态

(十五)对体现民族特色和国家水准的优质演出产品和服务,各地文化和旅游行政部门应当按照《营业性演出管理条例实施细则》有关规定,给予补助和支持,培育更多思想精深、艺术精湛、制作精良的精品剧(节)目。

(十六)各级文化和旅游行政部门应当加强信用监管,依法依规将符合条件的营业性演出市场主体及从业人员列入文化市场失信名单,实施信用惩戒。

(十七)文化市场综合执法机构应当加强对演员经纪公司、工作室的执法检查,做好营业性演出的日常巡查,对违法违规行为依法予以查处。

(十八)行业协会应当完善演出经纪机构及从业人员自律规范,建立风险监测研判机制和管控机制,对违法失德演员进行评议,对造成恶劣社会影响的演员经纪公司、工作室及演员实施自律惩戒和行业抵制。

(十九)各级文化和旅游行政部门、行业协会应当建立常态化培训机制,全面加强对从业人员思想政治、法律法规、职业道德等方面的教育培训,提高从业人员综合素质,构建积极向上、繁荣有序的演出生态。

(三)行业规定

12. 网络视听节目内容审核通则

(2017年6月30日中国网络视听节目服务协会常务理事会
2017年第一次会议通过 自2017年6月30日起施行)

第一章 总 则

第一条 为规范网络视听节目内容审核工作,服务网络视听节目创作,促进网络视听节目行业健康发展,根据《互联网视听节目服务管理规定》,中国网络视听节目服务协会(以下简称协会)发起制定本通则。

第二条 本通则所称网络视听节目,具体包括:

(一)网络剧、微电影、网络电影、影视类动画片、纪录片;

(二)文艺、娱乐、科技、财经、体育、教育等专业类网络视听节目;

(三)其他网络原创视听节目。

第三条 互联网视听节目服务相关单位应当认真遵守本通则的规定,积极传播本通则倡导的内容,不得传播本通则禁止的内容。

第二章 审核原则

第四条 本通则所称内容审核,是指从事互联网视听节目服务相关单位在播出网络视听节目前,对拟播出的视听节目作品和用于宣传、介绍作品等目的而制作的图文及视频内容的审核。具体审核要素包括:

(一)政治导向、价值导向和审美导向;

(二)情节、画面、台词、歌曲、音效、人物、字幕等。

第五条 互联网视听节目服务相关单位在网络视听节目内容审核方面,坚持如下原则:

(一)先审后播原则

互联网视听节目服务相关单位应建立内容播前审核制度、审核意见留存制度及工作程序,配备与业务发展需要相适应的审核员,及相应的审看设施。互联网视听节目服务相关单位播出的网络视听节目必须经过审核员审核认定。

(二)审核到位原则

1. 审核员审核节目时应完整审看包括片头片尾在内的全部内容,不得快进和遗漏,每部网络剧、微电影、网络电影、影视类动画片、纪录片应由不少于三人的审核员审核,每期(条)专业类网络视听节目应由不少于两人的审核员审核。

2. 审核员应客观、公正地提出书面的节目审核意见,审核意见应明确指出需要修改的问题、是否同意播出,并说明理由。

3. 审核员应具有高度的社会责任感、较高的文化修养、良好的职业道德,熟悉国家相关法律法规、方针政策;审核员应经过节目内容审核业务培训,考核通过后从事节目内容审核工作。

第三章　导向要求

第六条　互联网视听节目服务相关单位应坚持正确的政治方向,围绕中心,服务大局,坚持“二为”方向和“双百”方针,努力传播体现当代中国价值观念、体现中华文化精神、反映中国人审美追求,思想性、艺术性、观赏性有机统一的优秀作品。

(一)坚持以人民为中心的创作导向,把人民作为表现的主体,展示奋斗人生,刻画最美人物,反映人民心声,为人民抒写、为人民抒情、为人民抒怀,把满足人民精神文化需求作为出发点和落脚点;

(二)坚持以社会主义核心价值观为引领,大力弘扬革命文化和社会主义先进文化,大力弘扬以爱国主义为核心的民族精神和以改革创新为核心的时代精神,歌唱祖国、赞美英雄、讴歌时代,引导人民树立和坚持正确的历史观、民族观、国家观、文化观;

(三)坚持以现实题材为主,贴近实际、贴近生活、贴近群众,记录时代发展和社会进步;

（四）大力弘扬中国优秀传统文化。以史为鉴、传承文明，激励中华儿女自尊、自信、自强。深入阐发讲仁爱、重民本、守诚信、崇正义、尚和合、求大同等核心思想理念；

（五）弘扬真善美，传播正能量。牢记社会责任，持续颂扬自强不息、敬业乐群、扶危济困、见义勇为、孝老爱亲等传统美德，引导人们增强道德判断力和道德荣誉感；

（六）努力讲好中国故事，弘扬中国精神，凝聚中国力量，为实现中华民族伟大复兴的中国梦作出贡献；

（七）坚持把社会效益放在首位，努力传播既能在思想上、艺术上取得成功，又能在市场上受到欢迎，社会效益和经济效益相统一的作品；

（八）牢固树立精品意识，下大力气提升品质，提高原创能力，努力传播思想精深、艺术精湛、制作精良的优秀作品。在剧情设计上要弘扬正气、伸张正义，传播真善美、鞭笞假恶丑，体现积善成德、明德惟馨的道德导向。

第四章　节目内容审核标准

第七条　互联网视听节目服务相关单位要坚持正确的政治导向、价值导向和审美导向，禁止制作、播放含有下列内容的网络视听节目：

（一）违反宪法确定的基本原则，煽动抗拒或者破坏宪法、法律、行政法规实施的；

（二）危害国家统一、主权和领土完整，泄露国家秘密，危害国家安全，损害国家尊严、荣誉和利益，宣扬恐怖主义、极端主义的；

（三）诋毁民族优秀文化传统，煽动民族仇恨、民族歧视，侵害民族风俗习惯，歪曲民族历史和民族历史人物，伤害民族感情，破坏民族团结的；

（四）煽动破坏国家宗教政策，宣扬宗教狂热，危害宗教和睦，伤害信教公民宗教感情，破坏信教公民和不信教公民团结，宣扬邪教、迷信的；

（五）危害社会公德，扰乱社会秩序，破坏社会稳定，宣扬淫秽、赌博、吸毒，渲染暴力、恐怖，教唆犯罪或者传授犯罪方法的；

（六）侵害未成年人合法权益或者损害未成年人身心健康的；

(七)侮辱、诽谤他人或者散布他人隐私,侵害他人合法权益的;

(八)法律、行政法规禁止的其他内容。

第八条 网络视听节目中含有下列内容或情节的,应予以剪截、删除后播出;问题严重的,整个节目不得播出:

(一)不符合国情和社会制度,有损国家形象,危害国家统一和社会稳定:

1. 贬损国家形象、国家制度和方针政策;

2. 贬损、恶搞、损害革命领袖、英雄人物的形象、名誉;

3. 损害人民军队、武装警察、国安、公安、司法人员等特定职业、群体,以及社会组织、团体的公众形象;

4. 宣扬消极、颓废的人生观、世界观和价值观,渲染、夸大社会问题,过分表现、展示社会阴暗面;

5. 贬低人民群众推动历史发展的作用;

6. 以反面角色为主要表现对象,或为反动的、落后的、邪恶的、非法的社会势力、社会组织和人物立传、歌功颂德,着重表现其积极的一面;

7. 宣扬中国历史上封建王朝对外的武力征服;

8. 宣扬带有殖民主义色彩的台词、称谓、画面等;

9. 脱离国情,缺乏基本的现实生活依据,宣扬奢华生活等。

(二)有损民族团结:

1. 含有伤害民族感情的情节、台词、称谓、人物形象、画面、音效等;

2. 对独特的民族习俗和宗教信仰猎奇渲染,甚至丑化侮辱;

3. 表现伤害民族感情的民族战争、历史事件;

4. 将历史上民族间的征伐表现成国与国之间的战争等。

(三)违背国家宗教政策:

1. 宣扬宗教极端主义和邪教;

2. 不恰当地比较不同宗教、教派的优劣,可能引发宗教、教派之间矛盾和冲突;

3. 过多展示和宣扬宗教教义、教规、仪式等内容;

4. 歪曲、诋毁或歧视宗教观念、宗教信仰和宗教称谓;

5. 对宗教内容戏说和调侃等。

(四)宣扬封建迷信,违背科学精神:

1. 宣扬灵魂附体、转世轮回、巫术作法等封建迷信思想;

2. 宣扬愚昧、邪恶、怪诞等封建文化糟粕。

(五)渲染恐怖暴力,展示丑恶行为,甚至可能诱发犯罪:

1. 渲染暴力、凶杀,表现黑恶势力的猖狂;

2. 细致展现凶暴、残酷的犯罪过程,及肉体、精神虐待;

3. 暴露侦查手段、侦破细节,可诱导罪犯掌握反侦查手段;

4. 表现离奇、怪诞的犯罪案件;

5. 对真假、善恶、美丑的价值判断模糊不清,混淆正义与非正义的基本界限;

6. 详细展示吸毒、酗酒、赌博等不良行为;

7. 展现过度的惊悚恐怖、生理痛苦、歇斯底里,造成强烈感官、精神刺激并可致人身心不适的画面、台词、音乐及音效等;

8. 为宣扬以暴制暴,宣扬极端的复仇心理和行为。

(六)渲染淫秽色情和庸俗低级趣味:

1. 具体展现卖淫、嫖娼、淫乱、强奸、自慰等情节;

2. 表现和展示非正常的性关系、性行为,如乱伦、同性恋、性变态、性侵犯、性虐待及性暴力等;

3. 展示和宣扬不健康的婚恋观和婚恋状态,如婚外恋、一夜情、性自由、换妻等;

4. 较长时间或较多给人以感官刺激的床上镜头、接吻、爱抚、淋浴,及类似的与性行为有关的间接表现或暗示;

5. 有明显的性挑逗、性骚扰、性侮辱或类似效果的画面、台词、音乐及音效等;

6. 展示男女性器官,或仅用肢体掩盖或用很小的遮盖物掩盖人体等隐秘部位及衣着过分暴露等;

7. 含有未成年人不宜接受的涉性画面、台词、音乐、音效等;

8. 使用粗俗语言等;

9. 以成人电影、情色电影、三级片、偷拍、走光、露点及各种挑逗性文字或图片作为视频节目标题、分类或宣传推广。

(七)侮辱或者诽谤他人:

1. 损害重要历史人物及其他真实人物的形象、名誉,造成不良社会影响;

2. 贬损他人的职业身份、社会地位或身体特征。

(八)歪曲贬低民族优秀文化传统:

1. 渲染、夸大或集中展示民族愚昧或社会落后方面;

2. 违背基本史实,为已有定论的历史人物、历史事件"翻案",或为尚存争议的历史人物、历史事件"正名";

3. 篡改名著,歪曲原著的精神实质;

4. 违背基本的历史常识,缺乏基本的历史依据,任意曲解历史,不尊重人类文明、他国文明和风俗习惯等;

5. 对历史尤其是革命历史进行过度娱乐和游戏式表现。

(九)危害社会公德,对未成年人造成不良影响的:

1. 以恶搞方式描绘重大自然灾害、意外事故、恐怖事件、战争等灾难场面;

2. 以肯定、赞许的基调或引入模仿的方式表现打架斗殴、羞辱他人、污言秽语等;

3. 表现未成年人早恋、抽烟酗酒、打架斗殴、滥用毒品等不良行为;

4. 违反国务院广播影视行政部门有关规定的吸烟镜头和吸烟场景;

5. 人物造型过分夸张怪异,对未成年人有不良影响;

6. 展示未成年人或者未成年人形象的动画、动漫人物的性行为等;

7. 含有其他有违社会公德的不文明行为。

(十)法律、法规和国家规定禁止的其他内容:

1. 违反国家有关规定,公开展示某专项工作的内部制度、程序;

2. 可能引发国际纠纷或造成不良国际影响;

3. 违反国家有关规定,滥用、错用特定标识、呼号、称谓、用语;

4. 节目中的产品和服务信息植入违反国务院广播影视行政部门有关规定;

5. 破坏生态环境，虐待动物，捕杀、食用国家保护类动物的内容；

6. 侵犯个人隐私内容；

7. 以抄袭、剽窃或未经许可翻拍等方式侵犯他人知识产权的节目；

8. 从事损害我国国家尊严、荣誉和利益，危害社会稳定，伤害民族感情等活动的组织和个人制作或参与制作的节目；

9. 其他有违法律、法规和国家规定的内容。

第九条　专业类网络视听节目应坚持正确的政治导向、价值导向、审美导向，体现高雅健康的审美情趣和文化品位，引导人们树立正确的世界观、人生观、价值观。

（一）坚决抵制是非不分、善恶不辨、以丑为美、颠倒黑白的错误倾向；坚决抵制各种诋毁主流思想和主流价值的内容；坚决反对歪曲历史、美化反动、调侃崇高、否定英模的错误倾向；坚决抵制厚黑学、潜规则、圈子山头等封建文化糟粕和腐朽思想遗毒；坚决抵制拜金主义、享乐主义、极端个人主义等不良风气和过度商业化、过度娱乐化的倾向；坚决摒弃廉价的笑声、无底线的娱乐和无节操的垃圾；坚决抵制低俗、庸俗、媚俗的低级趣味；坚决反对天价追星、无聊游戏、奢华盛宴等不良风气。

（二）不得宣扬不良的家庭观、婚恋观、金钱观。在涉及真实人物生活讲述与调解等节目中，坚持真实原则，不得为了追求轰动效应人为设置虚假、离奇故事情节，摆拍经过事先设计的对话，制造假故事、假新闻，愚弄受众。

（三）对节目中涉及的主持人、嘉宾、评委、选手等人物进行筛选把关，不得选用有丑闻劣迹、有吸毒嫖娼等违法犯罪行为的人物，慎重选用有争议或存在边缘化观点的人物。节目中的人物语言、行为、着装、服饰、发型、台风等应当符合大众审美观念。

（四）节目主持人应对嘉宾、评委、选手等人物的言行举止正确引导，防止语言和行为低俗，对错误观点和言论要及时批驳。主持人之间不得互相挖苦、吹捧、调情。嘉宾、评委要加强点评的专业性和针对性，避免夸张作秀、互相恶搞以及不文明言谈举止，不能喧宾夺主、故意制造噱头和看点，使节目成为明星宣扬自我的舞台。选手不得为博眼球而煽情作秀、夸张搞怪或渲染悲切情绪。

（五）加强未成年人保护，尽量减少未成年人参与，对少数有未成年人参与的节目要坚决杜绝商业化、成人化和过度娱乐化的不良倾向以及侵犯未成年人权益的现象。

（六）真人秀类节目要减少明星参与人数，提高普通群众的参与比重，让群众成为节目的主角。不得追星逐利、媚俗捧场，杜绝展示明星炫富享乐、炒作节目片酬成本。不得借真人秀节目炒作包装明星子女。

第十条 专业类网络视听节目除符合前款网络视听节目的总体要求外，还不得含有以下内容：

（一）以道听途说的信息为话题，进行主观臆测的讨论、评论的；

（二）以调侃严肃话题为主要内容的；

（三）围绕易引发争议的负面话题进行讨论、评论的；

（四）以宣扬明星炫富享乐为主要话题的；

（五）以炒作绯闻丑闻隐私劣迹为主要内容的；

（六）展示危险程度高、恶意整人、易被青少年模仿的游戏项目的；

（七）诱导未成年人谈论名利、情爱等话题，诱导未成年人现场拉票、盘问未成年人失败退出感受的；

（八）就家庭纠纷采访未成年人和未成年人参与家庭纠纷和现场调解的；

（九）为吸引眼球，制造低俗噱头，展示丑行恶态，或作假作秀、故意激化矛盾，突出放大不良现象和非理性情绪，以“考验”“测试”的名义人为制造和展示“人性恶”事件的；

（十）故意刺激、为难嘉宾娱乐观众的；

（十一）讽刺他人、相互吹捧或进行粗俗反串的；

（十二）使用粗俗恶搞字幕和夸张怪异音效的；

（十三）以采访、讨论性爱、性生活细节为话题的；

（十四）展示群众参与的各类整容变性细节的；

（十五）其他违背社会主义核心价值观和公序良俗的内容。

第十一条 严肃认真对待节目细节，涉及下列内容的，要聘请相关专家进行把关：

（一）涉及革命先驱及其他重要人物形象、少数民族语言文字、特定符号与标识使用以及图形、图表等；

（二）节目内容表现人民军队、武装警察、国安、公安、司法人员、医生、律师等特定职业、群体，以及社会组织、团体的；

（三）涉及特定历史时期、职业群体的服装、布景道具等。

第十二条　网络视听节目内容审核的其他相关要求：

（一）网络视听节目中文字幕除书法题写的片名及相关文字外，应为规范汉字。作品有歌词的歌曲，外语标题、台词、有特定含义的词汇及标识等，应加中文字幕；

（二）网络视听节目名称、台词、字幕等语言文字应遵守国家通用语言文字有关法律法规，尊重、礼敬中华优秀传统文化，严格按照规范写法和标准使用国家通用语言文字的字、词、短语、成语等，不得滥用谐音、生造滥造词义、肆意曲解内涵，不得使用不规范的网络语言和错词别字。遣词造句要坚持正确导向，符合语法规范，自觉摒弃低俗、庸俗、媚俗的低级趣味，严禁使用挑逗、污秽、恶毒、侮辱、谩骂等极端言辞。

互联网视听节目服务单位要加强网络视听节目名称、台词、字幕、配音等使用语言文字的管理，加强对演职人员、主持人、嘉宾及其他节目参与人员规范使用通用语言文字的提示指导，防止不规范使用国家通用语言文字的节目上线播出。

第十三条　网络视听节目涉及重大革命和重大历史题材，以及政治、军事、外交、国家安全、统战、民族、宗教、司法、公安等特殊题材应遵照广播影视有关管理规定执行。

第五章　罚　　则

第十四条　互联网视听节目服务相关单位因违反本通则的规定，协会将视情节严重程度，对该机构以及直接责任人员进行通报批评、向全行业及社会公开；情节恶劣的，取消会员资格；涉嫌违法违规的，报告主管部门依法依规予以查处。

第六章　附　　则

第十五条　本通则自协会发布之日起施行，协会成员接受本通则的约束。2012 年 7 月 13 日中国网络视听节目服务协会理事会通过的《网络剧、微电影等网络视听节目内容审核通则》同时废止。

13. 网络短视频内容审核标准细则

（中国网络视听节目服务协会 2018 年 11 月 29 日公布
自 2019 年 1 月 9 日施行）

为提升短视频内容质量，遏制错误虚假有害内容传播蔓延，营造清朗网络空间，根据国家相关法律法规、《互联网视听节目服务管理规定》和《网络视听节目内容审核通则》，制定本细则。

一、网络短视频内容审核基本标准

（一）《互联网视听节目服务管理规定》第十六条所列 10 条标准。

（二）《网络视听节目内容审核通则》第四章第七、八、九、十、十一、十二条所列 94 条标准。

二、网络短视频内容审核具体细则

依据网络短视频内容审核基本标准，网络播放的短视频节目，及其标题、名称、评论、弹幕、表情包等，其语言、表演、字幕、背景中不得出现以下具体内容（常见问题）：

（一）攻击我国政治制度、法律制度的内容

比如：

1. 调侃、讽刺、反对、谩骂中国特色社会主义道路、理论、制度和文化以及国家既定重大方针政策的，如（略）；

2. 对宪法等国家重大法律法规的制定、修订进行曲解、否定、攻击、谩骂，或对其中具体条款进行调侃、讽刺、反对、谩骂的；

3. 削弱、背离、攻击、诋毁中国共产党领导的，如（略）；

4. 对改革开放以来国家所实行的重大方针政策进行调侃、否定、攻击的，如（略）；

5. 篡改、娱乐化解读我国政治制度和法律制度中的特定名词称谓的，如（略）；

（二）分裂国家的内容

比如：

6. 反对、攻击、曲解"一个中国""一国两制"的；

7. 反映台独、港独、藏独、疆独等的言行、活动、标识的，包括影像资料、作品、语音、言论、图片、文字、反动旗帜、标语口号等各种形式（转播中央新闻单位新闻报道除外）；

8. 持有台独、港独、藏独、疆独等分裂国家立场的艺人及组织团体制作或参与制作的节目、娱乐报道、作品宣传的；

9. 对涉及领土和历史事件的描写不符合国家定论的，如（略）；

（三）损害国家形象的内容

比如：

10. 贬损、玷污、恶搞中国国家和民族的形象、精神和气质的，如（略）；

11. 以焚烧、毁损、涂划、玷污、践踏、恶搞等方式侮辱国旗、国徽的；在不适宜的娱乐商业活动等场合使用国旗、国徽的；

12. 篡改、恶搞国歌的；在不适宜的商业和娱乐活动中使用国歌，或在不恰当的情境唱奏国歌，有损国歌尊严的，如（略）；

13. 截取党和国家领导人讲话片段可能使原意扭曲或使人产生歧义，或通过截取视频片段、专门制作拼凑动图等方式，歪曲放大展示党和国家领导人语气语意语态的；

14. 未经国家授权或批准,特型演员和普通群众通过装扮、模仿党和国家领导人形象,参加包括主持、表演、演讲、摆拍等活动,谋取利益或哗众取宠产生不良影响的(依法批准的影视作品或文艺表演等除外);

15. 节目中人物穿着印有党和国家领导人头像的服装鞋帽,通过抖动、折叠印有头像的服装鞋帽形成怪异表情的;

(四)损害革命领袖、英雄烈士形象的内容

比如:

16. 歪曲、丑化、亵渎、否定革命领袖、英雄烈士事迹和精神的,如(略);

17. 不当使用及恶搞革命领袖、英雄烈士姓名、肖像的,如(略);

(五)泄露国家秘密的内容

比如:

18. 泄露国家各级党政机关未公开的文件、讲话的,如(略);

19. 泄露国家各级党政机关未公开的专项工作内容、程序与工作部署的,如(略);

20. 泄露国防、科技、军工等国家秘密的,如(略);

21. 私自发布有关党和国家领导人的个人工作与生活信息、党和国家领导人家庭成员信息的;

(六)破坏社会稳定的内容

比如:

22. 影响公共秩序与公共安全的群体性事件的,如(略);

23. 传播非省级以上新闻单位发布的灾难事故信息的,如(略);

24. 非新闻单位制作的关于灾难事故的影响、后果的节目的,如(略);

(七)损害民族与地域团结的内容

比如:

25. 通过语言、称呼、装扮、图片、音乐等方式嘲笑、调侃、伤害民族和地域感情、破坏安定团结的,如(略);

26. 将正常的安全保卫措施渲染成民族偏见与对立的,如(略);

27. 传播可能引发误解的内容的，如（略）；

28. 对独特的民族习俗和宗教信仰猎奇渲染，甚至丑化侮辱的，如（略）；

29. 以赞同、歌颂的态度表现历史上民族间征伐的残酷血腥战事的，如（略）；

（八）违背国家宗教政策的内容

比如：

30. 展示宗教极端主义和邪教组织及其主要成员的活动，以及他们的“教义”与思想的，如（略）；

31. 不恰当地比较不同宗教、教派的优劣，可能引发宗教、教派之间矛盾和冲突的，如（略）；

32. 过度展示和宣扬宗教教义、教规、仪式内容的，如（略）；

33. 将宗教极端主义与合法宗教活动混为一谈，将正常的宗教信仰与宗教活动渲染成极端思想与行动，或将极端思想与行动解释成正常的宗教信仰与宗教活动的，如（略）；

34. 戏说和调侃宗教内容，以及各类恶意伤害民族宗教感情言论的；

（九）传播恐怖主义的内容

比如：

35. 表现境内外恐怖主义组织的，如（略）；

36. 详细展示恐怖主义行为的，如（略）；

37. 传播恐怖主义及其主张的，如（略）；

38. 传播有目的、有计划、有组织通过自焚、人体炸弹、打砸抢烧等手段发动的暴力恐怖袭击活动视频（中央新闻媒体公开报道的除外），或转发对这些活动进行歪曲事实真相的片面报道和视频片段的，如（略）；

（十）歪曲贬低民族优秀文化传统的内容

比如：

39. 篡改名著、歪曲原著精神实质的，如（略）；

40. 颠覆经典名著中重要人物人设的，如（略）；

41. 违背基本历史定论,任意曲解历史的,如(略);

42. 对历史尤其是革命历史进行恶搞或过度娱乐化表现的,如(略);

(十一)恶意中伤或损害人民军队、国安、警察、行政、司法等国家公务人员形象和共产党党员形象的内容

比如:

43. 恶意截取执法人员执法工作过程片段,将执法人员正常执法营造成暴力执法效果的;

44. 传播未经证实的穿着军装人员打架斗殴、集会、游行、抗议、上访的;

45. 正面展现解放军形象时用语过度夸张的,如(略);

(十二)美化反面和负面人物形象的内容

比如:

46. 为包括吸毒嫖娼在内的各类违法犯罪人员及黑恶势力人物提供宣传平台,着重展示其积极一面的;

47. 对已定性的负面人物歌功颂德的,如(略);

(十三)宣扬封建迷信,违背科学精神的内容

比如:

48. 开设跳大神、破太岁、巫蛊术、扎小人、道场作法频道、版块、个人主页,宣扬巫术作法等封建迷信思想的;

49. 鼓吹通过法术改变人的命运的,如(略);

50. 借民间经典传说宣扬封建迷信思想的;

(十四)宣扬不良、消极颓废的人生观、世界观和价值观的内容

比如:

51. 宣扬拜金主义和享乐主义的,如(略);

52. 展示违背伦理道德的糜烂生活的,如(略);

53. 宣传和宣扬丧文化、自杀游戏的,如(略);

54. 展现同情、支持婚外情、一夜情的;

（十五）渲染暴力血腥、展示丑恶行为和惊悚情景的内容

比如：

55. 表现黑恶势力群殴械斗、凶杀、暴力催债、招募打手、雇凶杀人等猖狂行为的；

56. 细致展示凶暴、残酷的犯罪过程及肉体、精神虐待的，如（略）；

57. 细致展示吸毒后极度亢奋的生理状态、扭曲的表情，展示容易引发模仿的各类吸毒工具与吸毒方式的，如（略）；

58. 细致展示酗酒后失控状态的，如（略）；

59. 细致展示老虎机、推币机、打鱼机、上分器、作弊器等赌博器具，以及千术、反千术等赌博技巧与行为的；

60. 展现过度的生理痛苦、精神歇斯底里，对普通观看者可能造成强烈感官和精神刺激，从而引发身心惊恐、焦虑、厌恶、恶心等不适感的画面、台词、音乐及音效的，如（略）；

61. 宣扬以暴制暴，宣扬极端的复仇心理和行为的，如（略）；

（十六）展示淫秽色情，渲染庸俗低级趣味，宣扬不健康和非主流的婚恋观的内容

比如：

62. 具体展示卖淫、嫖娼、淫乱、强奸等情节的；

63. 直接展示性行为的，如（略）；

64. 视频中出现色情推广的，如（略）；

65. 展示呻吟、叫床等声音、特效的；

66. 以猎奇宣扬的方式对境外“红灯区”进行拍摄的；

67. 展现有性交易内容的夜店、洗浴按摩场所的；

68. 表现和展示非正常的性关系、性行为的；

69. 展示和宣扬不健康的婚恋观和婚恋状态的；

70. 宣扬和炒作非主流婚恋观的；

71. 以单纯感官刺激为目的，集中细致展现接吻、爱抚、淋浴及类似的与性

行为有关的间接表现或暗示的，包括裸露或长时间聚焦胸部、臀部等部位，聚焦走光、偷拍、凸点，渲染恋足、原味丝袜等性癖好；

72. 有明显的性挑逗、性骚扰、性侮辱或类似效果的画面、台词、音乐及音效的，如（略）；

73. 展示男女性器官，或仅用肢体掩盖或用很小的遮盖物掩盖人体隐秘部位及衣着过分暴露的；

74. 使用粗俗语言，展示恶俗行为的，如（略）；

75. 以隐晦、低俗的语言表达使人产生性行为和性器官联想的内容的；

76. 以成人电影、情色电影、三级片被审核删减内容的影视剧的“完整版”“未删减版”“未删节版”“被删片段”“汇集版”作为视频节目标题、分类或宣传推广的；

77. 以偷拍、走光、露点及各种挑逗性文字或图片作为视频节目标题、分类或宣传推广的，如（略）；

78. 使用易引发性联想的文字作为标题的，如（略）；

（十七）侮辱、诽谤、贬损、恶搞他人的内容

比如：

79. 侮辱、诽谤、贬损、恶搞历史人物及其他真实人物的形象、名誉的；

80. 贬损、恶搞他国国家领导人，可能引发国际纠纷或造成不良国际影响的；

81. 侮辱、贬损他人的职业身份、社会地位、身体特征、健康状况的，如（略）；

（十八）有悖于社会公德的内容

比如：

82. 以恶搞方式描绘重大自然灾害、意外事故、恐怖事件、战争等灾难场面的；

83. 以肯定、赞许的基调或引人模仿的方式表现打架斗殴、羞辱他人、污言秽语的，如（略）；

84. 为违背公序良俗或游走在社会道德边缘的行为提供展示空间的，如

(略)；

(十九)不利于未成年人健康成长的内容

比如：

85. 表现未成年人早恋的，以及抽烟酗酒、打架斗殴、滥用毒品等不良行为的，如(略)；

86. 人物造型过分夸张怪异，对未成年人有不良影响的，如(略)；

87. 展示未成年人或者未成年人形象的动画、动漫人物的性行为，或让人产生性妄想的，如(略)；

88. 侵害未成年人合法权益或者损害未成年人身心健康的，如(略)；

(二十)宣扬、美化历史上侵略战争和殖民史的内容

比如：

89. 宣扬法西斯主义、极端民族主义、种族主义的，如(略)；

90. 是非不分，立场错位，无视或忽略侵略战争中非正义一方的侵略行为，反而突出表现正义一方的某些错误的；

91. 使用带有殖民主义色彩的词汇、称谓、画面的，如(略)；

(二十一)其他违反国家有关规定、社会道德规范的内容

比如：

92. 将政治内容、经典文化、严肃历史文化进行过度娱乐化展示解读，消解主流价值的；

93. 从事反华、反党、分裂、恐怖活动的特定组织或个人制作或参与制作的节目，及其开设的频道、版块、主页、账号的；

94. 违法犯罪、丑闻劣迹者制作或参与制作的节目的；

95. 侵犯个人隐私，恶意曝光他人身体与疾病、私人住宅、婚姻关系、私人空间、私人活动的，如(略)；

96. 对国家有关规定已明确的标识、呼号、称谓、用语进行滥用、错用的，如(略)；

97. 破坏生态环境，虐待动物，捕杀、食用国家保护类动物的，如(略)；

98. 展示个人持有具有杀伤力的危险管制物品的,如(略);

99. 在节目中植入非法、违规产品和服务信息的,如(略);

100. 其他有违法律、法规和社会公序良俗的。